U0511902

 中共安徽省委党校（安徽行政学院）经济管理人才培训系列教材

CAIZHENG SHUISHOU
LILUN ZHENGCE YU SHIJIAN

财政税收：
理论、政策与实践

罗 红◎主编 崔 静 李红凤◎副主编

全 国 百 佳 图 书 出 版 单 位
时代出版传媒股份有限公司
安徽人民出版社

图书在版编目(CIP)数据

财政税收:理论、政策与实践/罗红主编. —合肥:安徽人民出版社,2019.12
ISBN 978 - 7 - 212 - 10633 - 1

Ⅰ.①财… Ⅱ.①罗… Ⅲ.①财政管理-中国-干部培训-教材②税收管理-中国-干部培训-教材 Ⅳ.①F812

中国版本图书馆 CIP 数据核字(2019)第 189146 号

财政税收:理论、政策与实践

罗 红 主编

崔 静 李红凤 副主编

出 版 人:杨迎会　　　　　　　责任印制:董 亮

责任编辑:黄 刚 张 旻　　　　装帧设计:宋文岚

出版发行:安徽人民出版社 http://www.ahpeople.com

地　址:合肥市政务文化新区翡翠路 1118 号出版传媒广场八楼

邮　编:230071

电　话:0551 - 63533258　0551 - 63533292(传真)

印　刷:安徽省瑞隆印务有限公司

开本:710 mm×1010 mm　　1/16　　印张:20.5　　字数:330 千

版次:2019 年 12 月第 1 版　　2023 年 7 月第 2 次印刷

ISBN 978 - 7 - 212 - 10633 - 1　　　　定价:46.00 元

目录
Contents

财政篇

税收篇

财政篇

CAIZHENG PIAN

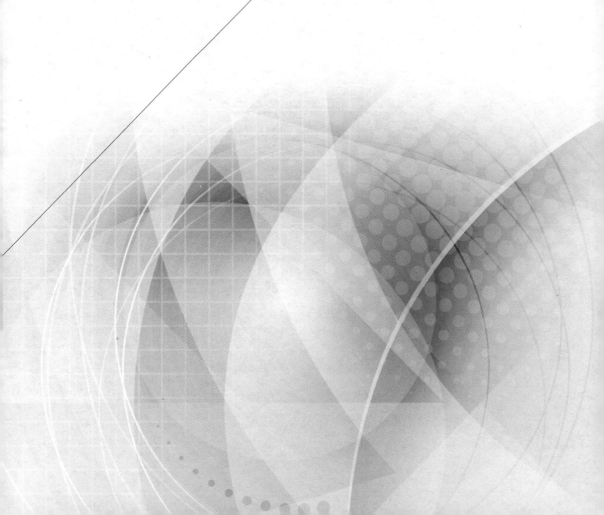

◢ 第 一 章 ◣

财 政 概 论

第一节 财政概述

在社会经济活动中,从个人日常衣食住行到社会环境、公共安全和国家的经济社会建设,我们每天都能感受到政府财政活动的存在,接触到各种各样的财政现象和财政问题。那么,究竟什么是财政呢?

一、财政的含义

财政是一个古老的经济范畴,中国古代称财政为"国用""国计""度支""理财"等,并把财政管理部门称为"大农会""大司农"。但"财政"一词出现在中文词汇中却只有百年的历史,据考证,清朝光绪二十四年,即1898年,在戊戌变法诏书中有"改革财政,实行国家预算"的条文,这是政府文件中最初启用"财政"一词。当时"财政"这个词的使用,是维新派在西洋文化思想的影响下,间接从日本"进口"的,而日本则是来自英文的"Public Finance"一词。孙中山在辛亥革命时期宣传三民主义,曾多次应用"财政"一词,强调财政改革。民国政府成立时,主管国家收支的机构命名为"财政部"。西方国家相应的机构英文为"Treasury",其本意是金库或国库,在我国也译为"财政部"。

对"财政"一词的理解，从不同的角度可以有不同的认识。从实际工作来看，财政是指财政部门作为国家（或政府）的一个综合性部门，通过其收支活动筹集和供给资金及经费，以保证实现国家（或政府）的职能。从经济学的意义来理解，财政是一种以国家为主体的经济行为，是政府所从事的一种收支活动，以达到优化资源配置、公平分配及经济稳定和发展的目标。因此，所谓"财政"，是指以国家（或政府）为主体，通过政府的收支活动，集中一部分社会资源，用于行使政府职能的经济活动。

总之，财政一定表现为政府的收支活动，而这种收支活动总是为了实现国家（政府）的职能，或为政府行使职能服务的。政府把钱收上来再花出去，实际上是在对一部分国民财富进行分配和再分配，因此财政属于分配范畴。

二、财政的起源

从起源上考察，财政是伴随国家的产生而产生的。人类社会随着生产力的不断提高，出现了私有财产，社会分裂为阶级，产生了国家。国家一经产生，就要建立国家机构，就要有警察、监狱、军队以及国家的立法机构和检察机构等。而国家机构一旦建立，为了行使职能，需要相应的开支。而为了满足各项开支，国家就要征税；税收不够用了，还要发行国债。发展到了资本主义社会，又产生了国家预算等财政范畴。恩格斯曾指出："为了维持这种公共权力，就需要公民缴纳费用——捐税。……甚至捐税也不够了；国家就发行期票，借债，即发行公债。"马克思也曾指出，"赋税是政府机器的经济基础"。

需要说明的是，"国家"和"政府"是既有联系又有区别的两个概念。国家是政治权力机构和公共服务机构，具有政治、经济和社会的职能；而财政是为国家实现其职能提供财力的，所以说财政是以国家为主体的经济行为，无疑是正确的。政府是国家的具体执行机构和行政机关，国家是通过政府来实施并实现其职能的，国务院即中央人民政府是最高国家行政机关，由最高权力机关即全国人民代表大会产生，负责贯彻执行最高权力机关制定的法律和通过的决议。因此，财政是政府的经济行为和财政是国家的经济行为两种说法的含义是一致的，特别是在市场经济体制下，分析政府与市场的关系时，说财政是政府的经济行为，对表达财政的含义则更为明确。

三、财政的一般特征

(一)财政分配的主体是国家

财政分配的主体一般都认为是国家或政府,因为财政分配以国家的存在为前提、是由国家来组织的,国家在财政分配中居于主导地位。这使得财政分配与以企业或个人为主体的分配相区别,也是财政区别于其他分配范畴的基本特征。

财政分配的主体是国家,表明国家直接决定着财政的产生、发展,决定着财政分配的范围。在财政分配中,国家处于主动、支配的地位,而参与分配的另一方处于被动、从属的地位,是国家意志的具体执行者。另外,财政分配是以国家制定的法律制度为依据进行的,国家凭借法律或政治权力对社会经济关系进行强制处理,这就使财政分配具有了强制性。

(二)财政分配的对象是社会产品且主要是剩余产品

从财政分配的客体来考察,财政分配的对象是社会产品,而且主要是剩余产品,但不是社会产品的全部,也不是剩余产品的全部,只是其中的一部分。按照我们对社会产品的分析,全部社会产品是由补偿生产资料消耗部分(C)、劳动者个人收入部分(V)以及剩余产品价值部分(M)所组成。从财政的实际运行情况来看,财政收入中既包含剩余产品价值部分(M),也包含劳动者个人收入部分(V)。就全部收入而言,我国财政分配的对象主要是剩余产品价值部分(M),但从社会经济的发展来看,劳动者个人收入部分(V)对财政分配的影响会越来越大。

(三)财政分配的目的是保证实现国家职能

财政分配的目的是保证国家实现其职能。任何社会形态的国家都有其职能,国家的职能体现国家的性质与统治者的意志。无论在何种社会形态下,财政分配总是围绕着实现国家职能的目的而进行的。只不过在世界经济一体化的今天,各国的财政手段运用还须同时考虑对他国的影响。例如世界贸易组织规则规定了禁止性补贴、可申述性补贴和不可申述性补贴等,就直接限制了成员国相关财政补贴措施,任何一方成员国都必须遵守。

(四)财政是一种集中性的、全社会范围内的分配

财政分配是宏观经济问题,是在全社会范围内进行的集中性分配。财政收入涉及社会生产与生活的各个领域,财政支出也涉及社会的各个方面。在一个国家

里,任何微观经济组织与个人都包括在财政分配范围内。因此,国家在组织财政收入和安排支出时,都要以社会总体的发展为目标,不仅要考虑政府部门的自身利益,而且要考虑其对整体国民经济的影响。财政活动的主体是政府,政府作为整个社会的代表,决定了财政活动要在全社会范围内集中进行。

四、财政的最新功能定位

党的十八届三中全会,首次把财政提到"国家治理的基础和重要支柱"的高度,不仅赋予财政以"国家治理的基础和重要支柱"的全新定位,而且亦对财税体制的功能与作用给出了"优化资源配置、维护市场统一、促进社会公平、实现国家长治久安的制度保障"的全新阐释。这是我们党根据新时代的要求提出的全新理念。国家治理现代化与现代财政制度有着密切的关系。所谓基础和支柱,是相对于国家治理而言的,财政是"国家治理的基础和重要支柱"。离开国家治理现代化,财政"基础和支柱"作用就不能发挥;同样,离开财政这一国家治理的基础和重要支柱,也就不可能实现国家治理现代化。两者紧密联系、相伴而生,只有从它们相辅相成、互为条件的关系中理解"基础和支柱",才能对其作出恰如其分的阐释。这是从根本上摆正了财政和财税体制在国家治理中的位置。这样一来,财政不仅仅是一个经济范畴,更是一个事关国家治理体系和治理能力优劣的基础性、支撑性的重要因素。

既然财税体制的功能与作用可以跨越经济领域,那么,它便不仅仅是一种一般意义上的经济制度安排,还是一种可以牵动经济、政治、文化、社会、生态文明和党的建设等所有领域的综合性制度安排。站在国家治理的总体角度,在推进国家治理体系和治理能力现代化的格局上,将财政作为国家治理的基础性和支撑性要素加以打造,并且将财税体制作为全面覆盖国家治理领域的综合性制度安排构建,是新一轮财税体制改革的重要变化和突出特点。

为什么说财政是"国家治理的基础和重要支柱"？可以从三个方面加以理解:

首先,财政是国家治理的基础。财政是政府与市场、政府与社会、中央政府与地方政府之间联系的纽带,而且在任何经济形态和社会发展阶段,财政都是政府治理和履行职能的物质基础,因为任何经济政策或公共政策,都需要相应财力支撑。没有财力支持,政府职能的履行、公共政策的实施,甚至政府本身的运转都会成问题。尤其在现代市场经济条件下,财税体制内嵌于市场经济体制,作为政治、经济、社会之间的连接纽带和经济体制改革与政治体制改革的交汇点,其自身的健康、稳定、平衡,运行过程的法制化、制度化、规范化、现代化水平以及其配置资源、稳定经济、收入分配等职能的发挥都关乎一个国家治理体系和治理能力的现代化水平。

其次,财政是国家治理的重要支柱。在我国全面深化改革的背景下,财政涉及的领域涵盖政治、经济、社会、文化、生态文明建设以及党的建设等方方面面。要实现政府职能转变,使市场在资源配置中发挥决定性作用以及保障和改善民生,更好发挥政府作用,就需要政府财政逐步从竞争性领域中退出,以提供公共产品和公共服务为主,建设服务型政府,着力提升公共服务能力和水平;要实现基本公共服务均等化、主体功能区建设以及建设美丽中国,就需要政府加大对欠发达地区和限制开发区、禁止开发区地方的转移支付力度;要改革收入分配制度,促进社会公平正义,就需要进一步完善税制结构,提高直接税的地位和比重,实现个人所得税分类与综合相结合的征收方式,完善房产税、财产税等。因此,当前经济社会发展的各个方面,都离不开财税政策的支持和财税体制的完善,财税体制是解决发展中问题的关键和国家治理现代化的重要支柱。

最后,财政政策是提升国家治理能力的重要工具。在市场经济条件下,财政政策是国家实施宏观调控和实现治理的重要工具。政府部门通过预算、税收、公债、补贴、投资等政策工具,"熨平"经济周期波动,从而实现稳定经济的职能。比如,在经济增长过热时,通过减少财政开支、增加税收等实施紧缩性财政政策;在经济增长放缓时,通过扩大政府支出、减少税收等实施扩张性财政政策。党的十八届三中全会,提出将预算审核的重点由平衡状态、赤字规模转向支出预算和政策拓展,就是为了更地发挥财政政策工具在实现宏观经济稳定中的作用。因为将预算审核的重点放在年度预算平衡和赤字规模上,很容易导致经济"顺周期"问题。因此,财政政策的制定与实施均体现着国家治理的能力与水平。

五、现代财政制度的基本原则与主要特征

(一)现代财政制度的来历

现代财政制度是对传统财政制度的继承和发展。市场经济的兴起与传统财政制度有着内在的冲突。市场、资本与政府之间因收入与支出的难以权衡而越发冲突,亟

待构建一套能够约束政府收支行为的新型财政制度。现代政府预算制度就是在这样的背景下建立起来的。现代国家的不同历程，决定了现代财政制度既可能是原生的，也可能是移植的。随着现代社会的发展，国际交往的增加，各国相互影响的加深，现代财政制度自身也在不断地演变之中，并越发凸显国家的治理理念。

"现代"与"传统"是相对而言的。现代财政制度之所以区别于传统财政制度，是因为其所具有的基本理念，现代财政制度有不同的具体表现形式，且具体形式因时、因势而变，现代制度和理念只能在传统的基础之上演变而来。现代和传统并非截然对立，但"现代"与"传统"的区别是多方面的。现代财政制度确立的基本原则和理念是最主要的。现代财政制度体现民主财政和法治化财政理念，是一套由专门部门主导、多部门制衡，与国家现代化建设目标一致的财政制度。其具体内容是一整套既符合现代社会特点，又能适应未来复杂性与不确定性的动态治理要求的专门财政治理技术。中国现代财政制度不同于西方的公共财政制度。在中国，建立现代财政制度，既要借鉴发达国家政府收支活动治理经验，又必须适应国家财富管理的需要。大量营利性国有企业、国有土地、国有资源的存在，要求有对应的财政制度，以履行国家财富管理的职责。

中华人民共和国成立以来，中央政府一直重视建立适合国情的现代财政制度。财政与国家的现代化是形影相随的。计划经济探索中初步建立起现代化工业经济体系，财政制度起到了相应的保障作用。中央和地方关系的变化中，财政制度是其中不可或缺的一环。在计划经济时代，中国在中央和地方财政关系、国家与企业分配关系等多个领域做了积极的探索。改革开放以来，财政的现代化建设进程加快。1994年及之后的财税体制改革，更是形成了一套与社会主义市场经济体制基本适应的公共财政框架。但是，随着全面深化改革步伐的加快，现行财政制度或因改革不到位，或因执行问题，尚不能适应改革深化的需要，特别是与"财政是国家治理的基础和重要支柱"的定位要求差距甚远。加快建立现代财政制度，是促进国家治理体系和治理能力现代化的重要步骤之一。

(二)建立现代财政制度应遵循的五大原则

1.既要放眼世界，又要与国情相适应。

发达国家的现代财政制度建设经验是人类文明的共同财富。市场经济背景的相似性,现代社会发展已具有共同特征,中国现代财政制度建设可以从发达国家的经历中获取启示,可以借鉴有关理论,以少走弯路。发达国家的财政制度也不是单一的。无论是英国、法国、日本,还是美国、德国、加拿大、澳大利亚等国的财政制度,都有各自特色。发展中国家的财政制度现代化也有一些经验教训可供中国参考。各国道路表明,制度须适应国情,才有生存能力。

2.与国家治理能力的现代化相适应。

财政制度与国家治理能力高度相关。不同的财政制度,体现不同的国家治理能力。财政是经济、政治、社会各种问题的结合点。我们很难想象,一种时不时收"过头税",又时不时将税收藏之于企业、藏之于民间的制度会与现代社会发展相适应。我们很难想象公共资金的任意挥霍和低效率运行会为现代社会所容纳。我们很难想象财权财力高度集中而不发挥地方和社会各主体积极性的财政制度能够具有可持续性。我们同样难以想象互联网时代,仍然死抱不放既往的财政制度会具有生命力。发达国家所建立的现代财政制度,促进了市场繁荣、经济稳定和社会发展。中国经济、政治、社会、文化、生态文明建设等国家治理工作同样需要依靠现代财政制度的支持。

3.与社会公平、正义诉求相适应。

现代社会对公平、正义的诉求远多于传统社会。现代财政制度建设必须有利于促进社会公平正义目标的实现。但是,在不同时期不同国家,人们对公平正义的理解可能不同,所接受的社会公平观往往也有差异。建立现代财政制度,需要适应社会公平正义诉求,并按照统一的公平观设计相应的制度。

4.与市场在资源配置中决定性作用的发挥相适应。

现代社会的繁荣靠的是市场在资源配置中的决定性作用。建立现代财政制度,必须与此相适应。资源配置中市场作用的合理与否,关系市场经济改革之成败。短期内,政府配置资源可能达到"赶超"目的,但从可持续上来看,基于信息的不对称和市场的复杂性,政府不能越俎代庖,替代市场在资源配置中的决定性作用。政府与市场容易形成"敌对"。从短期来看,政府扭曲性行为容易破坏市场机制;从中长期来看,一旦市场扭曲,资源配置效率也无法真正提高。现代财政制度的建立,应致力于市场的平等竞争环境的形成,鼓励发挥各种市场主体的积极性,让人人都拥有自我能力充分发挥的机会。建立现代财政制度,需要进一步简政放权,以充分释放民间资本的活力。

5.与宏观经济稳定的要求相适应。

现代社会的发展离不开稳定的宏观经济环境。现代财政制度的建立应有利于促进宏观经济稳定。形成科学的财政宏观调控体系,促进宏观经济稳定,是财政制度现代化的重要任务之一。宏观经济调控目标包括充分就业、物价稳定、国际收支平衡和经济增长。就业是民生之本,关系社会稳定。经济增长大起大落,对就业非常不利。不强调 GDP(国内生产总值),是不要"脏"的 GDP,而不是要放弃 GDP。中国是一个发展中国家,既要提高人民生活水平,又要与世界上其他国家竞争,没有一定的 GDP 增速是不行的。为了避免对就业等的剧烈冲击,财政的宏观调控要努力避免 GDP 的大起大落,要稳中求进。

(三)现代财政制度的主要特征

1.现代财政制度是与国家现代化建设相适应的制度。

现代财政制度是与国家现代化建设相适应的制度。全球视野下,大国现代化过程总是伴随着工业化和城市化。工业化带来经济结构变化,促进人口从乡村向城市聚集的城市化。现代财政制度应保证提供工业化和城市化所需的公共服务。社会结构的变迁从根本上改变政府收入结构。农业社会中,政府收入主要来自农业。工业化之后,农业在经济中的地位大幅度下降,产业升级意味着政府收入体系重构已是大势所趋。

国家的现代化进程也伴随着政府职能的转变。市场经济国家在现代化建设初期,政府职能相对简单。在亚当·斯密时代,国家的作用仅限于国防、国内秩序的维护(含产权保护)和少数大工程建设。随着经济社会的发展,国家职能愈加复杂,国家作用范围扩大。国家调节经济的范围实现了从微观到宏观、微观并重的变化,宏观调控成为现代国家的重要职责。与此同时,社会保障也成为现代国家的重要职责。国家职能的转变对现代财政制度的建立有直接影响。

2.现代财政制度的建立必须有相应的、专门的财政管理机构。

政府财政部门承揽国家财富管理总责,政府收入和支出、政府资产和负债、政府资金存量与流量管理,不一而足。专门的财政管理机构是现代财政制度不可或缺的内容。具体事务的专业管理与专门的财政管理并行不悖。专业分工无法替代专门的财政管理。政府部门间职责分工不合理,特别是部门功能交叉重叠,不仅专业部门优势不易发挥,造成资源浪费,且不利于政府效率的提高。从中央层面来看,各部门或多或少带有专门财政管理机构的功能,中央层面在财政部之外,行政性收费和政府性基金林立,实质上形成大大小小、为数众多的"财政部"。不仅如此,专司财政管理职责的部门也有多个。除财政部之外,国家税务总局和海关总署专门负责筹集财政收入;国土资源部从国家财富视角所进行的国有资源和国有土地的管理,属于财政部的职责;国资委在国有企业中所承担的国家出资人职责与财政部的职责也有交叉重叠;外汇储备是国家资产,但不由财政部管理。多部门直接履行财政职责的结果是,不仅国家财政管理合力不易发挥,而且部门间协调成本居高不下,不利于政府职能转变,不利于公共服务供给。专门的财政管理机构的形成必然要削权,要整治"诸侯经济",让不同政府部门各司其职,以更有效地发挥自身专业优势,提供公共服务。现代财政制度的建立,不能不粉碎此类部门间的"诸侯经济",不能不建立大财政部。试想,一个公司尚且不能有多个功能重叠的财务部,一个国家怎么能将收支和财富管理权限分散在多个部门呢?总之,政府收支事务和国家财富管理事务应集中在财政部门,而财政部门应成为专门的现代化财政管理机构。

3.现代财政制度下的财政是民主财政。

现代财政是民主财政,是人民当家作主的财政。现代国家不同于传统的君主国家,执政党和政府都是接受人民之托、提供服务的。集财富管理者、生产组织者、收入再分配者、公共服务提供者等多种身份于一身,决定了现代国家事务的复杂性,决定了国家事务在某种程度上具有"黑箱"的属性。不打开"黑箱",就无所谓监督。国家受人民之托理财,专门的财政管理机构集国家财富管理和政府收支之大权,必须得到有效的监督。现代财政制度建设中,要充分发挥人民代表大会的作用,让人民代表的意见得到最充分的表达。要充分发挥人民在财政资金筹集和使用中的监督作用。要积极推动财政透明度的提高,除少数国家机密外,政府预算决算信息应尽可能有效公开,为人民监督财政事务提供必要的基础。民主财政还应表现在有效的社会舆论对财政事务的监督上。

大国的民主财政建设是多层次的。中央财政与地方财政实行分级管理。分级管理有利于财政制度激励与约束作用的发挥。从全球视野来看,立法机构对政府收支的约束分两个层面,一是制度层面,二是日常运行层面。制度层面表现在政府收入和支出及国家财富管理制度形成的本身就受到立法机构的约束,需充分反映公民的意见。政府的年度预算和多年度收支计划(规划)的编制和执行,属于日常事务,也要受到立法机构的监督。

4.现代财政制度下的财政是法治化财政。

现代国家是市场经济国家。法治是市场经济的重要保障。法治化国家建设是国家治理体系和治理能力现代化的重要内容之一。公有财产不可侵犯,私人财产同样不可侵犯。国家取得收入的过程,是财产让渡的过程;这一过程,应符合法治要求,并依法进行。征税必须建立在税收立法的前提下,不仅要有税收的实体法,还要有税收征管的专门法律。

现实中,只要是属于有效政府应该履行的职能,都属于财政保障范围。法治化财政建设不能顾此失彼。一定时期内,尽管某种职责的法定支出比例规定有助于政府职责落实,但是现实不断变化,企图一劳永逸地解决财政资金保障问题的做法,是以灵活应对空间的丧失为前提的。当前中国有一半左右的财政资金受制于这种比例规定的约束,极其不利于法治化财政制度建设。

5.现代财政制度以专门的治理技术为依托。

现代市场经济国家,需要实现数字管理。与传统财政制度下的管理不同,现代财政制度是建立在一整套专门的财政治理技术体系之上的。政府预算提供政府活动的基本信息,既是政府收支的基本计划,又是联系政策与支出项目的纽带。科学的财政收入预测,是预算支出计划安排的基本依据。形成科学的财政收入预测方法体系,是现代财政制度建设的内容之一。财政支出安排应与政策目标一致,反映政策的轻重缓急。政府预算功能的发挥是建立在政府会计制度的基础之上的。适应经济社会发展变化和政府改革的需要,权责发生制需要逐步在政府会计制度中得到体现。发达国家修正的现收现付制或修正的权责发生制,正在影响各国的政府会计制度选择。合规性预算与绩效预算应并重,要特别注意发展绩效预算技术,以科学评价公共部门绩效。

　　政府购买性支出方式从简单的直接从市场购买商品和服务,正在转变为进行统一、规范的政府采购。政府采购的内容从初期的商品,逐步增加了服务的比重,深刻地反映了公私合作的趋势。政府采购的主要目的是降低成本。因集中采购程序较为复杂且不能充分跟进市场变化,原先被排除在外的分散采购也得到了重视。

　　从财政管理上看,要形成现代化的国库管理制度,让国库集中收付制度的效率得到最大的发挥。随着计算机技术的普及和互联网的发展,财政管理赖以决策的信息取得途径在发生变化,取得成本在下降,财政管理的范围在缩小,因应互联网时代的需要,正成为现代财政制度建设的重要内容。

　　现代财政制度中的专门治理,还表现在多方磋商和制衡的基础之上。现代国家治理不同于传统国家的统治。传统国家中,统治者与被统治者之间的地位是不平等的。传统国家粗放化的统治已让位于现代国家精细化的治理。

　　现代国家提供公共服务,人民为享受公共服务而纳税,国家有责任提供高效率的公共服务。财政治理需要人民的充分参与,治理技术应能满足人民参与的要求。从全球视角来看,公共部门与私人部门的界限不再清晰。一些国家的财政治理体现了实用主义的观念。国家作为组织的复杂性,决定了治理途径的多样性,决定了各相关组织和个人主动性发挥的重要性,决定了多方磋商和参与在财政治理中的重要性。专门的财政治理技术还包括政府内外的制衡机制。财政部门、审计部门、专业部门、人大等形成具有中国特色的国家财政治理制衡关系。除了人大的外部监督之外,国家财政活动也需要在政府内部形成制衡机制。特别是在政府内部,国家审计部门对财政部门和所有使用财政资金的主体的监督显得至关重要。

　　6.现代财政制度是适应动态财政治理需要的制度。

　　面对现实和未来的复杂性和不确定性,现代财政制度应能调动各方积极性,在各主体之间平等磋商上的基础之上,实现财政的动态治理。技术进步和制度变迁正深刻地改变全球世界。财政治理正面对人口结构、信息化、全球化等的严峻挑战。现代财政制度既要给市场和社会一个稳定的预期,又不能静止不变。财政制度必须协调稳定必要性和变化必要性的需求。确定性需求呼唤财政制度的稳定,经济、政治、社会、文化、生态文明建设任务的不断变化要求财政制度因时因势而变。人口老龄化的加速,势必增加未来财政负担。动态财政治理要未雨绸缪,需及早关注财政支出结构变化态势,把握重点领域演变趋势。财政治理还必须重新审视那些陈旧的理论假设和价值观,以应对不断涌现的新问题。财政的动态治理旨在将一系列支离破碎的"直觉"转为"治理"的整体概念,增强实际操作的可行性。

第二节　公共财政与民生

一、公共财政概述

(一)什么是公共财政? 如何正确理解公共财政

公共财政是指在市场经济条件下,政府为了满足社会公共需要,通过收支活动实现对一部分社会资源的配置。

通过以上表述我们发现,公共财政就是市场经济体制下的政府为了满足社会公共需要而进行的一种收支活动。满足公共需要成为市场经济条件下政府的一项重要职能和责任。准确理解公共财政的含义需要把握以下内容:

1.公共需要

既然从事财政活动是为了实现政府职能,而市场经济条件下政府的主要职能又是满足社会"公共需要",那么首先要对公共需要有个准确的理解和把握。公共需要是和私人需要相对而言的。公共需要具有以下的特征:

(1)公共需要不是个别人的需要,也不是个别人的需要叠加起来的需要,而是社会整体的需要,是由政府集中执行和组织的全社会的需要。

(2)公共需要是社会每一个成员可以无差别共同享用的需要,即一个人享用的同时,并不排斥其他人享用。

(3)每个社会成员享用公共需要也需付出代价,如缴纳赋税,但这里的规则不是等价交换原则,每个成员的付出和享用不是对称的,不能说多纳税多享用、少纳税少享用、不纳税就不享用。

（4）公共需要的效用是不可分割的，尤其以国防、行政管理、义务教育、基础科研等最为典型；一些公共服务不可以完全通过市场来满足，需要通过政府和市场共同配合来满足，如职业教育和高等教育、养老、医疗等。

公共需要的涵盖范围很大，可以分为不同的层次，而每个层次的公共需要的性质又有所不同。

第一个层次纯公共需要。是保证执行政府职能的需要，如国防、外交、立法司法、公安、行政管理以及义务教育、基础科研、卫生保健和环境保护等方面的需要，这类需要只能由政府通过财政来满足，而市场是无能为力的。就是说，不可能也不可以通过市场交换来获得国家领土的安全和社会秩序的安定。

第二个层次准公共需要。是介于纯公共需要和私人需要之间，从性质上不能截然划分的准公共需要，如教育、医疗、养老以及价格补贴等需要。这类公共需要，一部分可以由政府来满足，一部分可以由市场来满足。比如高等教育就是这样的。大学生历来被中国人称为"天之骄子"，这是因为不是每个青年都能享有大学教育的机会，而且从大学教育获得的知识和技能是内在化的，掌握这些知识和技能，毕业后可以找到一份满意的工作，享受较高的待遇，从这个角度看，大学教育具有私人需要的特征，因而对接受大学教育的人适当收费是理所应当的。但从另一个角度看，大学生学到的知识和技能又具有明显的外部效应，因为大学教育是为国家和社会培养高级专门人才，是任何国家和社会的发展所必需的，大学生掌握这些知识和技能可以为国家和社会做出更多、更大的贡献，因而在每个国家都有许多由中央政府或地方政府出资兴办的大学。就是说，接受大学教育的幸运儿无须支付大学教育的全部费用。

第三个层次的内容包括大型公共设施和基础设施，甚至包括某些基础产业和支柱产业，如邮政、通讯、民航、铁路、公路、电力、能源、钢铁等生产建设事业等。

2.公共产品

所谓"公共产品"，就是由政府各部门为满足公共需要而向社会提供的商品和服务。区分公共产品和私人产品的主要标准有两个。

（1）排他性和非排他性。私人产品具有排他性，而公共产品具有非排他性。如某一消费者在市场上付款购买了一件衣物，该衣物即归该消费者所独有，属私人产品,其他人就不能再享用这件衣物。公共产品具有非排他性,即某一个人享用这种物品不能排斥其他人同时享用这种物品。例如,国防保证国家领土的安全是为全社会所有公民服务的,气象预报是社会的每一个公民都可以从中获得气象信息的。

(2)竞争性和非竞争性。私人产品具有竞争性,而公共产品具有非竞争性。非竞争性是指消费者的增加并不引起公共产品生产成本的增加,即边际成本为零。比如,一座大桥或一条公路,只要过路车辆不是过分拥挤,就不需要增加建桥和修路的生产成本。

另外,外部效应和使用效用的不可分割性,也是公共产品的重要特征。在实际生活中,许多物品同时具有上述的两种特征,称之为"纯公共产品"。用来满足上述的第一个层次的公共需要的公共物品都属于这一类。还有许多产品兼备公共产品和私人物品的特征,介于两者之间则称为"准公共产品"。满足上面谈到的第二和第三个层次公共需要的物品,都属于准公共产品。如公共设施和基础设施,就属于这类产品。

总之,为了满足社会公共需要而要求提供相应的公共产品,可公共产品本身所固有的非排他性和非竞争性特征,决定了市场不能有效提供。而公共产品在社会经济生活中又是不可缺少的,特别是在老百姓的日常生活中必不可少,因此要求政府出面,通过税收等手段集中一部分社会公共资源,形成财政收入,然后再以支出形式投向公共领域,通过提供公共产品满足公共需要。因此,政府为了满足社会公共需要而从事的收支活动,形成公共财政。

3.公共财政是一种与市场经济体制相适应的财政模式

(1)市场不是完美无缺的,存在市场失灵现象。我们知道,在市场经济体制下,市场成为资源配置的主要手段。各国市场经济的发展实践证明,市场经济无疑是一种有效的资源配置形式;但市场不是万能的,它也存在一些自身无法解决或解决不好的问题或缺陷,即市场失灵。市场失灵表现在许多方面,主要有:

——垄断。市场效率是以完全自由竞争为前提的。当某一行业在产量达到相对高的水平之后,就会出现规模效益递增和成本递减的问题,这时就会形成垄断。当一个行业被一个企业或几个企业垄断时,垄断者可能就会通过限制产量,抬高价格,使价格高于其边际成本,获得额外利润,从而丧失市场效率。

——信息不对称。竞争性市场的生产者和消费者都应该有充分的信息,特别是在现代信息社会条件下,信息构成商品生产、消费和盈利的最敏感的神经系统,生产者要知道消费者需要什么、需要多少,消费者要知道生产者生产的产品品种、性能和质量。生产者之间也需要互相了解,商品营销是生产与消费之间的连接环节,更需要灵敏地掌握生产和消费的信息。在市场经济条件下,由于生产者与消费者的生产、消费、买卖都属于个人行为,都不可能掌握充分的信息。特别是随着市场规模的扩大额,信息越来越分散、复杂,加工处理信息的成本也难以为决策者所接受,从而不可避免地出现许多非理性决策,造成决策失误,使得资源不能有效配置。

——外部效应。完全竞争的市场要求成本和收益内在化,产品生产者要承担全部成本,以及全部收益。所谓"外部效应",是指在市场活动中没有得到补偿的额外收益或没有承担的额外成本。当出现正外部效应时,生产者的成本大于收益,利益外溢;当出现负外部效应时,生产者的成本小于收益,受损者得不到补偿,因而市场竞争就无法形成理想的资源配置。另外,提供公共产品具有正外部效应,如果让作为市场主体的企业来提供,就会使得企业无法实现利润最大化,这必然与企业从事生产经营活动的目的相悖,因此在提供公共产品满足社会公共需要方面,市场无效即市场失灵。

——分配不公。市场要求竞争,而激烈的竞争不可能自发地解决分配公平的问题。市场经济的初次分配是要素分配,个人收入取决于劳动投入的数量、质量以及投入资本的多少。由于个人禀赋、机会、受教育程度以及私人所拥有的财产存在差异,所以必然形成收入差距。随着收入差距不断扩大,势必造成贫富悬殊,这又会带来社会的不稳定,所以在实现分配公平方面,市场是无能为力的。

(2)政府必须介入市场进行干预。由于市场不是万能的,存在缺陷,于是要求政府介入市场进行干预。也就是说,在市场经济条件下,政府要"有所不为,有所为"。政府"有所为"的领域恰恰是市场失灵的领域,政府通过采取相应的手段,一方面弥补市场的不足,另一方面有助于实现社会资源的优化配置。也就是说,在市场经济条件下,凡是市场能做并且做得好的,政府就不要干预;凡是市场做不了或

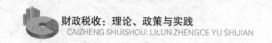

不愿做的,政府必须介入或进行干预。政府干预手段可概括为以下方面:

——立法和行政手段。通过制定市场法规,规范市场行为;通过制定发展战略和中长期规划和经济政策,实行公共管制、规定垄断产品和公共产品价格等。对于垄断,政府可以制定反垄断法,实行公共管制,规定价格或收益率;对外部效应大的产品,政府可以采取行政或法律手段,比如,采取强制措施,要求排污企业限期整改,或对受损单位给予应有的补偿。

——组织公共生产和提供公共产品。公共生产是指由政府出资兴办的、所有权归政府的企事业单位,主要是生产由政府提供的公共产品,也可以在垄断部门从事公共生产,并从效率或社会福利角度规定价格。广义的公共生产既包括生产有形物品的工商企业,也包括提供服务的学校、医院、文体、气象、国防部门以及政府行政机关等。

总之,公共财政就是在市场经济体制下,政府通过一定的手段(如税收等)集中一部分社会资源,形成财政收入,然后再以财政支出的形式投向公共(市场失灵)领域,通过提供公共产品和服务来满足社会公共需要。

我国在计划经济时期,绝不可能实行公共财政。这是因为:第一,计划经济建立之初,政府的主要任务是解决大多数人的温饱问题,而温饱问题主要处于物质生产领域。这就决定了当时的政府主要精力必须集中在物质生产领域,于是对非物质生产领域即公共领域的投入明显不足。第二,计划经济体制下的政府是无限的、全能的政府。此时的政府掌握着整个社会的全部资源。为了尽快完成物质生产领域的建设任务,在收入总量既定的前提下,要求财政尽可能地压缩非生产性支出,增加生产性支出,尽快地加速经济的发展。所以,在计划经济时期,我国传统的财政模式又被称作"生产建设性"财政。

随着计划经济向市场经济的转变,要求政府必须转变职能,即由无限的、全能的政府转为有限的、服务型政府,那么,为政府行使职能服务的财政也必须由传统的"生产建设性"财政转为现代的公共服务型财政(见表1-1)。

表 1-1　财政类型对照表

体制类型	政府职能	财政类型	财政活动的目的
计划经济	无限的全能型	生产建设性财政	满足物质领域生产建设
市场经济	有限的服务型	公共财政	满足社会公共需要

(二)正确理解公共财政必须澄清的误区

1.公共财政等于"吃饭财政"。

把公共财政简单地理解为"吃饭财政",或理解为公共财政就是要求政府活动从一切生产建设领域完全退出,这是对公共财政的误解。目前,世界上不存在没有一点建设性支出的财政。在实行公共财政的市场经济国家中,各种基础设施和公用设施,历来都是公共产品和公共服务的代表,通常都被纳入社会公共需要的范围,或由政府直接投资兴办,或由政府与民间共同兴办,而其性质显然属于生产建设性支出。因此,不能把公共财政等同于"吃饭财政"。

2.公共财政意味着不搞或取消国有经济。

财政投资于国有企业,从根本上说也是满足社会公共需要的途径之一。各国的经验表明,在公共财政框架之下,政府既可以通过直接的公务活动来提供公共产品,也可以通过投资于国有企业来提供公共产品。也就是说,公共财政同样要安排对国有经济的投资,只是投资的出发点和归宿点都要立足于满足社会公共需要而不是盈利。因此,公共财政并不意味着不搞甚至取消国有经济,而是要从与满足公共需要无关或市场能够有效解决的领域退出,从而更好地通过对国有经济的投资,保证提供公共产品和公共服务。世界各国政府为了履行自己的职责,大都建立了一定数量的国有企业或公营企业。

3.公共财政等于资本主义财政。

长期以来,我们习惯于把实行市场经济的资本主义国家的财政称为"公共财政",认为是非生产建设性财政模式,进而以示区别,把实行计划经济的社会主义国家财政称为"生产建设性财政"。于是约定俗成,"公共财政"成了资本主义财政的代名词。其实,简单地把"公共财政"与"资本主义"画等号是不恰当的,道理就如同不能把"市场经济"与"资本主义"画等号一样。公共财政作为与市场经济相适应的一种财政模式,其根本特征就是"公共性",因此,社会主义财政的根本属性也完全可以通过其公共性充分地体现出来,也就是说,公共财政不等于资本主义财政。

(三)公共财政的基本特征

我国由计划经济转向社会主义市场经济后,要按照社会主义市场经济发展的要求,构建具有公共财政基本内涵及特征的财政运行模式。一般来讲,它应具有以下四个基本特征:

1.公共性或公益性。

公共性或公益性是指,财政资金的投放,必须以满足社会公共需要和追求社会公益为宗旨,不能以赢利为目标。与市场主体追求的目标不同,公共财政不应直接从事市场活动,不能以追求利润为目标,只能以满足社会公共需要为己任,追求公益目标。作为经济组织的企业和私人经营者,以及作为要素所有者的个人,它们都只有经济权利和平等的政治地位,但不具有公共权力。如果公共财政追逐利润目标,它有可能凭借其拥有的特殊政治权力,凌驾于其他经济主体之上,在具体的经济活动中影响公平竞争,直接干扰乃至破坏经济的正常活动和市场秩序,打乱市场与政府分工的基本规则;财政资金也会因用于牟取利润而使社会公共需要领域出现缺位,或者出现与民争利。因此,在市场经济条件下,财政收入的取得,要建立在为满足社会公共需要而筹措资金的基础上;财政支出的安排,要始终以满足社会公共需要,追求社会公共利益为宗旨,不能以赢利为目标。

尽管企业活动于市场有效领域内,而政府活动于市场失灵领域内,但现实经济活动错综复杂,大量的活动需要企业和政府共同介入。为此,"非营利性"就提供了一个具体标准,来界定两者在共同活动中的各自参与程度。当某些行业的活动为社会公众所需要,并且可以有一定的市场收入,但又达不到市场平均利润水平之时,政府和企业是可以共同承担这类活动的。这就是政府通过公共财政的投资或补贴等,使得投入该行业的企业会获得社会平均利润率。这样政府通过自身的无偿投入,支持了该行业的发展,为整个社会的利益服务;同时,企业由于可以获得平均利润率,承担起了部分的乃至主要的投资任务,大大减轻了财政的支出负担。这样,财政的非营利性活动,就直接与为市场提供公共服务紧密联系起来。

2.公平性或公正性。

公平性或公正性是指,财政政策平等、不歧视,财政分配制度对不同的阶层、个人以及不同的经济成分,必须一视同仁,公平、公正。

在财政政策上不能实行区别对待,对某些经济成分给予优惠和倾斜,对另一些经济成分则进行限制或不作为。历史上,市场经济国家的公共财政取代封建国家财政的主要标志是:政府的基本财政权限转移到了议会手中,通过政治上的代议制形式,由代议机构审查财政收支活动,实现财政活动的公共性。市场经济的效率性是通过人们的等价交换活动实现的。而要做到等价交换,必须具有公平竞争的外部环境。政府及其财政活动直接作用于市场活动主体,直接影响着它们的市场行为,因此,政府及其财政就必须一视同仁地对待所有的市场活动主体。否则,对不同的市场活动主体采取不同的措施和待遇就意味着政府直接支持了某些主体的市场活动,而抑制了另一些主体的市场活动。如果政府以其非市场的手段,直接介入和干预市场正常活动,这显然是违背市场经济"三公"原则的。而从一视同仁来看,在财政支出方面,就意味着其提供的服务,是适用于所有的市场活动主体的,或者是服务于所有的市场活动主体的根本利益的。比如,政府修建的高速公路,就不应当是只有国有经济才能使用;政府的环境卫生服务,不可能是只为国有企业提供,而不清除非国有企业门前的垃圾。在税收方面,对于某些经济成分实行较高的税率,而对另一些实行较低的税率,造成了纳税人不同的税收负担,政府就人为地制造了不公平的市场竞争条件。可见,财政必须采取一视同仁的政策,才能避免政府活动对市场公平竞争条件的破坏;而一视同仁的服务,也就是公共服务。

3.公开性。

公开性是指,政府的财政收支信息要公开、透明,对财政收入的方式、数量和财政支出的去向、规模等,公众要有知情权。因为在公共财政框架下,政府是在为民理财,那么对财政收入的方式、数量和财政支出的去向、规模等,要向社会公开,使公众首先要有知情权,进而实施参与权和监督权。但长期以来,受计划经济理财思想的影响,我国总是把财政信息当作国家机密,所以财政信息公开透明的工作一直非常滞后。从 2008 年国务院颁布《政府信息公开条例》之后,我国财政信息公开透明的进程不断加快:2008 年国务院颁布的《政府信息公开条例》于 2019 年 4 月修订完善；2009 年,确定中央部门预算公开的时间表；2010—2012 年,所有中央部门的预算向社会公开；2010 年,75 家中央部门(共计 98 个部门)向社会公开了部门预算收支信息,2011 年增加到 95 个中央部门；2011 年 3 月和 5 月召开的两次国务院常务会议要求,在公布总预算和总决算的基础上,进一步公开"三公"经费的预决算；2012 年,实现了中央部门总预算、总决算、"三公"经费预决算信息的全公开。至于地方政府的财政信息,有的已经公开,有的尚未公开。也就是说,当前我国各级政府的财政信息还没有实现全部公开。

4.法治性。

法治性是指,政府的财政预算是经立法机关以法律形式(预算法)通过、具有法律效力的收支计划。在收入方面,政府依法征税,税收优惠政策统一由专门税收法律法规来规定；在支出方面,须经立法机关的同意和批准,按预算安排来进行。市场经济是法制经济,政府的财政活动和运作必须在法律法规的约束规范下进行。只有通过法律法规形式,依靠法律法规的强制保障手段,社会公众才得以真正决定、规范、约束和监督政府及其财政活动,才能确保政府的公共财政活动符合公众的根本利益,使得财政具有真正意义上的公共性。

体现在公共财政上,即政府的收支活动在法律上要有严格界定,财政收入的方式和数量或财政支出的去向和规模等理财行为都建立在法制的基础上,实行依法理财,依法行政,从而最大限度地约束政府的自利行为,不能想收什么就收什么,想收多少就收多少,或者想怎么花钱就怎么花钱。同时,公共财政要解决公共问题,满足社会公共需要,服务公共目的,这也要求公共财政管理必须以法制为依托,实施规范管理。

二、民生的目标定位与"民生财政"

(一)有关民生的相关概念界定

民生与福利、公共服务等有着密切的关系,故而要厘清这些基本概念的异同。

1.福利。

"福利"一词源于西方社会,其本义可以解释为"一种健康、幸福、无拘无束的令人向往的生活状况"。从这个意义上说,它是非常笼统且理想化的。庇古认为"福利"是人们对享受、满足、效用的心理反应或主观评价。同时"福利"有广义和狭义之分。广义的"福利"是指社会福利,它是一个整体的概念,指一个社会全体成员的个人福利的总和或个人福利的集合。狭义的"福利"就是指个人福利。

在中国,虽然古代汉语中没有"福利"和"社会福利"这一类词汇,但是社会福利思想同样是存在的。追溯历史,2000多年前的春秋战国时期的百家争鸣中,诸子百家实际上对社会福利就有各种说法:如儒家的"民本""仁政"和"大同"思想;墨家的"兼爱"思想。"兼爱"思想的重点是建立在"爱心"基础上的互助互济,是最具"社会性"的福利思想。

2.公共服务的内涵、范围与分类。

公共服务是指由公共部门(包括政府部门和一些非政府组织等社会力量)提供的、满足全社会或某一类社会群体共同需要的服务,具有公众性、公用性和公益性特点。其范围不仅涵盖了所有的政府公共管理活动,也几乎涉及所有的社会活动。公共服务通常指建立在一定社会共识基础上,一国全体公民不论其种族、收入和地位差异如何,都应公平、普遍的享有服务。它是一种非竞争性和非排他性的社会服务,具有公共产品的性质,但不具备产品的物质形态,而是以一定的信息、技术或劳务等服务形式表现出来的一种公共产品。公共服务可以通过公共部门直接提供,也可以由政府仅提供资金支持,而由私人提供。

从范围看,公共服务不仅包括通常所说的公共产品,如教育、科技、文化、卫生、体育、社会保障服务等,而且包括那些市场供应不足的产品和服务。广义的公共服务还应包括制度安排、法律、产权保护、宏观经济社会政策等。

根据公益性和可经营程度的不同,公共服务可以被分为两大类:基本公共服务和非基本公共服务。后者又可分为准基本公共服务和经营性社会公共服务。基本公共服务指的是政府依照法律法规,为保障社会全体成员基本社会权利、基础性的福利水平,必须向全体居民均等地提供的社会公共服务,包括义务教育、公共卫生、公共文化体育、基本公共福利和社会救助、公共安全保障等;准基本公共服务则是为保障社会整体福利水平所必需的,同时又可以引入市场机制提供或运营的,但由于政府定价等原因而没有营利空间或营利空间较小、尚需政府采取多种措施给予支持的社会公共服务,包括高等教育、职业教育、基本医疗服务、群众文化、全民健身等;经营性社会公共服务则是指完全可以通过市场配置资源、满足居民多样化需求的社会公共服务,政府通过开放市场并加强监管,鼓励和引导社会力量举办和经营,包括经营性文艺演出、影视节目的制作、发行和销售,体育休闲娱乐等。

3.公共服务均等化的概念和要求。

一般认为,在一定经济社会生活条件下必需的、直接关系最基本人权的公共服务,应该确保能得到普遍的提供。所谓"公共服务均等化",是指政府要为不同利益集团、不同经济成分或不同社会阶层提供一视同仁的公共服务。大致均等地享受政府提供的公共服务是每个公民的基本权利。纳入均等化目标的公共服务仅指公民基本权利性质的公共服务,即建立在一定社会共识基础上,根据国家经济社会发展阶段和总体水平,为维持本国经济社会的稳定,基本的社会正义和凝聚力,保护个人最基本的生存权和发展权所必须提供的公共服务。它规定了一定阶段公共服务应该覆盖的最小范围和边界,如基本公共教育、公共卫生、社会保障、基础设施、公共安全等。

4.民生的内涵。

民生的"民"是指普通民众(老百姓),"生"是指普通百姓的生存事宜。"民生",顾名思义就是人民的生活、生计问题,它包括民众的衣食住行、生老病死等方面。民生是构成社会生活的最基本内容,也是国家和社会组织生活的最重要目的。千姿百态的民生情景构成了社会生活图景,历朝历代的民生矛盾构成了民生问题甚至是民生危机。任何国家和政府都要保障和改善民生,国计必须要以民生为基础并相当程度地为民生服务。

我国自古就把"民生"与"国计"相提并论。改革开放以来,民生问题更是得到了党和政府的高度重视。中国共产党执政以来一直重视民生问题。从毛泽东提出"为人民服务",到邓小平提出"共同富裕"的思想,以及江泽民提出"三个代表"的重要论断,一直到胡锦涛提出"以人为本"的科学发展观和"让发展成果惠及全体人民,归根到底都是为了更好地代表最广大人民群众的根本利益,促进人民幸福生活"。党的十八大以来,以习近平总书记为核心的党中央提出了坚持"以人民为中心"的发展理念,并做出了一系列的重要部署,这些论述和措施无不体现民生幸福与社稷存亡之间的辩证关系。

从某种程度上讲,与计划经济相比,市场经济更具竞争性和风险性,也更加强调人力资本改善的积极作用。因此,在市场经济条件下,要更加凸显出教育作为民生之基、就业作为民生之本、社会保障作为民生之源的必要性、重要性和建立健全相关制度的迫切性。因为,公平的教育机会与政府对教育必要的投入,是国民获得基本的生存与发展能力并作为一个"文明人"屹立于社会的基础;国民得到就业岗位,并通过就业获取收入,既是生存、发展和改善生活福利水平的根本手段,也是赢得社会尊严和参与社会交流的重要方式;健全的社会保障体系,是国民特别是老年人的多种生活风险与后顾之忧真正得以解脱的最重要制度安排,是民生之"安全网""解压阀"。而合理的收入分配政策将使全体国民共享国民经济发展和改革的成果,是公平、公正地分享社会财富并改善民生的重要源泉。

5.民生、福利与公共服务之间的关系。

从民生的内涵来看,它与"福利"这个概念没有本质区别。民生就是中国式福利,只不过我们习惯于用"民生"这个概念罢了。但是,也不是说两者没有任何区别。从历史上看,民生这个概念更悠久。自古以来就有民生问题,但福利的提出则是在近代资本主义社会。当然,到了今天,往往把改善民生与增进福利视为同一语,没有刻意去区别。

公共服务是民生的主要内容,但公共服务没能概括民生的全部。提高公共服务水平及其均等化程度,是改善民生最主要的手段。但是,仅通过改进公共服务是不可能穷尽所有民生问题的。民生是百姓的基本生计,有些基本生计是典型的私人物品或私人服务,本应该由个人通过努力来满足而不必通过公共提供的方式来满足,只不过由于这些人的能力或机会等原因,无法自我满足,只能由政府或公共部门出面来解决他们的民生,尽管这些民生并非属于公共物品或公共服务。

总之,民生的范围要比公共服务宽泛,但我国正处在从局部小康向全面小康、从生存型社会向发展型社会转变的关键时期,相当多的民生问题都在不同程度上与公共服务短缺或不均等相关。因此,在今后一段时期,解决民生问题重点在于建立公共服务体系,高质量、大致均等地提供有效的公共产品和公共服务。

(二)民生的目标定位

党的十九大报告明确指出:坚持在发展中保障和改善民生。增进民生福祉是发展的根本目的。必须多谋民生之利、多解民生之忧,在发展中补齐民生短板、促进社会公平正义,在幼有所育、学有所教、劳有所得、病有所医、老有所养、住有所居、弱有所扶上不断取得新进展,深入开展脱贫攻坚,保证全体人民在共建共享发展中有更多获得感,不断促进人的全面发展、全体人民共同富裕。建设平安中国,加强和创新社会治理,维护社会和谐稳定,确保国家长治久安、人民安居乐业。

保障和改善民生要抓住人民最关心最直接最现实的利益问题,既尽力而为,又量力而行,一件事情接着一件事情办,一年接着一年干。坚持人人尽责、人人享有、坚守底线、突出重点、完善制度、引导预期,完善公共服务体系,保障群众基本生活,不断满足人民日益增长的美好生活需要,不断促进社会公平正义,形成有效的社会治理、良好的社会秩序,使人民获得感、幸福感、安全感更加充实、更有保障、更可持续。

根据到 2020 年"全面建成小康社会"的要求,与民生相关的各主要领域具体目标,可定位为:

1.优先发展教育。

到 2020 年,教育发展的主要目标:全国人均受教育的年限达到 12 年,教育事业总体水平处于世界先进行列;高质量、高水平普及学前 3 年到高中阶段的 15 年教育;健全职业教育与职业培训并举,与市场需求和劳动就业紧密结合,结构合理、灵活开放、协调发展的现代职业教育体系;高等教育毛入学率达到 40%,办学水平和综合实力大幅度提高,教育供给服务能力、人才支持能力、知识贡献能力显著提高,建成与经济社会发展相适应的现代教育体系。终身教育体系逐步健全,形成全民学习、终身学习的学习型社会。

2.加强公共卫生体系建设,不断提高国民素质。

到 2020 年,公共卫生发展的主要目标:建立制度完善、全面覆盖、水准一流,与居民卫生服务需求相协调的有效、经济、公平的公共卫生服务体系,改善和提高卫生综合服务能力和负担合理的医疗、卫生、保健服务,为全国居民提供大致均等的医疗卫生资源和服务,使居民主要健康指标保持世界中等发达国家水平。

3.积极拓展劳动就业。

到 2020 年,就业事业的主要目标:建立健全与国民经济和社会发展相适应的、比较完善的就业体系及运行体制,逐步实现就业更加充分,制度更加健全、管理服务更加规范、劳动关系更加和谐、劳动权益更加有效维护的发展目标,力争把城镇登记失业率控制在 4.2% 左右。要把逐步完善和强化失业保险、促进就业的功能作为健全劳动就业失业的重要内容。确保按时足额发放失业保险金和相关待遇,保障失业人员的基本生活。进一步完善促进失业人员再就业的措施,规范再就业专项资金的使用和支出,确保再就业资金及时拨付到位,同时制定恰当的失业保险金标准,促进失业人员再就业。

4.不断完善养老保障体系。

到 2020 年,建立全覆盖、城乡基本无差别的社会养老保障体系。提高养老保障鼓励和指导有条件的单位建立企业和职业年金制度,提倡职工参加个人储蓄性养老保险,形成多层次的养老保险体系,满足不同层次群体的需要。提高养老保险统筹的层次,实现养老保险的统筹层次以省为主,充分发挥基本养老保险基金的调剂功能。建立独立的养老基金管理系统,加强养老基金与资本市场的结合,通过多元的投资方式实现养老基金保值增值。

5.更加重视环境保护。

到 2020 年,全面遏制生态环境恶化的趋势,使重要生态功能区、物种丰富区和重点资源开发区的生态环境得到有效保护,各大水系的一级支流源头区和国家重点保护湿地的生态环境得到改善;部分重要生态系统得到重建和恢复;全国 50% 的县(市、区)实现秀美山川,自然生态系统良性循环;30% 以上的城市达到生态城市和园林城市标准,接近或达到国际水平。

6.强化住房保障建设。

住房保障是改善民生的重要途径。由于我国住房保障的基础较差,住房问题又十分复杂,加强住房保障建设只能是一个渐进的过程,具体目标如下:

(1)明确地方政府对住房保障建设与提供的主体地位,多渠道筹集资金保障廉租房公租房的建设。其中,廉租房住房制度以财政预算安排为主,包括住房公积金增值部分、土地出让金纯收入的一定比例(目前要求 10%),多渠道筹措资金,实行以住房租赁补贴为主,实物配租、租金核减为辅的多种保障方式。

(2)严格界定保障性住房的标准,包括套内面积、地理位置、建筑档次等,要"让穷人住得起,富人看不上",以免富人与穷人争夺有限的公共资源。

（3）应该根据财政经济发展和居民需求的变化，按照"动态调整"的原则，逐步扩大保障范围、提高保障水平，保障重点应从最低收入者到中低收入者逐步调整。

7.加大扶贫济困支持力度。

消除贫困、改善民生、逐步实现共同富裕，是社会主义的本质要求，是我们党的重要使命。"十三五"时期，是全面建成小康社会、实现第一个百年奋斗目标的决胜阶段，也是打赢脱贫攻坚战的决胜阶段。为全面建成小康社会，国务院编制并颁布了《"十三五"脱贫攻坚规划》，明确了财政的支持导向和要求。

（1）对贫困群体实行兜底保障。统筹社会救助体系，促进扶贫开发与社会保障有效衔接，完善农村低保、特困人员救助供养等社会救助制度，健全农村"三留守"人员和残疾人关爱服务体系，实现社会保障的"兜底"。

（2）加大财政政策支持。中央财政继续加大对贫困地区的转移支付力度，中央财政专项扶贫资金规模实现较大幅度增长，一般性转移支付资金、各类涉及民生的专项转移支付资金和中央预算内投资进一步向贫困地区和贫困人口倾斜。加大中央集中彩票公益金对扶贫的支持力度。农业综合开发、农村综合改革转移支付等涉农资金要明确一定比例用于贫困村。各部门安排的惠民政策、工程项目等，要最大限度地向贫困地区、贫困村、贫困人口倾斜。扩大中央和地方财政支出规模，增加基础设施和基本公共服务设施建设投入。各省（区、市）要积极调整省级财政支出结构，切实加大扶贫资金投入。

（二）财政向民生倾斜的主要理论依据

1.有些民生项目具有较强的正外部效应，政府应该成为主要提供者。

衣食住行是基本的民生项目。但是更高层次的民生项目，如国民教育、公共卫生与基本医疗卫生服务、养老保险、劳动就业和生态环境保护等，显然具有较强的正外部效应。

所谓"外部效应"，是指某些个人或企业的经济行为影响了其他人或企业，却没有位置承担应有的成本费用或没有获得应有的报酬的现象。外部效应有正负之分。比如，工业污染具有负外部性，而国民教育、公共卫生、养老保险、劳动就业等民生问题则具有正外部效应。比如，一个国民受到良好的教育，受益的不仅是其本人，整个国家和民族也随之受益。美国财政学家哈维·S.罗森在分析外部效应时提出了"正外部效应一般会导致一种活动提供不足,而补贴和税收则可以解决这个问题,但必须注意避免滥用补贴"的观点。他的观点带给我们的启示就是:政府要承担起那些具有明显的正外部效应的民生责任,如国民基础教育、公共卫生与基本医疗卫生服务、养老保险、劳动就业和生态环境保护等。

2.有些民生项目也具有私人物品的属性,但由于禀赋能力等方面的差距,少数社会成员的基本民生必须依靠政府的支持。

一些民生项目具有典型的私人物品属性,比如大部分的衣食住行。既然是私人物品,理应依靠市场机制来提供,其价格由市场供求决定。社会成员的禀赋能力和获取的发展机遇千差万别,有些社会成员可能因此而不能依靠自己的收入水平来维持家庭的基本生活,而有些社会成员可能获取较高的收入而过上了富足的生活。在这种情况下,如果政府不出面进行补助,低收入者就可能会生活在极度贫困之中。历史经验表明,贫困是社会动荡的主要诱因。贫困特别是大面积人群的贫困具有明显的负外部性。纠正负的外部效应,避免动荡,维护社会稳定是政府的应尽职责。要做到这一点,基本的要求就是竭力消除贫困、保障民生。

3.公共财政的特征要求财政政策以保障民生为己任。

公共财政的所有特征都离不开公共性,即满足社会公共需要。公共性是公共财政的灵魂。满足公共需要是公共财政的出发点,也是财政政策的立足点。只要承认实行公共财政,就必然要求财政政策向公共需要或公共服务方面倾斜。即使是部分财政资金仍然投向经济建设领域,也只是为了做大财政收入这块"蛋糕",为了更好地提供公共产品和公共服务。

此外,公共财政是与服务型政府相对应的。政府职能决定财政职能。我国正在实现政府职能的转变,已经明确提出要建设服务型政府,其最本质体现就是以公民利益、公民权利为本,以"为公民服务"为其职能的出发点和归宿。据此,我们认为,公共财政正是服务型政府在财政领域的集中体现,公共财政制度建设也就必然成为服务型政府建设的重要前提和内容。财政制度决定财政政策。公共财政制度的确客观上要求财政政策以提供公共产品和公共服务为基本的出发点。总之,公共财政的主要用途应是生产或提供公共产品和公共服务(国防、教育、卫生、基础科研、环境保护等),以及在市场失灵时进行调整,而不是用于那些靠市场调节资源的经济建设项目。在公共财政框架下,实现财政政策由经济建设型向公共服务型转型势在必行。

4.社会主义生产目的决定了要把保障民生作为财政政策的出发点。

政治经济学原理告诉我们,社会主义生产目的在于最大限度地满足全体人民日益增长的物质文化生活和精神生活的需求。但是满足人们需要的资源和财富总是有限的,要使有限的资源和财富尽可能地满足人们的需要,关键是要有效配置这些资源和财富。合理的资源配置机制是经济行为符合效率的初始要求。毫无疑问,市场机制是维护经济主体有效运行的基本要素。

但是,市场不是万能的。市场失灵是一种常态,市场机制能有效率地提供具有排他性和竞争性的私人产品和服务,满足社会成员的私人需要。对社会成员的公共需要则无法有效充分满足,而公共需要和公共服务是每个社会成员必不可少的,比如,公共卫生、基础教育、社会稳定、生态环境等。既然市场机制无法有效充分提供,就只能通过某种非市场机制来提供。与非市场机制对应的是政府机制,在我国又主要是财政机制。因此,在市场经济条件下,公共财政就是要求政府通过非市场机制提供公共产品和服务来满足社会公共需要分配活动,由此也就必然要求财政政策以提供公共产品和服务作为其出发点和落脚点。

5.福利经济学的"福利最大化"原则要求居民大致均等地享受民生。

庇古被封为"福利经济学之父"。他根据"边际效应技术论"提出两个基本的福利命题:一是国民收入总量越大,社会福利就越高;二是国民收入分配越是均等,社会经济福利就越大。他认为,经济福利在相当大的程度上取决于国民收入的数量和国民收入在社会成员之间的分配情况。因此,要增加经济福利,在生产方面必须增加国民收入总量,在分配方面必须消除国民收入分配的不均等。这是因为边际效用是递减的:穷人收入增加所带来的效用要大于富人等量收入减少所减少的效用。

(三)我国财政支持民生的重点领域

快速增长的财政收入,客观上为民生财政的建立创造了有利条件。民生的内容十分丰富,民生的要求也会不断增加。但财政支出不可能在短期内高水平地满足全部的民生需求,只能分步骤、有重点地实施。考虑到我国具体国情和民生缺失的领域及其重要程度,可以选择以下几个方面作为财政支持民生的重点领域。

1.教育。

"百年大计,教育为本"。在现代社会中,对一个公民来说,劳动权能否实现以及实现的程度怎样,同公民受教育权的程度密切相关。由于科学技术的迅速发展,传统意义上的简单劳动在很多行业中已不复存在,即使是最简单的劳动也要求劳动者必须具备相当的科学文化知识和劳动技能训练。

我国教育发展总体水平落后,但更严重的是,教育领域的种种不公平、不平等现象十分突出。促进教育公平,保障公民的基本教育权利是一个严峻的民生挑战。由于我国人口众多,地区发展极不平衡,教育不公平问题突出表现为地区差别、城乡差别、性别差别、贫富差异等方面。

财政必须着力解决"上学难,上学贵"的问题,并把解决教育的公平性作为重中之重。2012年终于实现了早在1993年提出的财政性教育经费占GDP的比重4%的目标。教育投入在2012年达到GDP的4%并不是终点,因为从世界范围看,就是达到这一水平,也是相对较低的。结合我国教育改革的任务,教育投入还需要进一步增加。另外,财政性教育经费总量快速增长的同时,还要大力调整财政性教育支出的结构,包括地区结构和级次结构,要加大向农村义务教育和职业教育倾斜的力度。财政支出主要用于全国范围内推行城乡义务教育经费保障机制改革和全面建立完善家庭经济困难学生资助政策体系上。此外,要增加职业教育经费的投入,改革职业教育体制和人才培育模式。中国正处在新型工业化进程加快发展和向服务经济转型的阶段,要培养适应市场经济要求的实用型人才,必然要求职业教育有一个跨越式发展。

2.医疗卫生。

生存权是人类最基本的权利。关注民生,一个重要的方面就是通过建立良好的医疗卫生体系来保障人的生存权,并不断提高居民健康素质。我国日益重视医疗卫生支出的预算安排。2012年,全国医疗卫生支出7199亿元,至2018年医疗卫生与计划生育支出已达到15700亿元。这些支出主要用于免费防治重大传染病、加快新农合制度建设步伐、支持开展城镇居民基本医疗保险试点、加大城乡医疗救助力度和支持提高基层卫生服务质量能力等方面。

但是,由于历史欠账太多,再加上我国医疗卫生领域资源配置不合理,医疗保障体系不健全,绝大多数老百姓为"看病难、看病贵"的问题所困扰。一方面是医疗卫生费用大幅度攀升,另一方面则是城乡居民的健康状况没有太大的变化,有些健康指标甚至出现下降的局面。要解决医疗卫生这一最基本的民生问题,根治"看病难、看病贵"的顽症,必须采取有力措施,从财政投入和医疗卫生体制等多方面着手:一是落实政府责任,确保公共卫生和基本医疗卫生服务的公益性,加大卫生投入,促进卫生事业与经济社会协调发展;二是合理配置卫生资源,建立健全与我国国情相适应的医疗卫生体系,坚持以农村和城市社区卫生服务建设为重点,以此扭转卫生服务严重不公的趋势;三是建立覆盖城乡居民的基本卫生保障制度,即体现社会公平、政府和群众都能负担得起的基本医疗卫生保障制度,逐步实现卫生费用主要由政府负担,使低收入者也能够享受到基本的医疗服务,从而改善国民的整体健康素质。

3.养老保险。

养老保障是现代国家实现社会公平、正义的基本要求,也是社会稳定的重要支柱。在典型的市场经济国家,政府是养老保障的一个重要责任主体,养老保障是财政支出中一个大项。我国正处于经济转轨过程中,建立一个完善的养老保障体系显得日益迫切和重要。

近些年,我国养老保障事业取得了突破性进展。2019年1月1日起,按平均约5%的幅度提高企业和机关事业单位退休人员基本养老金标准。这是自2005年以来国务院第十五次实施企业退休职工养老金增长计划。要积极采取措施,不断提高企业职工基本养老保险基金的支付能力,确保政策及时落实到位。下一步,要通过改革养老保险等制度,逐步建立和完善企业退休人员基本养老金的正常调整机制。

4.就业。

就业是民生之本。我国的基本国情和经济社会长远发展都需要把增加就业作为宏观经济调控的基本目标。随着社会经济转型,中国正面临着日益严重的就业形势。当前,我国失业问题的严峻性有目共睹,理应把增加就业和降低失业率作为宏观经济调控目标和各级政府工作的重中之重。

解决就业问题是解决民生问题的基础。劳动年龄人口数量的快速增长,农村劳动力向城市转移速度的加快以及城镇下岗再就业难度的加大,使得城镇失业现象日益严重。财政在支持劳动就业方面应该大有作为。比如通过人力资本培训,提升劳动者素质,增加其就业机会,还可以在经济萧条时购买一些公益性就业岗位,以降低失业率,维护社会稳定,对失业者提供最低生活保障或建立失业保险制度。

5.住房保障。

住房问题是重要的民生问题。世界各国的经验告诉我们,低收入家庭的住房问题不能仅仅靠市场机制解决,而需要政府通过公共服务给予一定帮助。住房保障制度是世界各国普遍采用的一项公共政策。其目的在于保障社会成员的基本人权(生存权、居住权等)、维护社会稳定和促进社会公平。我国居民收入水平总体较低,且收入差距较大,在当前房价高企不下的情况下,相当多的中低收入者是买不起或租不起房子的,因此,必须有相应的住房保障制度来解决这些居民的住房问题。根据国际经验,住房保障体系可分为救助性、援助性、互助性三个层次。廉租房制度需要扩大覆盖面,做到"应保尽保"。而廉租房建设需要建立稳定的财政支持渠道,其中中央财政应重点用于对困难地区保障性住房的转移支付。

6.脱贫攻坚。

小康不小康,关键看老乡。党的十九大明确将精准脱贫作为三大攻坚战之一,打好精准脱贫攻坚战对如期全面建成小康社会、实现第一个百年奋斗目标具有重大意义。

按照党中央、国务院的决策部署,十八大以来,财政部把脱贫攻坚工作作为头等大事和第一民生工程来抓,通过加大投入力度,强化资金监管,确保打好打赢这场攻坚战。5年来,我国农村贫困人口累计减少6800多万人,贫困发生率由10.2%下降至3.1%,创造了人类减贫史上的"中国奇迹"。

目前,我国仍有约3000万人口未实现脱贫,剩下的这些未脱贫的人口和地区,大多处于深度贫困地区,是贫中之贫、困中之困;要在2020年实现脱贫攻坚的目标,需啃下深度贫困地区这块"硬骨头"。为了保证深度贫困地区能够同步脱贫,中央财政将多方面筹集资金,加大对深度贫困地区脱贫攻坚的支持力度。2018—

2020 年,计划增加安排深度贫困地区脱贫攻坚资金 2140 亿元,其中用于"三区三州"(西藏、四省藏区、新疆南疆四地州和四川凉山州、云南怒江州、甘肃临夏州)将达到 1050 亿元。

要坚持增加政府扶贫投入与提高资金使用效益并重,健全与脱贫攻坚任务相适应的投入保障机制,支持贫困地区围绕现行脱贫目标,尽快补齐脱贫攻坚短板。加大财政专项扶贫资金和教育、医疗保障等转移支付支持力度。规范扶贫领域融资,增强扶贫投入能力,疏堵并举防范化解扶贫领域融资风险。进一步加强资金整合,赋予拥有资源的贫困地区更充分的资源配置权,确保整合资金围绕脱贫攻坚项目精准使用,提高使用效率和效益。全面加强各类扶贫资金项目绩效管理,落实资金使用者的绩效主体责任,明确绩效目标,加强执行监控,强化评价结果运用,提高扶贫资金使用效益。建立县级脱贫攻坚项目库,健全公告公示制度。加强扶贫资金项目常态化监管,强化主管部门监管责任,确保扶贫资金尤其是到户到人的资金落到实处。

第三节　公共财政的职能

对财政职能的理解与表述随着社会的进程与经济体制的变化而有所发展。在我国确立社会主义市场经济体制的条件下,从财政宏观调控目标的角度看,可以把财政职能概括为三个方面,即资源配置职能、收入分配职能、经济稳定与发展职能。

一、资源配置职能

(一)财政的资源配置职能含义

财政的资源配置职能,是指通过各种财政手段,诸如税收、财政支出等,对现有人力、物力、财力等社会经济资源进行合理调配,实现资源结构的合理化,使其得到最有效的利用,实现经济效益和社会效益的最大化。

在任何社会,相对于人类的需求来说,资源总是有限的,因此,合理、高效地配置资源,始终是经济学的核心问题。在现代经济条件下,市场是资源配置的主导,通过市场配置资源具有天然、高效的优点。但市场对资源的配置并不是万能的,它也存在着许多自身难以克服的缺陷。在有些领域,市场配置是无能为力的。例如:社会公共产品和公共服务无法通过市场提供,如国防、司法、公安、外交等;微观经济主体容易在决策中产生短期行为,与国家宏观政策的需求并不一致;信息不对称使市场配置具有一定的盲目性,影响资源配置的效率。这就需要政府从全社会的整体利益出发,通过包括财政在内的各种手段,参与资源的调节与分配,实现整个社会资源配置的高效、优化。

(二)财政的资源配置职能的主要内容

1.调节资源在地区之间的配置。在世界每个国家、地区,资源分布不平衡是客观现实。如果忽视这种存在,或者听任市场配置资源,就可能形成资源从落后地区向发达地区的过多流动,从而拉大地区差距,影响整个社会经济的均衡稳定。解决地区之间经济发展的不平衡问题,可以充分发挥财政在资源配置的积极作用,如通过财政预算的拨款投资,或政府的转移支付制度安排,可以直接增加对落后地区的财政投入;通过给予政府补贴或实行税收优惠,可以吸引地区外的资源流入,稳定本地资源投入,从而促进落后地区的经济增长,使整个国民经济协调、均衡、稳定地发展。

2.调节资源在产业部门之间的配置。合理的产业结构是资源高效配置的结果,也是资源进一步优化配置的条件。调整资源在不同产业部门之间的配置从而形成合理的产业结构,主要途径有两条:一是调整投资结构,改变增量投资的使用方向,抑制或促进某一产业部门的发展;二是调整资产的存量结构,改变现有企业的生产方向,促使一些企业转产。就调整投资结构而言,财政可以改变预算支出中的投资方向,向基础设施和"瓶颈"产业倾斜;可以利用财政税收政策和投资政策引导鼓励社会资金向短线产业投资,从而改变微观经济主体的投资方向,促进产业结构合理化。在调整资产存量结构、改变现有企业生产方向上,可以根据国家产业政策的要求,有针对性地制定一些财政政策,鼓励企业按照市场法则实行跨行业、跨地区、跨部门的横向经济联合。

3.调节社会资源在政府部门与非政府部门之间的配置。这种调整的实质是将资源在社会公共需要与个人需要之间进行配置。这种配置最终体现在财政收入占国内生产总值或国民收入比重的高低上。提高这一比重,意味着在全部社会资源中由政府部门支配使用的部分增大,由企业和个人支配的部分减少。相反,降低这一比重,则意味着全部社会资源中归企业和个人支配使用的部分增大,而归政府支配使用的部分减少。一定时期内,全社会资源在政府部门与非政府部门之间的分布比例,取决于社会成员对公共产品的需求与对私人产品的需求的比例,尤其取决于社会公共需求在整个社会需求中所占的比例。总之,政府部门对资源的支配,应该与其承担的职责相一致,即与全社会要求政府提供的公共产品数量的多少相一致,政府支配的资源过多或过少都不符合优化资源配置的要求。

二、收入分配职能

(一)财政的收入分配职能含义

财政的收入分配职能是指财政通过收支活动,直接或间接影响全社会范围内收入与财产的分配,使之达到公平分配的目标。

收入分配通常是指对国民收入的分配,国民收入创造出来以后,通过对其初次分配和再分配,形成流量的收入分配格局和存量的财产分配格局。初次分配是在国民收入创造出来以后,在企业单位内部进行的分配。这种分配是根据要素投入的数量和质量获得相应的要素收入,如根据劳动力投入获得工资,根据生产资料投入获得利润,根据土地投入获得地租等。再分配是在初次分配的基础上进行的各种分配。在市场经济条件下,国民经济收入分为劳动收入与非劳动收入。劳动收入形式主要有工资、薪金、奖金、津贴等,非劳动收入形式包括财产收入、租金、利息、红利、股息等。

财政收支活动是国民收入分配体系中的一个重要组成部分与重要环节。它既参与国民收入的初次分配,又参与国民收入的再分配。在参与国民收入的初次分配中,主要是凭所有者身份取得国有经济单位上缴的国有资产收益以及各种间接税收入。在参与国民收入再分配中,财政主要是通过征收各种直接税,如所得税、财产税、遗产税等,对生产经营单位及个人的各类所得等要素收入或财富价值进行再分配;或通过财政支出,运用补贴、救济等手段增加某些社会集团及其成员支配国民收入的数量和份额。由此看来,政府对财政支出的安排,直接构成国民收入再分配的重要组成部分。

收入分配的目标是要实现公平分配,这包括经济公平和社会公平两个层次。经济公平要求要素投入和要素收入相对称,它是在平等竞争的条件下通过等价交换来实现的,是市场经济的内在要求。经济公平是社会经济发展的动力。但仅仅有经济公平显然又是远远不够的,因为那些既无任何生产资料又丧失劳动能力的社会成员可能因此而丧失生存条件。社会公平通常指收入差距维持在现阶段各阶层居民所能接受的合理范围内。一些国家通过规定最低工资收入和确定贫困线的办法,关注社会中的低收入阶层和无生存条件的人。经济公平是低层次的公平,很难在收入和财富的分配中实现较高层次的社会公平。为了实现收入分配的社会公平,通过财政分配进行调节就是非常重要的手段。它可以根据社会标准进行国民收入的再分配。

(二)财政的收入分配职能主要内容

财政收入分配职能的主要内容是通过调节企业利润水平和居民个人收入水平,实现收入与财产的公平分配。

1.财政对企业利润水平的调节,主要是通过征收不同的税种,来缓解客观因素对企业利润水平的影响;使企业利润水平能够真实反映自身经营管理水平和主观努力状况,为企业间的公平竞争创造良好的外部环境。如通过征收消费税可以剔除或减少价格的影响;征收资源税、房产税、土地使用税等可以剔除或减少由于资源、房产、土地不同而形成的级差收入的影响。除此之外,统一税制、公平税负,也是企业实现公平竞争的一个重要外部条件。

2.财政调节居民个人收入水平,是在坚持现有分配制度和分配政策的前提下,合理拉开收入差距,同时防止贫富悬殊和两极分化,以实现共同富裕。这主要通过两个方面来进行调节:一是通过税收进行调节,如通过征收个人所得税、社会保障税,缩小个人收入之间的差距;通过征收财产税、遗产税和赠与税调节个人财产的分布状况。二是通过转移性支出,如社会保障支出、救济支出、财政补贴等,维持居民最低生活水平和福利水平。

三、经济稳定与发展职能

(一)经济稳定与发展的含义

经济稳定是指定时期内社会总供给与总需求处于相对均衡的状态。具体体现在：

1.充分就业。它指有工作能力且愿意工作的劳动者能够找到工作。充分就业并不等于百分之百地就业，而是指就业率达到了社会认可的某一标准。通常以失业率来反映。

2.物价稳定。即物价总水平的基本稳定，一定时间内只要物价不发生过度的上升或下跌，即可视为物价稳定。

3.国际收支平衡。它是指一国在进行国际经济交往中，维持经常项目和资本项目的收支合计大体平衡。在开放的经济条件下，国际收支不平衡常会导致国内收支失衡。经济的稳定要求国际收支不出现大的逆差和顺差。

经济发展不同于经济增长，增长是发展的前提，发展是增长的结果。经济增长是指一国各产业部门在一定时期创造的物质财富和提供的劳务数量的增加。而发展的含义要广得多，它不仅意味着商品和劳务数量的增长，还包括由此带来的经济结构的变化和经济、社会、生态、文化条件的变化，意味着人们综合素质和生活质量的提高。

市场经济条件下，由于市场机制的"天然"缺陷，充分就业和物价稳定不可能自动实现，市场也很难提供社会经济发展的外部条件，社会的全面进步和人们生活质量的提高也难由市场解决。通过政府利用各种手段对国民经济运行进行调节与控制，就可实现经济的稳定与发展。经济稳定与发展的职能指的是通过财政政策与制度设计，利用有关财政手段的调节，实现充分就业、物价稳定、经济增长和国际收支平衡的目标。

(二)财政的经济稳定与发展职能主要内容

1.通过国家财政预算政策，调节社会总供给与总需求的基本平衡。国家财政收入是社会产品的一个组成部分。它通常代表供国家支配的一部分商品和劳务，是社会总供给的一部分。国家财政支出所形成的货币购买力，是社会总需求的一个组成部分。因此，通过调整国家预算收支之间的关系，可以起到调节社会总供给与总需求的作用。当社会总需求大于社会总供给时,可以通过实行国家预算收入大于支出的结余财政政策来抑制社会总需求,平衡供求关系;当社会总供给大于社会总需求时,则可以通过实行国家预算支出大于收入的赤字财政政策进行调节;当社会总供给与总需求大体平衡时,国家预算应实行收支平衡的中性财政政策与之相配合。

在市场经济条件下,社会总供给与总需求之间的关系非常复杂,由于各种因素的影响,经济发展会出现周期性的波动,有时总需求大于总供给,有时总供给大于总需求,因而,要求政府根据客观经济情况的变化"相机抉择",确定合适的财政政策,以实现经济的稳定发展。

2.通过财政的制度性安排,发挥财政"内在稳定器"的作用。这主要表现在财政收入和财政支出两个方面的制度。在财政收入方面,累进型所得税制的内在稳定器作用尤为明显。当经济过热、出现通货膨胀时,社会各界的收入普遍增加,因而适用较高的税率,税收也明显增长,从而可以对经济的升温起抑制作用;相反,当经济萧条时,社会各方收入普遍下降,因而适用较低的税率,税收收入明显降低,从而对经济复苏和发展起刺激作用。

当然,这种作用的发挥是以所得税作为主体税收为前提的,而所得税中,个人所得税所占比重也很重要。从财政支出来看,内在稳定器的作用主要体现在转移性支出方面,它包括社会保障支出、救济和福利支出、财政补贴等。当经济高涨时,失业人数减少,转移性支出减少,对经济过热起到抑制作用;当经济萧条时,失业人数增加,转移性支出增加,对经济复苏和发展起到刺激作用。

3.通过财政投资、补贴、税收等手段的运用,消除国民经济发展中的薄弱环节和"瓶颈"部门的制约。加大对农业、水利、交通运输、邮电通信、港口码头、基本原材料等基础产业发展的财政支持力度,大力支持第三产业的发展,以促进产业结构的调整,实现国民经济稳定与高速发展的最优结合。

4.通过财政政策、制度的制定与实施,创造良好的政治条件、经济条件和社会文化条件,为经济和社会发展提供和平与安定的环境。通过有关财政政策与手段治理环境污染,保护自然资源,发展文化教育,加强全民卫生保健,建立健全社会福利制度和社会保障制度,所有这些,财政都负有义不容辞的职责。

至于财政对行政管理、国防等部门提供纯公共产品或劳务所给予的财力安排，更是经济稳定与发展必不可少的外部条件。只有高度重视对这些非经济建设部门的财政支持，才可避免在某些发展中国家曾出现的有增长而无发展或没有发展的增长等现象，使增长与发展相互促进、相互协调，真正实现经济、社会的可持续发展。

本章主要名词

　　财政　公共财政　公共产品　公共服务　基本公共服务
公共服务均等化　民生

复习思考题

　　1.如何准确理解财政的含义？

　　2.财政的一般特征有哪些？

　　3.财政传统的和最新功能定位是什么？为什么？

　　4.现代财政制度的基本原则和特征有哪些？

　　5.公共需要的特征和内容有哪些？

　　6.简述公共需要的三个层次。

　　7.公共财政的基本特征有哪些？

　　8.公共财政的职能有哪些？

▶ 第 二 章 ◀

财政收入与支出

财政是国家治理的基础和重要支柱,政府通过财政收支活动,保证国家机构运转、政府职能实现,进而推动经济社会稳定持续发展。新时代背景下,我国经济已由高速增长阶段转向高质量发展阶段,研究科学合理筹集财政收入、有效分配财政支出,对提高我国综合国力、建立现代国家具有重要意义。

第一节 财政收入

一、财政收入的含义及形式

(一)财政收入的含义

所谓"财政收入",是指政府为履行其职能,满足社会公共需要,凭借一定权力而筹集的货币资金,是政府参与国民收入分配的主要形式,也是政府履行职能的财力保障。财政收入,既是一个过程,也是指一定量的资金。作为一个过程,它是财政分配的一个阶段或一个环节,即组织收入、筹集资金;作为一定量的资金,它是政府通过一定的形式和渠道集中起来的一种货币资金,即用货币表现一定量的社会产品价值,它是政府各项职能得以实现的物质保证。亚当·斯密曾言,"财政为庶政之母"。宋代学者苏辙亦言，"财者，为国之命而万事之本。国之所以存亡，事之所以成败，常必由之"。这是对财政收入保障国家机器运转、履行职能需要的重要作用的直接描述。

我国财政收入有广义和狭义之分。广义地看，财政收入就是政府收入或政府财政收入，是政府所有收入总和。我国于 2015 年实施的新《预算法》明确要求政府所有收入纳入全口径预算，因而，广义的财政收入又称全口径财政收入。按照预算管理角度划分，广义的财政收入为一般公共预算收入、政府性基金预算收入、国有资本经营预算收入、社会保险基金预算收入四项之和。而狭义的财政收入仅指一般公共预算收入，又称为小口径财政收入，是大家通常所理解的财政收入，它是我国财政收入体系的主体部分，是政府为满足社会公共需要而以社会和经济管理者身份参与社会分配取得的货币资金。2017 年，我国一般公共财政收入为17.26万亿元，政府性基金收入 6.15 万亿元，国有资本经营收入 0.26 万亿元，社会保险基金收入 3.96 万亿元(为避免重复计算，只统计社会保险费收入，没计入政府补贴资金)，合计 27.63 万亿元。具体构成如图 2-1。

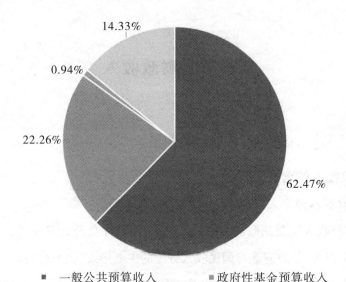

图 2-1　2017 年全口径财政收入结构图

资料来源：《关于 2017 年中央和地方预算执行情况与 2018 年中央和地方预算草案的报告》。

中华人民共和国成立以来,特别是改革开放以来,在经济快速发展及改革不断深化的基础上,我国形成了良性、健康、可持续的财政收入稳定增长机制,财政收入规模不断迈上新台阶。1950年全国财政收入为62亿元,1994年财政收入为5218亿元,2008年达到61330亿元,2009年为68518亿元,60年间增长1000倍。全国财政收入从1950年62亿元开始,到突破1000亿元,用了28年时间;从1000亿元到1万亿元,用了21年时间;从1万亿元到6万亿元,用了9年时间;从6万亿元到11万亿元只用了3年时间。2017年,全国一般公共预算收入达到17.26万亿元。财政收入不断壮大,财政实力显著增强,为我国经济社会发展奠定坚实的物质基础。

(二)财政收入的形式

财政收入形式是指政府取得财政收入的具体方式,即来自社会公众包括企业和个人的资源,通过什么具体方式转移到政府手里,成为由政府统一支配的社会公共资源。从世界各国来看,取得对财政收入的最主要形式是税收,除此之外,其他非税收入的形式,则视各国的政治体制、经济结构和财政制度的不同而有所区别。就我国而言,《2019年政府收支分类科目》中列出的政府财政收入主要包括一般公共预算收入、社会保险基金收入、国有资本经营收入三类。其具体形式包括:

1.税收收入。税收是政府凭借政治权力强制地、无偿地、固定地取得财政收入的手段,是国家强制取得财政收入的最直接方式。由于税收是一种特殊的分配形式,是国家凭借政治权力而实现的分配,征税不受所有权的限制,对一般社会成员都可以适用,这就使得税收具有征收的普遍性和稳定性,也决定了税收在财政收入中处于重要地位。因此,在世界各国,税收都是政府取得财政收入的主要工具。目前,我国税收收入占一般公共预算收入的比重大都在80%以上,是财政收入的最主要形式。(见表2-1)

表 2-1 我国税收收入占一般公共预算收入（财政收入）比重

年份	税收收入（万亿）	财政收入（万亿）	税收收入占财政收入比重
2009	5.95	6.85	86.86%
2010	7.32	8.31	88.09%
2011	8.97	10.37	86.50%
2012	10.06	11.72	85.84%
2013	11.05	12.91	85.59%
2014	11.92	14.04	84.90%
2015	12.49	15.22	82.06%
2016	13.04	15.96	81.70%
2017	14.43	17.26	83.60%

资料来源：财政部网站。

我国现行的税种主要包括增值税、消费税、企业所得税、个人所得税、资源税、城市维护建设税、房产税、印花税、城镇土地使用税、土地增值税、车船税、船舶吨税、车辆购置税、关税、耕地占用税、契税、烟叶税、环境保护税、其他税收收入。税收一直被世界各国财政活动广泛采用，它不仅是国家财政收入的最基本、最主要的形式，而且还是政府调节经济运行、资源配置、收入分配的重要杠杆。

2.非税收入。按照财政部制定的《政府非税收入管理办法》（2016 年）中对非税收入的界定，非税收入是指除税收以外，由各级国家机关、事业单位、代行政府职能的社会团体及其他组织，依法利用国家权力、政府信誉、国有资源（资产）所有者权益等取得的各项收入。主要包括：行政事业性收费收入、政府性基金收入、罚没收入、国有资源（资产）有偿使用收入、国有资本收益、彩票公益金收入、特许经营收入、中央银行收入、以政府名义接受的捐赠收入、主管部门集中收入、政府收入的利息收入和其他非税收入。同时，该办法明确，非税收入不包括社会保险费、住房公积金（指计入缴存人个人账户的部分）。可见，按照政府非税收入的定义，非税收入是政府参与国民收入分配和再分配的一种形式，是税收之外多种收入形式的集合。

按照《2019 年政府收支分类科目》中的预算收入科目，在一般公共预算收入、政府性基金预算收入和国有资本经营预算收入中的类级科目中均列出"非税收入",可见,我国的非税收入按管理方式的不同,分为一般公共财政预算管理的非税收入、政府性基金预算管理的非税收入、国有资本经营预算管理的非税收入。

就一般公共预算收入中的非税收入而言,政府非税收入管理范围(款级科目)主要包括专项收入、行政事业性收费收入、罚没收入、国有资本经营收入、国有资源(资产)有偿使用收入、捐赠收入、政府住房基金收入、其他收入。其中,专项收入属于专款专用项目,反映公共预算管理的有专项用途的非税收入,如水资源费收入、教育费附加收入等。行政事业性收费收入,反映公安、法院、司法、外交、工商、财政、税务等部门依据法律、行政法规、国务院有关规定、规章等规定的各项收费收入,如护照费、企业注册登记费、社会抚养费等。罚没收入,反映工商、税务、海关、公安、司法等执法机关依法收缴的罚款(罚金)、没收款、赃款、没收物资、赃物的变价款收入,如卫生罚没收入、海关罚没收入等。国有资本经营收入,反映各级政府及其部门、机构履行出资人职责的企业上缴的国有资本收益,如利润收入、股利、股息收入、产权转让收入等。国有资本经营收益是国家作为资产所有者身份取得的,凭借的是资产的所有权,而不是政治权力,它与税收等其他收入形式相比具有其独特性。国有资本经营收入适宜处理国家与国有企业之间的财政分配关系。国有资源(资产)有偿使用收入反映有偿转让海域、场地和矿区、特种矿产品、专项储备物资等国有资源(资产)而取得的使用金收入和销售收入,如海域使用金收入、专项储备物资销售收入等。政府住房基金收入,反映按《住房公积金管理条例》等规定收取的政府住房基金收入,如上交管理费用、计提公共租赁住房资金、公共租赁住房租金收入、配建商业设施租售收入、其他政府住房基金收入。其他收入,是指上述主要财政收入以外的一些零星的杂项收入,其他收入在财政收入中占的比重不大,但包括的项目多、政策性强,主要有动用国家储备粮油上缴差价收入、免税商品特许经营费收入等。

由于非税收入类别多样、性质各异,同时我国从计划经济到市场经济转轨中存在着复杂情况,因此对非税收入管理的难度很大,而预算管理问题是非税收入管理工作的主线。在我国财政制度运行中,非税收入曾长期以预算外资金存在,游离于预算管理之外。2010年,财政部发文明确从2011年1月1日起,将按预算外资金管理的收入全部纳入预算管理。2015年实施的新《预算法》规定，政府的全部收入和支出都纳入预算。

3.社会保险基金收入。社会保险是由政府主持的主要由企业和职工缴费筹资的社会保障计划，其缴费收入是政府重要的财政收入。从性质上看，社会保险基金收入具有"捐"的性质，它是一种强制性的专款专用的财政收入形式，其收入要专项用于政府社会保险计划的开支。目前，我国的社会保险基金收入按项目可分为基本养老保险基金收入、基本医疗保险基金收入、失业保险基金收入、工伤保险基金收入和生育保险基金收入。每个保险基金收入项目中又分为保险费收入、财政补贴收入和基金的其他收入（主要是基金的利息收入）。

4.转移性收入。转移性收入范围（款级科目）主要包括返还性收入、一般性转移支付收入、专项转移支付收入、上解收入、上年结余收入、调入资金、债券转贷收入、接受其他地区援助收入等，反映了政府间的转移支付以及不同性质资金的调拨收入。

5.债务收入。债务收入是国家通过信用方式从国内外有偿取得收入的一种形式。例如，国内发行的国库券、经济建设公债，向外国政府和国际组织的借款等取得的收入都属于债务收入。政府通过发行公债，除了可以弥补财政赤字外，还可以有效地动员和重新配置社会资源，目前，债务收入已经成为世界各国进行宏观调控的重要手段。由于债务收入是特殊的财政收入形式，它与税收相比，不仅具有偿还性，还有自愿性和灵活性特征。从这个意义上看，债务收入不应作为国家经常性财政收入。目前，我国债务收入款级科目中，主要列举了中央政府债务收入、地方政府债务收入。

二、财政收入规模分析

（一）财政收入规模及其衡量指标

财政收入规模是指一国政府在一定时期内的财政收入的总体水平。一般来看，一个国家的财政实力主要表现为财政收入规模的大小，它反映了国家在一定时期内的经济发展水平和财力集散程度，体现了政府运用各种财政收入手段调控经济运行、参与收入分配和资源配置的范围和力度。

考察一个国家财政收入规模的常用指标有绝对量指标和相对量指标。绝对量指标,一般用一定时期内财政收入总额表示,从动态考察,可以看出财政收入规模随着经济发展、体制改革以及政府调控经济运行过程中的变化趋势;相对量指标,是指在一定时期内财政收入与有关经济指标和社会指标的比率,一般用财政收入占国内生产总值 GDP 的比重、财政收入增长速度与经济增长速度之比等来表示。一般情况下,主要运用财政收入占 GDP 的比重来考察和反映政府的收入规模或财政实力,此指标通常被称为宏观税负,它反映了国家在一定时期内的国内生产总值 GDP 中由国家以财政方式筹集和支配使用的份额,也体现政府部门与非政府部门之间占有和支配社会资源的关系。该比重越高,表明一国政府的财政收入规模越大,也意味着社会资源中归政府部门支配使用的部分增大,归非政府部门支配和使用的部分减少。反之,这一比重低,则意味着社会资源中归政府部门支配使用的部分减少,非政府部门支配和使用的部分增大。财政收入占 GDP 比例不是固定不变的,而是随着经济的发展、国家职能和活动范围的变化而变化的。

(二)影响财政收入规模的因素

财政收入规模是衡量国家财力和政府在社会经济生活中职能范围的重要指标。合理确定财政收入占 GDP 的比重,对保证政府职能的实现和国民经济的稳定发展具有重要意义。但财政收入规模及其增长速度并不是只以政府的意志为转移的,它要受到各种因素的制约,主要有经济发展水平、政府职能范围、分配政策、价格等因素的影响。

1.经济发展水平。

经济发展水平是影响一个国家财政收入规模的决定性因素,这是财政学的一个基本观点。经济发展水平表明了一国生产技术水平的高低和经济实力的强弱,反映了一个国家社会产品的丰富程度和经济效益的高低。一般而言,经济发展水平越高,意味着社会产品越丰裕,国内生产总值或国民收入越多,则可供财政分配的物质基础越雄厚,财政收入总额会越高。可以说,经济发展水平是制约财政收入规模的一个最综合、最基础性的因素,二者之间存在着源与流、根与叶的关系,渊远则流长,根深则叶茂,反映了经济对财政的决定作用。从世界各国的现实状况看,无论是从横向比较,还是从纵向比较,都说明了经济发展水平对财政收入规模的影响。从横向看,发达国家的财政收入规模大多高于发展中国家,而发展中国家中,中等收入国家又大都高于低收入国家；从纵向看，随着经济发展水平的提高，各国的财政收入规模一般都会呈现上升的趋势。这种情况充分说明经济发展水平对财政收入规模的影响。当然，这是就普遍情况而言，并不排除一些例外，因为经济发展水平毕竟不是影响财政收入规模的唯一因素。

2.政府职能范围。

政府的职能范围影响财政收入规模。政府取得财政收入是为了履行其职能，满足社会公共需要，显然一国政府的职能范围越大，所需要筹集的财政收入规模也就越大，所以，政府的职能范围是决定一国财政收入规模的直接因素，这一点可以从西方国家财政收入规模的发展变化中得到反映。在资本主义发展的早期，政府的职能范围十分有限，政府的职责主要是国防以及维护国内法律秩序，因而有"夜警国家"之称。在这种"越小的政府是越好的政府"的观念下，自然是"花钱越少的政府是越好的政府"，当时西方国家的财政收入一般都不到 GDP 的 10%。但随工业化和城市化的发展，社会要求政府提供社会福利和社会保障的呼声日益高涨。到 19 世纪的后期，西方国家政府担负的社会福利职能越来越大，相应地，各国政府的财政收支规模也不断地攀升。目前，西方国家的财政收入占 GDP 的比重一般都在 30%以上，有的甚至高达 50%；其中，财政收入的 40%~50%是用于社会福利和社会保障方面的开支。就我国而言，不同发展阶段，政府职能范围不同，财政收入规模也是有较大变化的。在计划经济条件下，政府职能渗透到微观经济的各个环节，政府部门是社会资源配置的主体，形成的政府职能范围是大而宽的，几乎囊括了生产、投资乃至消费的各个方面，这就要求政府通过财政占有更多的社会产品。在这种体制下，政府财政收入规模占 GDP 的比重自然会高一些。反之，在市场经济条件下，市场是资源配置的主要机制，政府的主要职责是为社会提供公共产品，其职能范围仅限于市场不宜和市场不能的领域，与此相适应，国民收入主要向市场主体倾斜，财政收入占 GDP 的比重也就降低一些。

3.分配制度和分配政策。

制约财政收入规模的另一个重要因素是政府的分配制度和分配政策。财政收入规模的大小受经济发展水平制约，而经济发展水平是分配的客观条件，在客观条件既定的条件下，还存在通过分配进行调节的可能性。所以，在不同的国家（即使经济发展水平是相同的)和一个国家的不同时期,财政收入规模也是不同的。分配政策是一国政府对收入进行再分配所采取的政策措施,对财政收入规模具有关键性影响,它决定着社会资源在政府部门与非政府部门之间的分配。

社会产品生产出来以后,要在政府、企业和居民个人之间进行一系列的分配和再分配。在我国,国家制定的国民收入分配制度和分配政策决定了政府、企业和居民在国民收入分配中所占的份额。在传统的计划经济体制下,国家对国有企业实行统收统支的财务管理体制,对城市职工实行严格的工资管理,对农产品实行"剪刀差"的价格政策,在这种分配制度和分配政策下,在国民收入的分配格局中,政府财政的收入规模较大。

在经济体制改革以后,由于国家改革了分配制度,调整了分配政策,国民收入分配开始向企业和居民倾斜,国民收入分配格局发生了重大变化。对于国有企业而言,通过"放权让利"对国有企业利润分配制度进行改革,从而使企业上缴财政的税利有所下降。在国有企业改革的同时,国家还大力发展非国有经济,并通过税收优惠政策鼓励其发展。另外,国家为了调动职工的积极性,不断提高城镇职工的工资水平,并且在坚持按劳分配的同时,允许存在一定形式的按要素分配。在农村经济改革方面,国家多次大幅度提高农副产品收购价格,从而使农民的收入水平有了一定的提高。经过上述一系列改革政策,原有的国民收入分配格局发生了重大改变。政府财政预算内收入占 GDP 的比重由改革前 1978 年的 31.1%,下降到1995 年的 10.8%,下降了近 20 个百分点。与此同时居民收入占 GDP 的比重则由50% 上升到将近 70%,提高了近 20 个百分点;企业收入所占的比重也由 18% 上升为 22%。1995 年以后,我国逐步提高了财政收入占 GDP 的比重。到 2010 年,政府财政预算收入占 GDP 的比重回升至 20.7%,我国劳动者报酬占 GDP 的比重下降为45.0%,企业营业盈余占 GDP 的比重则上升至 26.9%。很明显,改革开放以来,我国政府财政收入规模的下降,与国民收入分配政策的变化是分不开的。

4.价格因素。

财政收入是一定量的货币收入,它是在一定的价格体系下形成的,又是按一定时点的现价计算的,所以,由价格变动引起的 GDP 分配的变化也是影响财政收入规模增减的一个不容忽视的因素。针对我国曾一度出现物价上涨幅度较大的情况,学术界曾讨论财政收入的"虚增"或名义正增长而实际负增长的问题,它实际上就是指由物价上涨导致的财政收入的"贬值"现象。所谓名义财政收入,是指当年在财政账面上实现的财政收入。实际财政收入,则是指财政收入所真正代表的商品物资(劳务)的数量,在价值上它可以用按不变价格计算的财政收入的量来表示,是以名义增长率剔除物价上涨因素后的真实增长率。价格变动对财政收入的影响,主要表现在以下几方面:

首先,价格水平升降会对财政收入产生影响。在市场经济条件下,价格总水平一般是处于不断变化中的,价格水平变动对财政收入的影响有三种情况:一是价格水平(物价)的增长率超过名义财政收入的增长率,则名义财政收入增长,而实际财政收入是负增长;二是价格水平(物价)的增长率低于名义财政收入的增长率,则名义财政收入和实际财政收入都增长,但名义财政收入增长大于实际财政收入增长;三是价格水平的增长率与名义财政收入的增长率大致相同时,则名义财政收入增长,实际财政收入不增不减。我国物价对财政收入的影响突出地表现在通货膨胀时期,在价格波动较大的年份,就会出现财政收入名义增长和实际增长的背离。如1994年,我国财政收入名义增长率为19.99%,而CPI指数(通货膨胀率)为21.70%,所以财政收入实际为负增长。在因物价上升而形成名义增长但实际无增长的情况下,财政收入的增长就是通过价格再分配机制实现的。这时的财政收入的增量通常可分为两部分:一是GDP正常增量的分配所得;二是价格再分配所得。后者即为通常所说的"通货膨胀税"。在许多经济发达的西方国家,过去长期实行赤字财政政策,并通过市场机制形成有利于国家的再分配,所以"通货膨胀税"成为有些国家财政的一项经常性的收入来源。

其次,财政收入体制中的税收制度对于价格变化的反应也是不同的。在价格水平大幅上涨期间,当一国实行以累进所得税为主体的税制时,纳税人会由于名义收入的增长而适用较高的税率,即出现所谓"档次爬升"效应,比以前缴纳更多的税收,从而增加了财政收入;当一国实行以比例税率的流转税为主体的税制时,这意味着税收收入的增长与物价上涨率是同步的,从而使财政收入在通货膨胀下只有名义增长,而不会有实际增长;如果一国实行定额税,在这种税制下,税收收入的增长总要低于物价上涨率,所以财政收入即使有名义增长,实际上也是下降的。我国现行税制以采用比例税率的流转税为主。我国改革开放之初,曾经有一段时期对国有企业的所得税实行承包制,大体相当于定额税,因而某些年份在物价大幅度上涨的情况下,财政收入出现名义上正增长而实际上负增长,和当时的税制有极大的关系。

另外,除了价格总水平外,产品比价关系变动也引起财政收入的变化。一方面,产品比价变动会引起货币收入在企业、部门和个人各经济主体之间的转移,形成 GDP 的再分配,使财源分布结构发生变化。另一方面,财政收入在企业、部门和个人之间的分布呈非均衡状态,或者说各经济主体对财政收入的贡献比例是不一样的,当产品比价变动导致财源分布结构改变时,相关企业、部门和个人上缴的税收就会有增有减,从而整体财政收入会发生变化。

(三)我国财政收入规模分析

1.我国财政收入规模。

一个国家的财政收入规模,国际上一般用财政收入占 GDP 的比重来衡量。我国财政收入规模水平可以从狭义和广义两种不同的口径来分析。狭义财政收入规模,也称小口径财政收入规模,用一般公共预算收入占 GDP 的比重来表示,它代表了政府统筹用于保障和改善民生等公共支出的可支配财力,表明当前政府财政能力的强弱。广义财政收入规模,也称全(大)口径财政收入规模,即全口径预算收入占 GDP 的比重来表示,它全面地反映了政府从微观经济主体的企业和个人手中取得收入和集中资源的状况,能够真实反映政府对整个社会财富的集中程度。

改革开放后,我国小口径财政收入规模的变化经历了一个逐年下降而又逐年回升的历程,"十二五"期间已经达到 GDP 的 22%左右(见表 2-2),而且是相对稳定的。

表 2-2　我国一般公共预算收入(财政收入)占 GDP 比重(小口径财政收入规模)

年份	财政收入(亿元)	国内生产总值 GDP(亿元)	财政收入占 GDP 比重(%)
1978	1132.3	3678.7	30.8
1980	1159.9	4587.6	25.3
1985	2004.8	9098.9	22.0

（续表）

年份	财政收入（亿元）	国内生产总值 GDP（亿元）	财政收入占 GDP 比重（%）
1990	2937.1	18872.9	15.6
1995	6242.2	61339.9	10.2
2000	13395.2	100280.1	13.4
2005	31649.3	187318.9	16.9
2010	83101.5	413030.3	20.1
2011	103874.4	489300.6	21.2
2012	117253.5	540367.4	21.7
2013	129209.6	595244.4	21.7
2014	140370.0	643974.0	21.8
2015	152269.2	685505.8	22.2
2016	159604.97	740060.8	21.6
2017	172592.77	820754.3	21.0

说明：此表中财政收入不包含国内外债务部分。
数据来源：统计局网站，统计年鉴。

　　将我国的财政收入规模与其他国家的情况进行比较，有助于进一步准确判断我国的财政收入规模。如果按狭义财政收入口径进行国际比较，我国财政收入相对规模不仅远低于发达国家，与发展中国家相比也是偏低的。发达国家财政收入占 GDP 的比重一般都在 40% 以上，瑞典、丹麦和挪威等北欧国家这一比重可达 50% 以上。发展中国家财政收入占 GDP 的比重一般都在 30% 以下，大部分在 20%~25% 之间，而我国目前这一比重仅达到 20% 多一点。按狭义财政收入口径进行国际比较，没有把我国全部财政收入纳进去，存在着明显的口径上的差异，不具有可比性。

　　根据国际货币基金组织定义，采用全口径财政收入规模进行国际比较是较为合理的方式。由此计算的我国全口径财政收入规模不低（见表 2-3），已经接近部分发达国家水平（见表 2-4），超过发展中国家的平均水平（见表 2-5）。从全口径和小口径财政收入规模的综合比较来看，我国目前的情况是，小口径财政收入规模偏低,全口径的财政收入规模并不低。

表2-3 近年来我国全口径财政收入规模

年份	一般公共预算收入(亿元)	政府性基金预算收入(亿元)	国有资本经营预算收入(亿元)	社会保险基金预算收入中的社会保险费收入(亿元)	全口径财政收入(亿元)	国内生产总值GDP(亿元)	全口径财政收入占GDP比重(%)
2013	129142.90	52238.61	1651.36	25938.81	208971.68	592963.2	35.2
2014	140349.74	54093.38	2023.44	29104.10	225570.66	641280.6	35.2
2015	152216.65	42330.14	2560.16	32518.48	229625.43	685992.9	33.5
2016	159552.08	46618.62	2601.84	35065.86	243838.4	740060.8	32.9
2017	172566.57	61462.49	2578.69	39563.61	276171.36	820754.3	33.6

数据来源:《关于2013(2014、2015、2016、2017)年中央和地方预算执行情况与2014(2015、2016、2017、2018)年中央和地方预算草案的报告》;《中国统计年鉴2017》

表2-4 部分发达国家财政收入占GDP的比重

国家	财政收入占GDP的比重(%)
美国	31.65
加拿大	37.94
澳大利亚	32.68
奥地利	48.15
比利时	48.76
丹麦	55.32
芬兰	52.46
挪威	55.95
法国	49.58
德国	43.68
英国	40.14
意大利	45.82
西班牙	36.28
日本	46.27

资料来源:国际货币基金组织《政府财政统计年鉴(2011年)》。

表 2-5　部分发展中国家财政收入占 GDP 的比重

国家	财政收入占 GDP 的比重(%)
中国	22
印度	14.3
南非	33.3
泰国	22.4
巴西	36.7
埃及	25.1
玻利维亚	36
土耳其	36.35

资料来源：国际货币基金组织《政府财政统计年鉴(2011 年)》。

2.我国小口径财政收入规模偏低,全口径财政收入规模不低的原因分析

由上述数据进一步分析可知,我国目前的小口径财政收入规模偏低,全口径的财政收入规模并不低的主要原因,实质是一种结构性的问题,即国家统一支配的公共财力较少,由政府各部门自己支配的公共财力并不少。具体原因是多方面的,主要包括：

(1)从政府组织收入的角度看,规范的税收收入在全口径财政收入中比重不高,导致小口径财政收入规模偏低,而全口径财政收入规模不低。税、费是两种不同性质的收入形式,虽然世界各国的财政收入中有一定数量的收费,但比重都较小,其主要来源仍是税收,收费仅是财政收入的一种重要补充。而我国自改革开放以来,由于财政体制改革不完善,财政收入形式还不规范,预算内外收入比重、税费收入比重不合理。如 20 世纪 90 年代财税改革后,由于财政事权与财权不匹配,导致地方政府预算内资金拮据,难以满足各部门正常的公共需要,于是各部门另辟蹊径,纷纷出台各种收费和基金项目,预算外以及随之而来的制度外资金迅速膨胀,出现了收入分配秩序混乱、乱收费的现象,严重侵蚀了税基,财政收入形式不规范,减少了财政收入。

(2)在我国现行税制下,伴随着中国经济发展进入新常态,小口径财政收入也由高速增长转为中低速增长的新常态。我国经济增速自 1992 年以来的两位数增

长,到近些年特别是 2014 年以来的一位数增长的减速态势,使得财政收入增速的下滑幅度更大,小口径财政收入规模下降。

(3)近年来,我国实行的税收优惠政策、减税降基政策,使财政收入规模尤其是小口径财政收入规模下降。近年来,我国出台了一系列的税收优惠政策,一方面促进了经济和社会各项事业的发展,另一方面也使税基变窄,宏观税负趋于下降。近年来,面对经济下行压力,国家推进供给侧结构性改革,同时进行结构性减税降费,如中小微企业税收减免等政策,对财政收入规模也会产生一定影响。

(4)从生产力发展因素角度看,我国目前生产力发展水平不高,人均收入水平较低,并且尚处于经济发展的初级阶段,政府收入的集中程度不可能太高。

3.合理调节财政收入规模的基本思路。

财政是国家治理的基础和重要支柱,新时代背景下,面对经济发展下行压力、民生保障的刚性支出等问题,财政工作必须主动适应经济发展新常态。为此,要切实稳定财政收入规模,深化财税体制改革,减税降费,坚决取缔乱收费,规范收入,依法增加收入,调整财政收入结构,统筹管理政府的各种财政收入,提高小口径财政收入规模,增强国家可支配财力,满足经济社会发展需要。

(1)正确理解和处理政府与市场的关系,是合理调节财政收入规模的前提。我国目前的经济发展水平、政府职能以及长远社会经济发展战略,是确定我国合理财政收入规模的直接因素。作为人口众多的发展中国家,我国人均收入已经达到中等收入国家的水平,目前又处于奔向全面小康的关键发展时期,因而财政收入规模适当高于发展中国家的平均水平是必要和可能的。同时,我国实行社会主义市场经济体制,要求更大程度地发挥市场在资源配置中的决定性作用,因而正确处理政府与市场在资源配置中的关系非常关键,为此需继续完善国家宏观调控体系,加快政府职能转变,切实把政府的经济管理职能转到为市场主体服务和创造良好发展环境上来。因此,从完善市场经济体制的角度思考,我国的财政收入规模需要控制在适度的空间。

(2)发展经济,扩大财政收入来源。提高财政收入规模,关键是要增强经济发展提供财政收入的能力。经济发展水平是制约财政收入规模的基本因素,当经济发展伴随着社会财富的增加,公共部门可支配的资源也就增加了,从而扩大了财政收入的来源。实际上,财政收入的规模和增长取决于经济发展规模和增长速度,而发展经济的关键在于提高生产技术水平,生产技术水平的高低直接决定了一个国家投入和产出的关系。当前,我国经济已由高速增长阶段转向高质量发展阶段,必须坚持质量第一、效益优先,以供给侧结构性改革为主线,推动经济发展质量变革、效率变革、动力变革,提高全要素生产率,着力加快建设实体经济、科技创新、现代金融、人力资源协同发展的产业体系,以推动我国经济朝着更高质量、更有效率、更加公平、更可持续的方向发展。

(3)深化改革,对现行税制和税收政策进行继续有增有减的结构性调整。就成熟市场经济国家而言,财政收入主要来自税收收入,经济稳定增长,税收与GDP将趋于同步增长。即税收收入主要依靠经济增长带来的自然增长,税收占GDP的比重将趋于相对稳定。对于我国特定时期税收收入的快速增长超过GDP的快速增长必须有一个清醒的认识,它是一定时期的特有现象,而不是普遍规律。当我国市场经济体制进一步完善,税收与GDP将趋于同步增长。根据当前我国经济状况,对税收制度要继续改革。2008年以来,为了应对国际金融危机,我国实行了积极的财政政策,对现行税制进行有增有减的结构性调整。如2012年以来实施的"营改增"改革,打通二、三产业税收抵扣链条,实现减税目的;2015年以来,为了推动经济发展方式转变,深化供给侧结构性改革,实行的结构性减税,尤其是对中小微企业一系列税收减免等政策,同时改革和完善直接税,通过税基和税率的调整,逐步降低间接税比重,提高直接税比重,保证财政收入合理增长。

(4)继续进行税费改革,坚决取缔乱收费,加强非税收入管理。继续清理整顿滥收费、防止乱设政府性基金,确保税基,保证税收的合理增长;继续推进税费改革,将可以规范为税收的收费转化为征税,并纳入一般公共预算;完善土地政策,制止土地出让收入的非正常增长;完善政府性基金预算的编制和执行,加强预算管理。近年来,国家加大了收费基金清理和改革力度,大力推进税费改革,一些基金、收费项目有很大压缩。在制度建设方面,相继出台了《彩票管理条例》《政府性基金管理暂行办法》《政府非税收入管理办法》,2015年实施的新《预算法》规定,政府的全部收入和支出都应当纳入预算。在收费基金清理方面,2015年对小微企业免征42项行政事业性收费、取消或暂停征收57项中央级行政事业性收费等。

2016 年取消违规设立的政府性基金,停征和归并一批政府性基金,扩大水利建设基金等免征范围;将 18 项行政事业性收费的免征范围,从小微企业扩大到所有企业和个人。清理、规范政府性基金和收费,将有效减轻企业和个人负担,规范政府行为,使财政性资金管理纳入统一规范的轨道。

(5)调节财政收入规模的有效手段是随时观测相关财政指标。一般而言,财政收入增长在一定时期内总是存在一定的正常增长空间,但不同年份却可能存在较大的波动,而财政收入弹性系数和边际增长倾向等指标则可以显示波动的程度和趋向。其中,财政收入弹性系数,是指财政收入增长率与国内生产总值增长率之比,说明财政收入增长速度与国民经济增长速度的对比关系,即 GDP 每增长 1%,财政收入增长的百分点,反映国内生产总值变动对财政收入变动的影响,该系数用来分析财政收入与 GDP 二者是否同步及协调程度。若收入弹性系数大于 1,则表明财政收入的增长速度会超过 GDP 的增长速度,相应的,财政收入占 GDP 的比重将提高;反之,若收入弹性系数小于 1,则财政收入虽然增长,但低于 GDP 的增长速度,因而财政收入占 GDP 的比重将下降。边际增长倾向显示了 GDP 增长中被财政收入所吸取的比例关系。若这两个指标数较高,则反映了当年财政收入超常增长,应当及时采取适当的措施加以调节。

总之,一个国家的财政收入规模取决于政治、经济、社会以及各国的历史文化传统和特殊国情等多种因素,这就是各国的财政收入规模水平各不相同而且差距较大的原因。所以,没有一种统一的和绝对的标准,也不可能有一种精确的模型来测算每个国家的财政收入规模的合理水平。一般还只能采取本国自身的纵向比较和同外国的横向比较的方法,来分析财政收入规模的发展趋势,作为合理确定财政收入规模的参考值,最终仍然需要根据本国的国情通过政治程序来确定。

延伸阅读:

准确把握《降低社会保险费率综合方案》有关政策的核心内容

(一)关于降低养老保险单位缴费比例。各地企业职工基本养老保险单位缴费比例高于 16% 的,可降至 16%;低于 16% 的,要研究提出过渡办法。省内单位缴费比例不统一的,高于16%的地市可降至16%;低于16%的,要研究提出过渡办法。目前暂不调整单位缴费比例的地区,要按照公平统一的原则,研究提出过渡方案。各地机关事业单位基本养老保险单位缴费比例可降至16%。

(二)关于继续阶段性降低失业保险费率。自2019年5月1日起,实施失业保险总费率1%的省份,延长阶段性降低失业保险费率的期限至2020年4月30日。

(三)关于继续阶段性降低工伤保险费率。按照《人力资源社会保障部财政部关于阶段性降低社会保险费率的通知》(人社部发〔2018〕25号)已纳入降费范围的统筹地区,原则上继续实施,保持力度不减。此前未纳入降费范围但截至2018年底累计结余可支付月数达到阶段性降费条件的统筹地区,要按规定下调费率,确保将符合条件的统筹地区全部纳入降费范围。阶段性降费率期间,费率确定后,一般不做调整。

(四)关于调整就业人员平均工资计算口径。各省应以本省城镇非私营单位就业人员平均工资和城镇私营单位就业人员平均工资加权计算的全口径城镇单位就业人员平均工资,核定社保个人缴费基数上下限,合理降低部分参保人员和企业的社保缴费基数。调整就业人员平均工资计算口径后,为保证新退休人员待遇水平平稳衔接,人力资源社会保障部、财政部将提出基本养老金计发办法的过渡措施,并加强对各地的指导。

(五)关于完善个体工商户和灵活就业人员缴费基数政策。个体工商户和灵活就业人员参加企业职工基本养老保险,按照调整计算口径后的本地全口径城镇单位就业人员平均工资,核定社保个人缴费基数上下限,允许缴费人在60%至300%之间选择适当的缴费基数,以减轻其缴费负担、促进参保缴费。

(六)关于加快推进企业职工基本养老保险省级统筹。各地要逐步统一养老保险政策,完善省级统筹制度,为全国统筹打好基础。2020年底前实现企业职工基本养老保险基金省级统收统支。人力资源社会保障部、财政部将印发关于推进省级统筹的具体指导意见。

(七)关于提高企业职工基本养老保险基金中央调剂比例。为进一步均衡各省份之间养老保险基金负担,逐步提高企业职工基本养老保险基金中央调剂比例,确保企业离退休人员基本养老金按时足额发放,2019年基金中央调剂比例提高至

3.5%。具体工作由人力资源社会保障部、财政部另行部署。

(八)关于稳步推进社保费征收体制改革。企业职工基本养老保险和企业职工其他险种缴费,原则上暂按现行征收体制继续征收,稳定缴费方式,"成熟一省、移交一省";机关事业单位社保费和城乡居民社保费征管职责如期划转。人力资源社会保障、税务、财政、医保部门要抓紧推进信息共享平台建设等各项工作,切实加强信息共享,确保征收工作有序衔接。各地要按照要求,合理调整 2019 年社会保险基金收入预算。妥善处理好企业历史欠费问题,在征收体制改革过程中不得自行对企业历史欠费进行集中清缴,不得采取任何增加小微企业实际缴费负担的做法,避免造成企业生产经营困难,务必使企业特别是小微企业社保缴费负担有实质性下降。

三、财政收入结构分析

财政收入的结构是指财政收入的项目组成及各项目收入在财政收入总体中的比重,具体包括财政收入的价值构成、所有制构成和部门构成等。对财政收入的结构进行科学的分析,有利于综合反映财政收入状况和对财政分配过程进行有效管理,探索增加财政收入的合理途径,并使财政收入构成与社会经济制度、经济发展水平相适应。

(一)财政收入的价值构成

市场经济条件下的财政分配是价值分配,因此,财政分配所体现的价值分配与社会总产品价值的关系极大,有必要对财政收入的价值构成进行分析。按照马克思的社会产品价值构成理论,社会总产品价值是由 C、V、M 三部分构成的。其中,C 是补偿生产资料消耗的价值部分;V 是新创造的价值中归劳动者个人支配的部分;M 是新创造的归社会支配的剩余产品价值部分。研究财政收入的价值构成,是为了根据不同价值构成的不同性质和特点,制定相应的财政政策,寻求增加财政收入的途径。

1.C 对财政收入的影响。

C 是社会产品生产过程中消耗掉的生产资料价值。它可以分为两个部分:一部分是补偿消耗掉的原材料(如材料、燃料、辅助材料等)价值,这部分价值在循环周转中具有一次性全部转移到新产品价值中、一次性从产品销售收入中得到足额补偿的特征，一般不可能也不需要通过财政来分配；另一部分是补偿固定资产消耗的价值，固定资产运动的特点决定了其价值补偿和实物更新在时间、空间上的不一致，尤其是新投产的固定资产更是如此。这样，折旧基金实际上可以作为积累资金使用。我国在 1985 年之前，在传统的高度集中的财政体制下，国有企业的折旧基金曾全部或部分地上缴财政，作为财政收入的一个来源。近年来，根据社会主义市场经济的要求，为了建立现代企业制度和维护企业经营管理权利，固定资产的折旧基金应留给企业，由企业自行安排使用，国家不能统一安排使用国有企业的折旧基金。

2.来自 V 的财政收入。

V 是在社会产品生产过程中，以薪金报酬形式支付给劳动者个人的必要劳动转移的价值，即劳动者个人所得的各种报酬。在发达国家，V 是构成财政收入的主要来源之一；而在发展中国家，V 在财政收入中的比重远远低于发达国家，在我国这个比重甚至还低于一些发展中国家。从我国现行的经济运行来看，来自 V 部分的财政收入主要有以下几条渠道：第一，直接向个人征收的税，如个人所得税、个人缴纳的房产税、车辆购置税等；第二，直接向个人收取的规费收入（如户口证书费、结婚证书费、护照费等）和罚没收入等；第三，居民购买的国库券；第四，国家出售高税率的消费品所获得的一部分收入，实质上是由转移而来的；第五，服务行业和文化娱乐业等企事业单位上缴的税收，其中一部分是通过对 V 的再分配转化来的。

从我国目前情况来看，V 虽然是构成财政收入的一部分，但它在全部财政收入中所占的比重较小。这是因为我国过去曾长期实行低工资、低收入的政策，劳动者个人收入普遍较低，国家不可能从 V 中筹集更多的资金。但随着我国经济体制改革逐步深入、经济持续发展，居民个人收入不断提高，再加上税收制度的改革与完善，来源于 V 的部分的财政收入及其比重将呈上升的趋势。例如，2017 年我国个人所得税收入完成 11966.37 亿元，占税收总收入的比重为 8.29%，而 1994 年个人所得税只占我国税收收入的 1.5%。

3.M 是财政收入的主要源泉。

M 是劳动者为社会创造的剩余产品价值，是财政收入的主要源泉。从社会产品价值构成上看,财政收入主要来自于 M,只有 M 多了,财政收入的增长才有坚实的基础。在社会主义市场经济条件下,我国财政收入规模是以整个国民经济盈利水平为转移的,它直接反映国民经济的综合效益。因此,提高财政收入规模的根本途径就是增加 M。

由于社会产品价值是由 C、V、M 三部分组成的,因此增加 M,还要涉及 M 和 C、V 的关系。首先,我们来看 M 和 C 之间的关系。在社会总产品价值一定的情况下,C 缩小,如果 V 不变,则 M 增大。因此降低 C,减少物质消耗是增加 M、增加财政收入的途径。但对 C 需要做具体分析,属于补偿原材料消耗的部分,在保证质量的前提下,当然越节约越好。而属于固定资产消耗的部分即折旧,却不能任意降低,而应根据生产力发展水平和科技水平制定合适的折旧率。其次,来看 M 与 V 的关系。如果社会产品价格不变,V 部分减少,M 相对增大;反之,V 增大则 M 减少。但在现实情况下,对 V 来说,不能笼统地说越少越好,由于工资的刚性特征,职工的收入水平不仅不能降低,而且还要随着生产水平的发展不断提高。因此,要使单位产品中 V 的比例减少,唯一的途径就是提高劳动生产率。那么应如何处理好提高工资与国家财政的关系呢? 我们认为,要把国家长远利益与个人利益综合起来,既要考虑国家财力的可能,又要保证人民生活水平的不断提高,即正确处理好积累与消费的关系。一般情况下,要使工资水平的提高与劳动生产率的提高相适应。党的十九大报告《决胜全面建成小康社会　夺取新时代中国特色社会主义伟大胜利》中对收入分配明确提出"两个同时同步"原则,即坚持在经济增长的同时实现居民收入同步增长、在劳动生产率提高的同时实现劳动报酬同步提高。只有这样才能保证 M 的增长,进而保证财政收入的增长,国民经济发展才会有后劲。

(二) 财政收入的所有制构成

财政收入的所有制构成,亦称财政收入的经济成分构成,是指财政收入由来自不同所有制或经济成分的经济组织上缴的税金、利润等组成。从所有制的角度研究财政收入的构成,目的在于分析国民经济的所有制构成对财政收入的影响,从而采取有效措施增加财政收入。

现阶段,我国实行的以公有制为主体、多种所有制经济共同发展的基本经济制度,这种以国有经济为主导的、多种经济成分并存的经济结构,必然要反映到财政收入上来。财政收入按经济成分分类，有来自全民所有制经济的收入、集体所有制经济的收入、私营经济的收入、个体经济的收入、外资企业的收入、中外合资经营企业的收入等。国有经济在国民经济中具有十分重要的地位，与此相适应，国有经济一直是我国财政收入的主要来源。尽管近年来国有经济在国民经济中的比重有所下降，但这并不动摇国有经济的主导地位。目前，国有经济的比重已经下降到30%左右，其对财政收入的贡献率达50%左右。主要原因除了国有经济规模体量较大外，也与一些国有企业所在行业如烟、酒等，具有较高税率有关，一些国有垄断企业上缴财政收入的比重较大。

自改革开放以来，我们党破除所有制问题上的传统观念束缚，为非公有制经济发展打开了大门。与此同时，在国家鼓励非公经济发展的一系列政策支持下，非公经济获得极大发展，对国民经济发展、财政收入贡献日益提高。2018年11月1日，习近平总书记在民营企业座谈会上的讲话中明确指出，截至2017年年底，我国民营企业数量超过2700万家，个体工商户超过6500万户，注册资本超过165万亿元。概括起来说，民营经济具有"五六七八九"的特征，即贡献了50%以上的税收，60%以上的国内生产总值，70%以上的技术创新成果，80%以上的城镇劳动就业，90%以上的企业数量。党的十九大报告明确指出，"必须坚持和完善我国社会主义基本经济制度和分配制度，毫不动摇巩固和发展公有制经济，毫不动摇鼓励、支持、引导非公有制经济发展"，不断壮大我国经济实力和综合国力。随着市场经济的不断完善和发展，来自非公有制经济成分的财政收入及其比重也将呈逐步上升的趋势。

（三）财政收入的部门构成

财政收入的部门构成，是指国民经济各部门对财政收入的贡献程度，即财政收入是从国民经济的哪些部门集中的，集中的比例有多大。对财政收入的部门构成的分析，有利于掌握国民经济各部门的发展及其结构变化对财政收入的影响，从而使财政收入构成与国民经济部门构成相适应，并随着国民经济部门的发展及其结构的变化对财政收入做适当的调整。

财政收入按传统意义上的部门分类，可分为来自农业、工业、建筑业、交通运输业，以及商业和服务业等部门的收入。这种分类可以反映产业结构以及与之相关的价格结构变化对财政收入的影响,便于根据各部门的发展趋势和特点,合理地组织财政收入,开辟新的财源。

农业是国民经济的基础,是国民经济各部分赖以发展的基本条件。农业的状况会影响整个国民经济的发展,从这个意义上说,农业也是财政收入的基础。农业对财政收入的影响主要表现在以下两个方面:第一,直接来自农业的收入,主要是农业税。由于我国农业劳动生产率比较低,以及长期以来对农民贯彻稳定负担政策和轻税政策,因此,农业税在全部财政收入中占的比重一直很小,而 2006 年我国又取消农业税,这样农业对财政收入的整体影响已微乎其微。但适时取消农业税,顺乎民意、合乎民情,对从根本上减轻农民负担、提高农民生活水平、扩大消费市场及促进经济的发展将会起到明显作用。第二,间接来自农业的收入。由于历史原因,我国工农业产品价格长期存在剪刀差,使得农业部门创造的一部分价值转移到工业部门,农业部门等于为以农产品为原料的工业部门承担了部分税负。农业部门间接提供的财政收入是不可低估的,但这部分收入并没有也不能在统计中体现出来。此外,我国的税收 50% 以上来自于流转税,农民购买商品和劳务时也要负担一部分流转税,这实际上也是农业部门间接提供的财政收入。

工业是国民经济的主导。我国财政收入的大部分直接来自工业,因此,工业对财政收入的状况起决定作用。由于过去我国工商税收主要在生产环节征收,所以,工业部门提供的财政收入在整个财政收入中所占比重较高,税制改革前达到 60% 以上。随着税制的改革,特别是实行增值税之后,工业部门提供财政收入所占比重虽有所下降,仍是财政收入的龙头。因此,需加快企业改革特别是国有大中型企业的改革,提高经济效益,减少亏损,进而促进财政收入增长。无论是从绝对额还是从相对额来看,工业部门仍然是财政收入的重要支柱,为工业发展创造良好的条件,实行有利于提高工业企业活力的政策,是增加财政收入的关键。

建筑业是一个特殊的工业部门。建筑业也创造产品和价值,但其产品生产方式和价值实现方式都不同于一般工业。随着建筑业的发展和建筑业产品的商品化及其价格结构的改革,建筑业成为支柱产业之一,并成为财政收入的重要来源。

交通运输业和商业服务业是联结生产与消费的桥梁和纽带,从总体上来说属于流通过程,是生产过程的继续。在社会主义市场经济条件下,实现商品的价值和使用价值是运输、邮电通信、商贸等企业的基本职能。交通运输作为生产在流通领域的继续，是一种特殊的生产经营活动，交通运输部门的劳动者在商品运输的劳动中创造价值，同时，交通运输还沟通商品交换，促进商品流通，这对最终实现工农业产品价值和财政收入起着极为重要的保证作用。随着交通运输业的大力发展，来自交通运输业的财政收入比重有所提高。商业是以货币为媒介从事商品交换的活动，是商品的价值和使用价值的实现过程，商业活动中的部分劳动，如商品运输、包装、保管、仓储、简单加工等，创造商品的附加价值，直接为国家创造一部分财政收入，但商业活动更重要的作用是，通过商品交换，实现工农业生产部门创造的产品价值，实现国家财政收入。

现代产业结构分类与传统的部门结构是不同的，但又是相互交叉的。按现代意义上的产业分类，分为第一产业、第二产业和第三产业。第一产业包括农业、牧业、林业、渔业等；第二产业包括工业和建筑业；第三产业包括除上述一、二产业以外的其他各业，主要有交通运输、金融保险、教育文化、军队和警察等服务性部门。三大产业在国民经济中的地位不同，在财政收入中地位也不相同。按产业结构进行分类是我国改革后的现行核算方法的分类，更具有实践价值。在发达国家，第三产业产值占 GDP 的比重已达 70% 左右，提供的财政收入占全部财政收入的比重达 60% 以上。目前，我国第三产业在国内生产总值中的比重已超过 50%，很多发达地区，如北京、广东、上海等地第三产业产值占 GDP 的比重已经接近或超过 60%。毫无疑问，随着我国社会主义市场经济体制的逐步完善，产业结构不断优化，第三产业必将成为财政收入的新的增长点和重要来源。

第二节 财政支出

一、财政支出的含义与分类

(一)财政支出的含义

财政支出又称政府支出或公共支出,是指政府为了实现其职能,将通过财政收入所集中起来的资金,按照一定的方式和渠道,有计划地进行分配的过程。简言之,它是政府活动中所发生的全部成本,实质上是政府对经济资源进行分配和使用的行为和过程。

财政支出是财政分配活动的重要环节,可以从多角度理解。从静态来看,财政支出通常是指各级政府通过预算形式安排支配的资金量,这个资金量是指一个预算年度终了时政府所累积支出的总量。从动态来看,财政支出是各级政府在一个预算年度内持续分配预算资金的一个过程。从国家政权角度看,财政支出是政府施政行为选择的反映,是各级政府对社会提供公共物品的财力保证,体现着政府政策的意图,代表着政府活动的方向和范围。从宏观角度看,财政支出是政府进行宏观调控的重要手段之一,财政支出可以影响社会总供求的平衡关系,可以影响经济的发展状况。总之,财政支出是以政府为主体,以政府的事权为依据进行的一种货币资金的再分配活动。

(二)财政支出的分类

所谓财政支出分类,是指从不同的角度、根据不同的需要、依照不同的标准,把财政支出进行划分和分类。对财政支出进行合理的分类,可以准确反映和科学分析财政支出的性质、结构、规模和效益,把握财政支出的发展变化规律。在国际上,财政支出的分类并非完全一致。从现有的分类方法来看,大体上可以归为两大类:一类是用于经济分析目的的理论分类;一类是用于统计分类,主要用于编制政府预算。一般来讲,财政支出分类主要有以下几种:

1.按支出功能分类。

对财政支出按照支出功能分类,是指按照政府的职能和活动设置支出科目。支出功能分类主要反映政府活动的不同功能和政策目标。财政支出是政府集中使用社会资源,实现政府职能的过程。因此,按政府职能对财政支出进行分类,是各国在财政支出管理上最常采用的一种分类方法,各国政府在编制财政支出预算时也大致采用类似的分类方法。当然,各国的情况有所不同,在分类的项目和包括的内容上不可能完全相同。

2007 年以前,我国的财政收支统计按照经济建设支出、国防支出、行政管理支出、社会文教支出和其他支出进行统计。2007 年以后,我国对财政收支分类进行改革,改革的核心是建立新的政府支出功能分类体系,财政支出不再按经费性质设置科目,而是按照政府的职能和活动设置支出科目,统计口径发生较大变化。根据我国《2019 年政府收支分类科目》,支出功能科目主要包括:一般公共服务、外交、国防、公共安全、教育、科学技术、文化旅游体育与传媒、社会保障和就业、卫生健康、节能环保、城乡社区、农林水、交通运输、资源勘探信息、商业服务业等支出、金融支出、援助其他地区支出、自然资源海洋气象等支出、住房保障、粮油物资储备、灾害防治及应急管理、预备费、其他支出、转移性支出、债务还本支出、债务付息支出和债务发行费用支出(见图 2-2)。

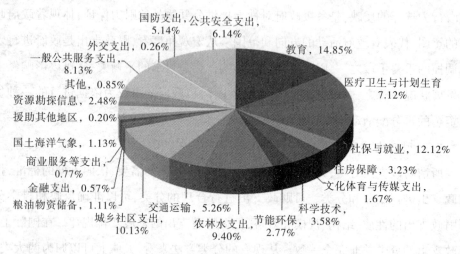

图 2-2　2017 年一般公共预算支出

资料来源:财政部网站《2017 年全国一般公共预算支出决算表》。

财政支出按功能分类,主要反映政府的各项职能活动,显示的是政府的钱干了什么,起到了什么样的社会作用。以"教育"为例,类、款、项三级结构对应为"教育"—"普通教育"—"小学教育",反映出政府为完成教育职能在"普通教育"中用于"小学教育"这个具体方面的支出费用是多少。通过支出功能分类可以清楚地表明整个财政支出在主要功能之间的配置,还可以表明各类支出在整个财政支出中的相对地位以及在不同时期的变动情况。

2.按支出经济分类。

按支出经济分类,则明确反映政府的钱究竟是怎么花出去的。按照国际货币基金组织对支出的经济分类,实际上是按支出产生效益的时间分类,即根据财政支出所产生效益的时间可把财政支出分为经常性支出、资本性支出。这也是现代公共经济学研究财政支出分类的一种主要方法。经常性支出是维持公共部门正常运转或保障人们基本生活所必需的支出,主要包括人员经费、公用经费及社会保障支出。这种支出的特点是,它的消耗会使社会直接受益或当期受益。因此,经常性支出直接构成当期公共物品的成本。经常性支出的补偿方式主要为税收。资本性支出是用于购买或生产使用年限在一年以上的耐久品所需的支出,其中有用于建筑厂房、购买机械设备、修建铁路和公路等生产性支出,也有用于建筑办公楼和购买汽车、复印机等办公用品等非生产性支出。这种支出的特点是,它们耗费的结果将形成一年以上的长期使用的固定资产。所以,资本性支出不能全部视为当期公共物品的成本,因为所形成的成果有一部分是当期受益,但更多的是在以后的较长时间内受益。资本性支出的补偿方式有两种:一是税收,二是公债。

我国的支出经济分类实际上是按照财政支出的经济性质和具体用途所做的一种分类,这种分类科目设类、款两项。根据《2019年政府收支分类科目》,具体包括:工资福利支出、商品和服务支出、对个人和家庭的补助、债务利息及费用支出、资本性支出(基本建设)、资本性支出、对企业补助(基本建设)、对企业补助、对社会保障基金补助和其他支出。这种分类主要是反映各项支出的具体经济构成,反映政府的每一笔钱具体是怎么花的,它是财政预算管理和财务经济分析的重要工具和手段。

2015年实施新修订的预算法后,明确要求各级政府和各部门(单位)在按功能分类编制预算的基础上,同时还要按支出经济分类编制预算。支出经济分类科目,与当前预算管理改革与发展的实际紧密结合,坚持问题导向,力求做到政府管到哪里,科目的设置就延伸到哪里,建立起政府预算经济分类和部门预算经济分类相互独立、各有侧重、统分结合的经济分类体系。

表2-6　国际货币基金组织的财政支出分类

职能分类	经济分类
1.一般公共服务	1.经常性支出
2.国防	(1)商品和服务支出
3.公共秩序和安全	1)工资和薪金
4.教育	2)雇主缴款商品和服务的购买
5.保健	3)其他商品和服务的购买
6.社会保障和福利	(2)利息支付
7.住房和社区生活设施	(3)补贴和其他经常性转让
8.娱乐、文化和宗教事务	1)补贴
9.经济事务和服务	2)对下级政府的转让
(1)燃料和能源	3)对非营利性机构和家庭的转让
(2)农林牧渔业	4)国外转让
(3)采矿和矿石资源业、制造业和建筑业	2.资本性支出
(4)交通和通信业	(1)固定资本资产的购置
(5)其他经济事务和服务业	(2)存贷购买
10.其他支出	(3)土地和无形资产的购买
	(4)资本转让
	1)国内资本转让
	2)国外资本转让
	3.净贷款

3.按经济性质分类。

按财政支出的经济性质分类,即按照财政支出对国民经济的影响不同进行分类,财政支出可以分为购买性支出和转移性支出。

　　购买性支出又称"消耗性支出",是指政府在市场上购买商品和服务所发生的支出,包括购买进行日常政务所需的和用于国家投资所需的商品和服务的支出。前者如政府各部门的事业费,后者如政府各部门的投资拨款。购买性支出的特点:一是有偿性。这类财政支出是有偿的商品和服务相交换的活动,财政一方面付出了资金,另一方面得到了相应的商品和服务,遵循等价交换原则,体现了政府的市场性再分配活动。二是对经济影响具有直接性。进行购买性支出时,政府是以商品和服务的购买者身份出现在市场中的,由于政府占有商品和服务,对社会的生产、就业和社会总需求产生直接影响。这一特点反映了政府的资源配置职能。但购买性支出对收入分配的影响是间接的。三是对财政支出活动具有较强的效益约束。政府在安排购买性支出时,必须遵循等价交换的原则,此时的财政活动对政府形成较强的效益约束。与此同时,向政府提供商品和服务的微观经济主体,也必须遵循等价交换原则,其交易收益的大小,取决于市场供求状况及成本,因此,购买性支出对微观经济主体的预算约束是硬的。

　　转移性支出是指政府按照一定方式,把部分财政资金无偿地、单方面地转移给接受者的支出,包括补助支出、捐赠支出和债务利息支出等。转移性支出的特点:一是无偿性。这类财政支出是政府将财政资金转移给特定接受者时,没有取得商品和服务,未得到任何补偿,是价值的单方面转移,即不遵循等价交换原则,体现了政府的非市场性再分配活动。二是对经济影响具有间接性。政府进行转移性支出时,财政资金转移到领受者手中,因而对收入分配有直接影响。而微观主体获得这笔转移性资金以后,是否购买商品和服务、购买哪些商品和服务,均已脱离了政府的控制,因此,转移性支出对生产和就业的影响是间接的。三是对财政支出活动的效益约束是"软"的。在安排转移性支出时,由于政府没有十分明确的原则可以遵循,且财政支出效益难以衡量,转移性支出的规模相当程度上视政府同微观主体的谈判情况而定,因此,通过转移性支出所体现的财政活动对政府的效益约束是软的。对于可以得到政府转移性支出的微观经济主体来说,其收入的高低在很大程度上取决于同政府商谈的能力,显然,转移性支出对微观经济主体的预算约束是软的。

　　这种分类方法对于分析财政支出的经济效益具有重要意义。一般而言,在财政支出总额中,如果购买性支出所占比重较高,而转移性支出的比重下降,财政活动对生产和就业的直接影响就越大,财政的资源配置作用和稳定经济作用有所增强,收入分配的作用相对减弱;相反,如果转移性支出所占比重较大,购买性支出所占比重下降,则财政支出活动对收入分配的作用增强,而资源配置作用和稳定经济作用有所减弱。在改革开放之前,我国购买性支出占绝对优势,表现出财政具有极强的资源配置职能。改革开放以后,转移性支出的比重大幅度上升,说明财政收入分配职能得到了加强。

表 2-7 购买性支出和转移性支出的比较

项目	购买性支出	转移性支出
支出用途	购买商品和服务	不获取相应的商品和服务
政府身份	购买者	分配者
支出性质	有偿性、双方性	无偿性、单方面
对经济影响	直接影响生产和就业, 间接影响分配	直接影响分配, 间接影响生产和就业
支出对政府约束的影响	强	弱
侧重财政职能	资源配置	收入分配
在财政支出结构中的比重	发展中国家大	发达国家大

二、财政支出规模

(一)财政支出规模的含义及衡量指标

财政支出规模是指一定财政时期政府安排的公共支出的总额。它反映的是政府在一定时期内集中支配使用的社会资源量,是衡量政府活动规模和满足公共需要能力的重要指标。财政支出规模有广义和狭义之分,狭义的财政支出规模是指政府预算中公共支出的规模,广义的财政支出规模是指政府安排的所有公共支出,包括预算内和预算外支出。在多数国家,政府支出都必须列入预算管理,没有多少预算外支出,广义与狭义的财政支出规模没多少差别。在我国,预算管理的资金口径不同,广义与狭义口径的指标相差较大。

常用的衡量财政支出规模的指标有:绝对量指标和相对量指标。绝对量指标是财政支出总额,它直接用货币量表示财政支出的数额,比较直观、具体地反映一定时期内政府财政的活动规模。相对量指标通常用财政支出占 GDP 的比重来表示,它说明在一定时期内的 GDP 中由政府集中和支配使用的份额,可以全面衡量政府在整个社会经济中的地位。两个指标各有所长,也各有不足,在财政支出规模的理论研究和现实分析中,一般是根据实际需要采用不同的指标。由于绝对量指标局限大,在分析财政支出规模时,使用最多的还是相对量指标,即用财政支出占 GDP 的比重这一指标来衡量财政支出规模。

(二)财政支出规模的发展趋势

从长期来看,无论是绝对量还是相对量,各国的财政支出规模均显现出不断增长的趋势。不过,财政支出的增长并不是以同一速率上升的,表现为短期波动的特征。在自由资本主义阶段,财政支出规模很小,增长速度也较慢。当时的资产阶级提倡个人自由,国家采取放任政策,国家职能基本上限于维护统治和社会公共秩序,在经济、文化、社会等方面少有所为。进入垄断资本主义阶段,随着国家干预经济程度的加深和凯恩斯主义的形成,财政支出规模与日俱增。虽然有时政府由于财政困难而谋求支出节减也曾收到一定的效果,但总体上不能遏制财政支出规模增长的历史趋势。

中华人民共和国成立以来,我国财政支出的绝对规模基本上呈迅猛增长之势,1950—1980 年间,我国财政支出绝对量从 172.07 亿元增加到 1228.83 亿元。改革开放之后,我国财政支出总额不断增长和增长速度表现较为明显。与此同时,我国财政支出占 GDP 的比重呈现出明显的波动性(见表 2-8)。

表 2-8 1978—2017 年我国财政支出(一般公共预算支出)

单位:亿元

年份	GDP	全国财政支出	财政支出占 GDP 的比重(%)
1978	3678.7	1122.09	30.50
1980	4587.6	1228.83	26.79
1985	9098.9	2004.25	22.03
1990	18872.9	3083.59	16.34
1995	61339.9	6823.72	11.12
1998	85195.5	10798.18	12.67

（续表）

年份	GDP	全国财政支出	财政支出占 GDP 的比重(%)
2000	100280.1	15886.50	15.84
2003	137422.0	24649.95	17.94
2005	187318.9	33930.28	18.11
2008	319515.5	62592.66	19.59
2010	413030.3	89874.16	21.76
2011	489300.6	109247.79	22.33
2012	540367.4	125952.97	23.31
2013	595244.4	140212.10	23.56
2014	643974.0	151785.56	23.57
2015	685505.8	175877.77	25.66
2016	744127.2	187755.21	25.23
2017	827121.7	203085.49	24.55

资料来源：中国统计局网站，统计年鉴。

　　我国自 1978 年改革开放至 1995 年这段时间,由于财政支出增长速度慢于 GDP 增长速度,导致财政支出占 GDP 的比重不断下降,这种下降趋势直到 1996 年才停止,1997 年开始回升。导致财政支出占 GDP 比重不断下降最直接的原因是经济体制的转变。在经济体制改革以前,财政支出占 GDP 的比重比较高,高度集中的计划经济管理体制下,在 GDP 分配上实行"统收统支"的制度,对个人实行"低工资、高就业"的政策,许多个人生活必需品由国家低价乃至无偿供给;国有企业的利润甚至折旧基金几乎全部上缴国家,相应地,国家要拨付国有企业的固定资产和流动资金。这样一来,导致财政支出占 GDP 的比重较高。经济体制改革以后,不再实行"统收统支"的制度,提高了个人的工资,对企业放权让利;与此相适应,国家也减少甚至取消了一些项目的支出,财政支出占 GDP 的比重自然会出现下滑趋势。当改革到了一定程度,体制已经没有大的变化的情况下,经济体制改革作为一个影响因素便不再重要了。经济体制迈上市场经济的运行轨道后,这种下滑趋势就会扭转。近几年,我国财政支出规模受到经济、政治、社会等因素的影响,总体上呈现连年上升的趋势。随着经济发展进入新常态,经济下行压力较大,GDP 增长率进入中高速增长常态。由于国家实施积极财政政策,推进供给侧结构性改革,支持转方式、补短板、防风险、保民生等财政增支需求增加,财政支出占 GDP 的比重呈现上升的趋势。与此同时,由于政府加大减税降费力度,财政收支平衡矛盾凸显,这是当前我国财政收支形势的重要特征。

(三)影响财政支出规模的因素

在一般情况下,财政支出的规模取决于一国政府财政活动的范围,具体地说主要受三个因素的影响:

1.经济性因素。经济性因素主要指经济发展的水平、经济体制的选择和政府的经济干预政策等。经济发展水平的高低,决定了社会财富的多少,一般来说社会财富的不断增加会导致政府的收入增加,从而不仅为财政支出规模的扩大提供了可能性,也会在一定程度上刺激和带动财政支出扩大规模。经济体制的选择也会对财政支出规模发生影响,从我国的实践便可以得出这样的结论。在实行计划经济体制的年代,政府职能包揽一切,实行"统收统支"的财政制度,政府是资源配置的最主要渠道,政府财政支出占 GDP 的比重自然较高,一般都在 30%以上。改革开放以后,社会主义市场经济逐步确立,市场在资源配置中起到了基础性作用,政府配置资源的比重逐渐减少,反映在财政支出占 GDP 的比重是呈下降趋势,到1995 年,我国财政支出占 GDP 的比重下降到 11.12%。政府的经济干预政策也对财政支出规模发生影响。一般而言,政府干预范围越广、干预程度越深,财政支出规模就越大,例如 1998 年我国实施积极财政政策以来,财政支出占 GDP 的比重有了明显的上升,但应当指出,如果政府的经济干预主要是通过政府管制而非通过政府的资源配置活动或收入转移来进行的,那么对财政支出规模的影响并不明显,因为政府通过管制或制定各种规则对经济活动进行干预,并未发生政府的资源再配置或收入再分配活动,即财政支出的规模基本未变。显然,政府通过法律或行政手段对经济活动进行干预与通过财政支出手段对经济活动进行干预,具有不同的资源配置效应和收入分配效应。

2.政治性因素。政治性因素对财政支出规模的影响主要体现在两个方面:一是政局是否稳定。当一国政局不稳,出现内乱或外部冲突等突发性事件时,对国防支出、国家安全支出、武装经费、治安经费和社会管理费用等支出要求增加，财政支出的规模必然会超常规地扩大，最明显的例证是"二战"期间各参战国的财政支出大幅度上升。二是政体结构的行政效率。若一国的行政机构臃肿、人浮于事、效率低下，行政、人员经费开支必然增多，财政支出规模也就庞大。

3.社会性因素。社会性因素包括人口状态、文化背景等因素，也在一定程度上影响财政支出规模。财政支出规模同人口因素有着更为直接的关系。如发展中国家，人口基数大、增长快，要求政府提供更多的就业机会，同时政府对教育、卫生保健以及救济贫困人口的支出随之增加，行政管理和社会管理方面的费用也相应提高。对于我国这样的发展中的人口大国，随着人口老龄化问题的不断凸显，人口因素对财政支出规模的影响更是不容忽视。与此同时，一些发达国家，人口老龄化问题、公众对改善社会生活质量等问题突出，也会对财政支出提出新的要求。另外，一个国家的社会福利政策取向、人文背景也会导致财政支出上的差异。例如，同是实行市场经济的发达国家，美国和瑞典的财政支出规模相差很大，2004年，美国政府的财政支出占GDP的比重为32%，而瑞典高达52%，主要原因就是瑞典实行的是高福利政策。因此，某些社会性因素也会影响财政支出的规模。

（四）有关财政支出规模的主要理论

财政支出的规模，或者说财政支出占GDP的比重，每个国家都有所不同；在同一国家的不同时期，这一比重也是不同的。但从全球范围来看，财政支出无论是从绝对量上还是从相对量上都有不断增长的趋势。这种财政支出不断增长的趋势并不因各国的经济发展水平和国家结构不同而有所差异，只是增长速度的快慢不同而已。对于财政支出增长变化的一般趋势，许多学者做了大量的研究，比较有代表性的理论分析有以下几种：

1.瓦格纳法则。瓦格纳法则也称政府活动扩张论。19世纪末，德国经济学家阿道夫·瓦格纳（Adolf Wagner）最先提出财政支出扩张论，他的研究成果被后人称为"瓦格纳法则"。按照美国财政学家马斯格雷夫的解释，瓦格纳法则指的是财政支出的相对增长。简单地讲，瓦格纳法则可以表述为：随着人均收入的提高，财政支出占GDP的比重也相应提高。

瓦格纳的结论是建立在经验分析的基础上的。他对19世纪的许多欧洲国家和日本、美国的公共部门支出的增长情况进行考察发现,尽管由于各经济发达国家的国情有所不同,因而财政支出占 GDP 比重的高低也有所不同,但却明显存在一种共同的趋势:随着人均收入的提高,财政支出占 GDP 的比重也相应随之提高,因此得出财政支出扩张论。他分析认为,现代工业的发展会引起社会进步的要求,社会进步必然导致国家活动的扩张。首先,随着经济的工业化,不断扩张的市场与这些市场中的行为主体之间的关系会更加复杂,市场关系的复杂化产生了对商业法律和契约的需要,并要求建立司法体系和管理制度,以规范行为主体的社会经济活动。其次,政府对经济活动的干预以及从事的生产性活动,也会随着经济的工业化而不断扩大。再次,工业的发展推动了都市化的进程,人口的居住将密集化,由此将产生拥挤等外部性问题,这也需要政府进行干预和管理。最后,瓦格纳把对于教育、娱乐、文化、保健与福利服务的公共支出的增长归因于需求的收入弹性,即随着实际收入的上升,对这些项目的公共支出的增长将会快于 GNP 的增长,这就是说,随着人均收入的增加,人们对上述服务的需求将加快,政府要为此增加支出。但需要说明的是,财政支出占 GDP 的比重不可能永无止境地上升,当经济发展到一定的程度,就会呈现相对稳定的趋势。

2.替代-规模效应理论。又称为"梯度渐进增长理论"。英国经济学家皮科克(A.T.Peacock)和威斯曼(J.Wiseman)在瓦格纳分析的基础上,研究了英国1890年至1955年公共部门的发展情况,分析了导致公共支出增长的内在因素与外在因素。内在因素是指在正常条件下,经济发展,收入水平上升,以不变的税率所征得的税收也会上升,于是政府支出上升会与 GNP 呈线性关系,因此,在正常情况下财政支出呈渐进增长趋势。外在因素是指社会动荡对财政支出造成的压力,导致财政支出梯度式增长。

该理论是建立在这样一种假设的基础上:政府喜欢多花钱,而公民不喜欢多纳税,因此,政府在决定预算支出的规模时,应该密切注意公民关于赋税承受能力的反应,公民所容忍的税收水平是财政支出规模的约束条件。这样,尽管政府财政支出本身具有膨胀的内在动因,但公众的"税收容忍水平"将通过投票箱而遏制政府支出膨胀的势头。它决定了在正常的时期,政府支出规模是逐渐扩大的。然而,一旦社会剧变到来,如战争、大灾害、大危机等,它们都需要政府发挥更大的作用,决定了政府为应付这些突变而临时增大财政支出,此时增税对于选民来说是可以接受的,这就产生了"替代效应",即危机促进政府财政支出替代私人支出,而大大增加财政支出的相对规模。危机过后,选民将更为强烈地意识到平时没有注意到的社会问题,如战后的调整、退伍军人的退休金以及积累大量的债务,从而促使人们对扩大财政支出予以支持,能够容忍较高的税收水平和财政支出水平,这就是"检视效应(检查效应)"。此外,战争等社会剧变还会促使中央政府财权扩大,地方政府财权不断缩小,即所谓的"集中效应"。这三种情况就打断了政府财政支出的渐进扩张进程,使财政支出增幅跨上了一个新的台阶。这种财政支出上升的规律,即称为"替代-规模效应理论",又叫作"梯度渐进增长理论"。

3.经济发展阶段理论。马斯格雷夫(R.A.Musgrave)和罗斯托(W.W.Rostow)则用经济发展阶段论来解释财政支出增长的原因。他们认为,在经济发展的早期阶段,由于公共产品尤其是经济发展所必需的社会基础设施,如公路、铁路、桥梁、电力、环境卫生、供水系统、通信等供给不足,政府投资在社会总投资中占有较高的比重。这些投资,对于正处于经济发展早期阶段的国家进入"起飞"期,以至于进入发展的中期阶段是必不可少的前提条件。当经济发展进入中期阶段后,社会基础设施供求趋于均衡,政府投资还应继续进行,但这时政府投资只是对私人投资的补充。当经济社会发展进入中期阶段以后,市场失灵问题日益突出,并成为阻碍经济发展进入成熟阶段的关键因素。这就要求政府加强对经济的干预,以矫正、补充、完善市场机制的不足。但是政府对经济干预范围的扩大和干预力度的加强必然引致财政支出规模的增长。马斯格雷夫认为,在整个经济发展过程中,GDP 中总投资的比重是上升的,但政府投资占 GDP 的比重会趋于下降。罗斯托认为,一旦经济达到成熟阶段,公共支出将从基础设施支出转向不断增加的对教育、保健与福利服务的支出,即购买性支出相对下降,转移性支出相对上升。从长期看,公共支出结构的这种变化趋势,引致了公共支出规模的不断扩大。

4.官僚行为增长理论。公共选择理论倾向于用官僚机构的行为模式来解释公共支出增长。所谓官僚是指政府公共政策的执行者的总称,包括政府官员、公共雇员和负责提供公共服务的机构。按照公共选择理论,作为理性的经济人,官僚追求的不一定是社会福利最大化,而是追求自身利益的最大化。与私人部门有所不同,官僚自身利益包括工资薪金、津贴、权力和地位、晋升机会、声誉等,官僚是通过追求公共支出预算规模最大化来实现其上述目标的。因为公共支出预算规模越大,机构的规模就越大,人数就越多,官僚的权力感就越强;公共支出预算规模越大,官僚掌握、控制的社会资源就越多。

正因为官僚机构以机构规模最大化作为目标,导致财政支出规模不断扩大,甚至财政支出规模增长超出了公共物品最优产出水平所需要的支出水平。官僚机构通常以两种方式扩大其预算规模:第一,他们千方百计让政府相信他们确定的产出水平是必要的;第二,利用低效率的生产技术来增加生产既定的产出量所必需的投入量(增加预算、附加福利、工作保障,减少工作负荷),这时的效率损失不是由于官僚服务的过度提供导致的,而是由投入的滥用所致。由此可见,官僚行为从产出和投入两个方面迫使财政支出规模不断膨胀。美国学者尼斯卡宁(W.A.Niskanen)认为,官僚是公共支出预算规模的增函数,因而公共部门的支出可能远远超出了社会所需要的最适合的规模。

三、财政支出结构

(一)财政支出结构的含义

所谓财政支出结构,是指各类财政支出占财政总支出的比重,表明在现有财政支出规模的前提下财政资源的分布情况。判断一国财政支出结构是否合理,一般要结合几点情况考虑:

一是政府的职能。财政支出是政府活动的资金来源,因此,政府职能的大小和侧重点,直接决定财政支出结构,有什么样的政府职能,也就应当有其相应的财政支出结构。如果政府侧重经济管理职能,财政支出结构会偏重于资源动员和经济事务方面的支出;如果政府侧重于社会管理职能,财政支出结构会偏重于行政管理、法律秩序、防卫等维持国家机器正常运转方面的支出。

二是经济发展阶段。一国经济处于不同发展阶段,对财政支出结构会产生重要影响。纵观经济发展历程,发达国家和发展中国家的财政支出结构会有很大不同,在前面"经济发展阶段理论"中有明确阐述。

(二)我国财政支出结构变化的历史进程

改革开放初期,经济建设支出占财政支出比重较高。我国财政支出结构变化既有一般趋势性，也有自身的特殊性。由于我国社会主义市场经济是由计划经济体制转换过来的，改革开放初期，财政支出结构仍显示出计划经济时期财政支出结构的特征，主要表现是以基本建设支出为主的经济建设支出占有较大的比重，如1978年基本建设支出占财政支出的比重为40.3%，经济建设支出占财政支出的比重为59.9%。可以说，我国财政支出结构变化的总趋势，是与经济体制改革和政府职能转变相联系的，是随着经济体制改革和政府职能转换而变化的，同时也是随着社会经济发展阶段的转变而变化的。

社会主义市场经济体制确定以后，经济建设支出占财政支出比重开始逐步下降。改革开放之后一段时期，随着财政收入的恢复和增长，基本建设支出规模也有所恢复和增长，但基本建设支出和经济建设支出占财政支出的比重仍然呈下降的趋势。1992年10月，党的十四大确立经济体制改革的目标是建立社会主义市场经济体制，并明确"要建立的社会主义市场经济体制，就是要使市场在社会主义国家宏观调控下对资源配置起基础性作用"。这也就明确了财政支出结构调整变化的方向和发展趋势。国有企业要转换经营机制，建立"产权清晰、权责明确、政企分开、管理科学"的现代企业制度，政府管理经济的职能要转变为以经济手段和法律手段以及必要的行政手段为主的间接的宏观调控。相应地，财政投资则要退出一般的竞争性领域，集中提供那些具有非排他性和非竞争性的公共物品，满足社会的公共需要。

21世纪以来，社会事业发展支出比重逐步上升。2002年，党的十六大明确我国已初步建立起社会主义市场经济体制的基本框架，十六届三中全会提出"坚持以人为本，树立全面、协调、可持续的发展观，促进经济社会和人的全面发展"的科学发展观。这表明我国已经进入注重加强各项社会事业的发展阶段，要求优先发展教育，提高医疗卫生服务水平，实行积极的就业政策，完善社会保险体系等。随着经济体制改革的不断深化和社会主义市场经济体制基本框架的初步建立，我国已经为财政支出结构的调整变化确立了基本目标和基本格局。按当时财政支出的功能性质分类计算，"五五"时期至"十五"时期，经济建设费与社会文教费对比，前者由59.9%下降到29.1%，后者由14.4%上升到26.6%；按当时财政主要支出项目的分类计算，基本建设支出与文教、科学、卫生事业费对比，前者由35.1%下降到

12.9%,后者由 11.0%上升到 18.0%。"十一五"时期至"十二五"时期,财政收入的较快增长为优化财政支出结构提供了较大的空间,财政支出结构发生了明显的变化,朝着构建和谐社会的方向转变已经迈出重大的一步。

(三)我国财政支出结构优化的基本思路

党的十八大以来,党中央提出的新理念、新思路以及相关的方针政策,为优化财政支出结构、处理好和把握好各种关系提供了明确的思路和方针。党的十八届三中全会提出经济体制改革是全面深化改革的重点,核心问题是处理好政府和市场的关系,使市场在资源配置中起决定性作用和更好发挥政府作用。党的十八届五中全会提出了全面建成小康社会新的目标;提出发展必须要牢固树立、贯彻"创新、协调、绿色、开放、共享"的发展理念;提出必须坚持"发展为了人民、发展依靠人民、发展成果由人民共享",要做出更有效的制度安排,朝着共同富裕方向稳步前进。相对于市场机制而言,财政的功能是满足公共需要,也就是满足那些市场不能保障的、具有"外部效应"的公共物品和公共服务的需要。财政必须遵循新发展理念,优化财政支出结构,促进经济社会健康发展。

1.我国财政支出结构中存在的主要问题。

(1)基本民生领域投入力度加大但总体支出水平偏低。21 世纪以来,政府加大对基本民生领域的财政投入力度,以弥补长期以来对基本民生投入过低的历史欠账问题,同时加大基本民生保障制度建设,民生事业获得较大发展。截至 2017年年底,城乡居民社会养老保险覆盖 9 亿人,参保率达 90%,织就世界最大养老保障网;覆盖城乡全体居民的基本医疗保障体系初步形成,基本医保参保率 95%以上。个人支付比例降到 30%以下;启动史上大规模保障房建设,近 8000 万困难群众改善了住房条件。面对财政支出的巨大压力,2018 年,社会保障和就业支出增长 15%、医疗卫生与计划生育支出增长 8.2%、教育支出 7.4%,均超过 GDP 的增长率。虽然基本民生的投入增幅很快,但与其他国家相比,我国基本民生支出占比依然较低,低于世界平均水平,处在排名靠后的国家行列。

表2-9　不同国家在基本民生方面的公共投入状况比较

国家和地区	公共教育经费支出占 GDP 比重	医疗支出占 GDP 比重	社会保障支出占 GDP 比重
世界	4.56%	10.6%	2.05%
高收入国家	5.26%	12.6%	25.0%
中等收入国家	4.39%	5.8%	3.1%
低收入国家	3.09%	5.3%	
中国	4.15%（2014 年）	5.2%	1.4%

资料来源：根据《国际统计年鉴 2013》《中国统计年鉴 2013》等相关数据整理。

（2）科研资金投入增幅较大但研发投入强度不高。20 世纪以来，科技作为生产力中最关键因素的作用日益明显。由于科技进步对经济增长与社会进步作用，各国都重视对科技研发领域的投入力度。近年来，我国政府研发投入不断增长。国家统计局、科学技术部和财政部于 2018 年 10 月 9 日联合发布的《2017 年全国科技经费投入统计公报》显示，目前我国研发经费增速世界领先。2013—2016 年间，我国 R&D（研究与试验发展）经费年均增长 11.1%，而同期美国、欧盟和日本分别为 2.7%、2.3%和0.6%。2017 年，我国 R&D 经费投入强度（R&D 经费与 GDP 的比值）再创历史新高，达到 2.13%，R&D 经费投入总量为 17606.1 亿元，比上年增长12.3%，年净增量已超过 OECD 成员国增量总和。但是，我国研发整体水平仍大而不强。2017 年，我国基础研究经费为 975.5 亿元，比上年增加 152.6 亿元（增长18.5%），但基础研究经费占 R&D 经费的比重为 5.5%，与发达国家占比水平（15%~20%）相比，有较大差距。我国研发投入强度 2.13%，与创新型国家标准2.5%以上相比，还有一定差距，具有世界创新领先国家之称的瑞典，2011 年这一数据为3.37%，美国为 2.77%。

（3）国防军费持续增加但占 GDP 比重偏低。中华人民共和国成立以来，受国际国内形势的影响，我国的国防军费变化比较大。改革开放后的八九十年代，由于当时我国总体上面临着一个和平发展的环境，因此这一时期国防军费大规模削减，大量的资源转移到经济建设和社会发展方面。进入 21 世纪后，随着国际局势趋于复杂，作为保护国家安全、维护地区和平稳定的经费保障，我国国防军费近几年相应增加,2011 年至 2017 年的国防军费增长率分别为 12.0%、10.7%、11.2%、12.7%、10.1%、7.6%、7.7%。但总体而言,我国国防军费占 GDP 比重仍然偏低,在全球主要国家中处于较低水平(见图 2–3)。2016 年,我国国防军费达到 9543.54 亿元人民币,约合美元 1918 亿,规模位居世界第二。但与世界第一的美国相比,依然相形见绌,2016 年,美国的国防军费为 6220 亿美元,是中国军费的 3 倍多。

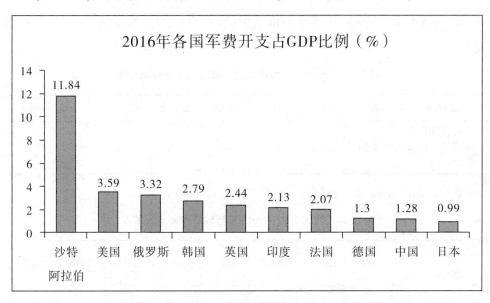

图 2–3 2016 年各国国防开支占 GDP 比例

资料来源:中国产业信息网

(4)行政管理费支出仍然偏高。改革开放以来,我国行政管理费一直是财政支出中增长最快的一个项目,占财政支出比重有所上升,由 1978 年的 4.37% 上升到 1995 年的 12.8%。随后有所下降,但到 2006 年达到 18.7%。2007 年,新的收支分类改革后,使用"一般公共服务支出"近似代表政府的行政管理支出,但是又不能完全对应。因为除了一般公共服务支出外,现有的 23 个支出大类中教育、科技、医疗卫生等支出中,仍含有事务性支出,即行政管理费。现把一般公共服务支出、公共安全和外交支出科目纳入行政管理费支出,按照此口径计算,2008 年达到 22.6%。这一水平在世界也是偏高的(见表 2–10)。国家如此高的行政管理费支出,挤占大量财力,相对减少了建设性支出和社会性支出的财力,削弱了财政的资源配置职能和收入分配职能。我国也先后进行多次机构改革,规范行政管理费的供应范围,以压缩行政管理支出规模。特别是党的十八大以来,党中央先后出台了"八项规定""六项禁令"以及《党政机关厉行节约反对浪费条例》等有关规定,加大对行政管理费的控制。由于采取带有"刚性"的政策和措施,已经取得明显成效,基本上控制了行政经费特别是"三公"经费规模的增长势头。但因为行政体制庞杂,机构设置臃肿,吃"财政饭"的人太多,以致用于行政管理经费中用来养人的基本支出居高不下。同时,行政成本依然偏高,使得政府用来做事的项目经费比较大。

表2-10 2006年八国行政管理费占财政总支出比重

2006年	美国	日本	英国	法国	加拿大	韩国	意大利	中国
行政管理费占财政支出比重(%)	9.90	2.38	4.13	6.5	7.1	5.06	19	18.73

资料来源:国际货币基金组织《政府财政统计年鉴(2007年)》。

表2-11 我国2001—2017年行政管理费支出情况

项目 \ 年份	2001	2011	2012	2013	2014	2015	2016	2017
一般公共服务支出(亿元)	9137.2	10987.8	12700.5	13755.1	13267.5	13547.8	14790.5	16510.4
外交支出(亿元)	209.2	309.5	333.8	355.8	361.5	480.3	482.0	521.8
公共安全支出(亿元)	5517.2	6304.3	7111.6	7786.8	8357.2	9379.9	11032.0	12461.3
合计占财政支出比重(%)	16.5	21.9	16.0	15.6	14.5	13.3	14.0	14.5
一般公共服务占财政支出比重(%)	10.2	10.0	8.5	9.8	8.7	7.7	7.9	8.1

资料来源:财政部网站,全国一般公共预算决算表。

2.我国财政支出结构优化的基本思路。

(1)保障基本民生投入持续增长。首先,要坚持经济发展与改善民生良性互动、协调发展。这一经济发展规律不可违背和不可逾越,要坚持在发展中保障和改善民生,二者相辅相成,相互促进,共同发展。其次,确保基本民生投入只增不减。

从我国具体国情和发展阶段出发,充分考虑各方面的条件和财政承受能力,适当集中财力,着力支持解决人民群众最关心、最直接、最现实的利益问题,优先保障基本公共服务需要,保障对教育、医疗、养老、保障房、就业等基本民生方面的财政支出,力求早日实现十九大报告中提出的"幼有所育、学有所教、劳有所得、病有所医、老有所养、住有所居、弱有所扶"目标,并随着经济发展逐步提高社会事业发展和民生保障水平。与此同时,还要加强制度建设,着力支持改革创新,不断完善管理体制与运行机制,建立健全民生保障的长效机制,更有力地促进社会事业的发展。

(2)适度加大科学研究经费支出。要合理增加研发投入力度,合理确定政府投入的规模与结构,提高研发投入强度,提升投入效果。合理界定政府投入和私人投资的边界,对于那些外部效应较强的科学研究活动,如基础科学研究的经费应由政府承担,对于那些可以通过市场交换来充分弥补成本的科学研究主要是应用性研究,其经费主要由市场主体承担。优化投入研究经费结构,进一步提升基础研究经费占比,加大对高技术制造业和装备制造业 R&D 经费投入强度,增强行业集聚效应,提高我国科学技术水平,增强国际竞争力。

(3)合理保障公共基础设施建设投入。在保障和提高社会民生事业投入的同时,并不排斥有效的公共基础设施的投入。我国仍是一个发展中国家,而且区域发展不均衡,在一些欠发达地区,传统公共设施投资领域仍存在很大的空间。同时,要加大信息基础设施建设,公共基础设施投资也是支持供给侧结构性改革的一项重要措施,可以增加有效供给,发挥调结构、补短板的效用。

(4)保持国防费的适度增长。维护国家主权、安全、发展利益,维护社会和谐稳定,推进国防和军队现代化,维护世界和平与稳定,是我国新时期国防目标和任务。当前,我国要保持国防费的适度增长,稳步建设国防事业,建立一支"能打仗打胜仗"的军队,为国家和平崛起保驾护航。同时,要加强对国防费科学化、精细化管理,建立军费绩效管理制度,提高国防费的使用效率。国防费的支持重点:一是大力支持国防和军队改革,确保军队精简整编、作战力量体系优化调整等改革任务按计划实施;二是加大重大安全领域装备建设投入,淘汰更新部分老旧落后装备,逐步推动装备的升级换代;三是支持高素质新型军事人才建设;四是改善基层部队战备训练和工作生活条件;五是推进军民融合深度发展,大力支持国防动员和边海防建设。

(5)严格控制行政管理费用支出。随着经济社会发展,行政管理支出不断增长是被历史实践证实的事实。然而,虽然行政管理支出的绝对数是增长的,但它在财政支出总额中所占的比重却呈下降趋势,世界各国一般都是如此。我国要进一步严肃财经纪律,严格控制一般性支出,加快项目支出定额标准体系建设,改进项目支出预算管理,进一步规范管理、堵塞漏洞,加大财政监督和督促落实力度。参照各国的经验,对行政管理支出绝对规模或其占财政支出的比重规定一个具有法律效力的指标,并由国家立法机关和国家审计部门对之施行严格的审计监督和立法监督。把降低的行政管理费用于科教文卫、社会保障、环境保护费用的投入之中,推进经济社会的全面稳定发展。

本章主要名词

财政收入　财政收入规模　财政支出　购买性支出　转移性支出

复习思考题

1.财政收入的主要形式。

2.财政收入规模含义及其衡量指标。

3.影响财政收入规模的因素有哪些?

4.试分析我国目前的小口径财政收入规模偏低而全口径的财政收入规模并不低的主要原因是什么? 合理调节财政收入规模的基本思路是什么?

5.财政支出的分类。

6.财政支出规模的主要衡量指标。

7.影响财政支出规模的主要因素。

8.我国财政支出结构中存在的主要问题及优化思路。

第 三 章

政府预算管理

政府预算是指政府的财政收支计划,是政府有计划地集中和分配资金,调节社会经济生活的主要的财政手段和财政机制。政府预算规范和安排着财政活动,反映政府活动的范围、方向和政策意图,直接关系到社会经济运行的好坏。所以,对政府预算进行科学、规范的管理就尤为重要。政府预算管理是现代国家公共财政体制建设的基本内容,也是衡量一国财政管理现代化水平的重要标志之一。

第一节 财政预算的原则与分类

一、政府预算的内涵

预算与财政一样,都是人类历史发展到一定阶段的产物。早在中国古代和古罗马时期已有政府预算的萌芽形式,当时只是对财政收支进行粗略估计和对国家财政收支记账,到了封建社会后期和资本主义社会初期预算才产生。比较完备的财政预算制度最先形成于 17 世纪的英国,是当时新兴的资产阶级与日趋没落的封建贵族阶级为争夺国家财权而进行长期斗争的产物。1640 年,英国资产阶级革命后,新兴资产阶级最终通过议会控制了国家全部财政收入,并编制了世界上第一个国家预算,它规定政府的财政收支必须按年度编制计划,经过议会的审批,并在议会的监督下执行。后来各国纷纷加以效仿,到 20 世纪,绝大多数国家都建立了政府财政预算制度,政府预算已成为财政体系中重要的组成部分。随着经济发展和社会进步,政府预算制度也在不断地改进和完善,并成为政府进行宏观调控的重要手段和工具。

政府预算是政府的基本财政收支计划,是按照一定的标准将财政收入和支出分门别类地列入特定的收支分类表格中,以清楚地反映政府的财政收支状况,透过政府的财政预算,可以使人们了解政府活动的范围和方向,也可以体现政府的政策意图。政府预算有狭义和广义之分。狭义的政府预算,是指预算文件或预算书,即经法定程序审核批准的、具有法律效力的政府年度财政收支计划;广义的政府预算,涵盖预算编制、批准、执行、决算、审计结果的公布与评价等所有环节,实际上是整个预算制度。

对政府预算内涵理解包括五方面:从形式上看,政府预算是以年度政府财政收支计划的形式存在的;从性质上看,政府预算是具有法律效力的文件,不能随意变动与调整;从内容上看,政府预算反映政府集中支配的财力的分配过程;从程序上看,政府预算是通过政治程序决定的;从决策管理体制看,预算是公共选择机制,取众人之财,办众人之事,要符合公众偏好。

我国从新中国成立起就开始编制国家预算。在 20 世纪 90 年代中期以前,我国财政学研究中,基本使用"国家预算"这一概念。随着我国社会主义市场经济体制建立,为了强化预算的分配与监督职能,健全国家对预算的管理,保障经济和社会健康发展,1994 年 3 月 22 日,第八届全国人民代表大会审议通过《中华人民共和国预算法》,这标志着我国全新的预算制度开始建立并付诸实施。在 1994 年分税制实施后,由于地方政府拥有相对独立的预算职权,以及我国从传统财政模式走向公共财政模式,自 1998 年起,财政部在每年修订一次的预算收支科目表中,将原来的"国家预算"改为"政府预算"。

二、政府预算的原则

预算原则是指国家在选择预算形式、预算体系以及制定财政收支计划时所遵循的指导思想和方针,是一国预算立法、编制及执行所必须遵循的。目前,大多数国家的预算主要遵循以下几条原则:

(一)公开性原则

预算的公开性原则是指政府预算应当对全社会公开,其内容应为全社会所了解。如前所述,政府预算反映政府活动的范围、方向和意图,关系到全体社会成员的切身利益,因此政府预算及其执行情况必须采取一定的形式公之于众,让社会公众对预算内容了解,进而进行审查和监督。公开性是确保政府活动受社会公众约束和监督的基本条件,它要求政府预算的编制、审批和执行都要按照法律的规范要求有序地进行,并及时予以公开。预算的公开性一般是通过向代表公众利益的立法权力机构提交预算报告的形式,并阐述预算编制的依据、执行过程中采取的措施,以及如何保证预算的实现,并在立法权力机构审议通过后向全体公众进行公布,接受公众监督。我国2015年实施的《预算法》对"预算公开"做出全面规定,对公开的范围、主体、时限等提出明确具体的要求;对转移支付、政府债务、机关运行经费等社会高度关注事项,要求公开做出说明。

(二)可靠性原则

政府预算必须真实可靠,这条原则的内容包括:要求预算所列的每一收支项目的数字指标,必须根据充分确凿的资料进行科学的计算,不得假定和任意编造;要求性质不同的预算收支应该严格区分,不能随意混淆;要求预算中的预计数应该尽量准确地反映出可能出现的结果。

(三)完整性原则

政府预算必须是完整的,包括政府的所有财政收入与支出的项目,以全面反映政府的财政收支活动和政府的职能范围。预算的完整性是建立规范化、法制化政府预算的前提条件。只有完整的政府预算才能保证政府控制、调节各类财政性资金流向和流量的顺利进行,充分发挥预算的分配与调节功能。同时,政府预算的完整性也有利于立法机构审议批准预算和社会公众对政府活动的了解,便于监督政府预算的执行。目前,许多国家都致力于扩展政府预算的涵盖范围,凸显政府预算的完整性。我国 2015 年实施的《预算法》明确规定，"政府的全部收入和支出都应当纳入预算"，实行全口径预算管理，突出预算的完整性原则。

（四）统一性原则

政府预算的统一性就是要求政府预算收支按照统一的口径、程序和方法来测算和编列。在分级财政管理体制中，虽然各级政府都设有财政部门，也有相应的预算，但整个政府预算应该是一个统一的整体，各地区、各部门、各单位预算必须按照国家统一的口径、程序和方法来测算和编列。它要求政府预算设立统一的预算科目，每个科目都要严格按照统一的口径和程序进行计算和填列，各级政府总预算共同组成统一的政府预算，形成一个统一的有机整体。预算资金是政府履行其职能所必需的财力，各地区、各部门、各单位必须按国家统一制定的预算支出用途严格执行，不得各行其是。

（五）年度性原则

任何一个政府预算的编制和实现，都要有时间上的界定，即所谓预算年度。它是指预算收支起讫的有效期限，通常为一年。预算年度原则，是指政府必须按照法定的预算年度编制政府预算，要反映全年的财政收支活动，同时不允许将不属于本年度财政收支的内容列入本年度的政府预算之中。世界各国普遍采用的预算年度有两种：一是历年制，即从每年 1 月 1 日起至同年 12 月 31 日止，我国、法国、德国等国实行历年制。二是跨年制，即从每年某月某日开始至次年某月某日止，中间历经 12 个月，但却跨越了两个年度，如美国、泰国等国的预算年度是从每年的 10 月 1 日开始，到次年的 9 月 30 日止；英国、日本等国的预算年度是从当年的 4 月 1 日起至次年 3 月 31 日止。

三、政府预算的分类

最初的政府预算是十分简单的收支一览表，随着社会经济生活和财政活动的逐步发展变化，各种预算方法和形式不断改进，政府预算也成为一个相对复杂的系统。按照不同的标准，政府预算可以划分为不同的类型。

（一）单式预算和复式预算

按照政府预算的编制形式不同分类，政府预算可分为单式预算和复式预算。

1.单式预算。单式预算是传统的预算编制形式，它是在预算年度内，将全部财政收支统一编在一个总预算内,而不再按各类财政收支的性质分别编制预算。单式预算的优点是有利于反映预算的整体性、统一性,可以明确体现政府财政收支规模和基本结构。单式预算的缺点是没有按财政收支的经济性质分别编列和平衡,看不出各项收支之间的对应平衡关系,不利于进行预算管理和监督,也不利于体现政府在不同领域活动的性质和特点。

2.复式预算。复式预算是根据政府预算收支的不同性质,将全部财政收支分别编成两个或两个以上的预算。通常分为经常预算和资本预算两个部分。我国2015年施行的《预算法》规定,政府预算按照复式预算编制,分为一般公共预算、政府性基金预算、国有资本经营预算和社会保险基金预算。复式预算的优点是体现了不同预算收支的性质特点,可以根据财政收入的不同性质,分别进行分析与管理,既能反映财政资金的流向和流量,又能全面反映资金性质和收支结构,有利于提高预算编制质量,加强预算资金的监督与管理,满足不同类型的社会公共需要。复式预算的缺点是由于全部政府收支在不同的预算中反映,在反映政府预算的整体性、统一性方面有所欠缺。

(二)基数预算和零基预算

按照政府预算编制方法不同分类,政府预算可分为基数预算和零基预算。

1.基数预算。基数预算也称增量预算,是指预算年度收支指标的确定,以上年或基期的财政收支为基础,综合考虑预算年度国家经济政策变化等因素,确定一个增减调整比例,以测算预算年度有关收支指标,并据以编制预算的方法。基数预算是我国传统预算编制过程中常用的方法之一。基数预算的优点:一是保持了政府预算的连续性,既便于指标的确定又便于相关指标的比较,也有利于对长期发展项目的持续性支持;二是方法简便易行,在数据资料有限、预算管理的科学性和规范性要求不高的条件下,可满足财政决策和预算编制的需要。基数预算的缺点:一是收支基数的科学性、合理性难以界定,基数预算往往以上年或以前若干年平均数为收支基数,实际是以承认既得利益为前提,使以前年度不合理因素得以延续;二是编制方法过于简单,主观随意性较大,缺乏准确的科学依据。

2.零基预算。零基预算是指在编制预算时,不考虑以前年度的收支状况,对原有的各项收支进行重新审核。零基预算的核心是打破"基数加增长"的预算编制方法,预算项目及其金额的确定不受以往年度"既成事实"的限制,强调以"零"为起点进行重新核定。零基预算的优点:不受以往年度收支的束缚,强调一切从计划的起点开始,从合理性和可能性出发,改进预算执行过程中花钱不当或方法不妥的地方,有利于加强预算管理,提高预算的科学性。零基预算的缺点:一是零基预算要求高,每年对所有收支都进行考核,耗时长,工作量大,难免出现不必要的浪费,若运用不够得当,不能排除不合理因素的影响;二是在实际工作中,不是所有的预算收支项目都能采用零基预算,有些收支在一定时期内具有刚性,如国债还本付息支出、公务员工资福利支出等。我国零基预算始于 20 世纪 90 年代的预算改革中,通过借鉴国外成功经验,突破了传统的"基数法"编制预算的框架,实行了零基预算改革。时至当下,在地方政府预算编制指导原则中,我国零基预算仍然具有非常突出的重要性。

(三)投入预算和绩效预算

按照预算管理理念不同分类,政府预算可分为投入预算和绩效预算。

1.投入预算。投入预算是指在编制、执行时主要强调严格遵守预算控制规则,限制甚至禁止资金在不同预算项目之间转移。传统投入预算是对预算资金的投入进行预测,侧重点关注的是投入,即政府对资源的使用,而不是结果或产出。投入预算的主要目的在于保证政府预算符合财务管理的要求,所以,也称为合规性预算。即投入预算只需对公共资源的使用负责,而不对资源的使用结果负责。投入预算的优点:有利于预算管理的规范化、制度化,便于立法部门审议。其不足之处在于,投入预算强调的是服从而不是效率,在公共资源普遍稀缺的情况下,无法体现预算资金的使用效率。

2.绩效预算。绩效预算作为一个预算术语使用,形成于 1949 年美国胡佛委员会报告中提出的一个概念,就是将"绩效水平与具体的预算数额联系起来"。这一预算改革在西方世界产生了巨大影响,以"成本-绩效"作为评价标准的预算管理理念日益深入人心,同时也对传统的投入预算形成了强大冲击。绩效预算是一种强调预算投入与产出关系,以项目的效益为目的、以成本为基础而编制的预算。它强调预算支出效益,重视预算执行,根据效益来衡量其业绩。与投入预算相反,绩效预算是一种以结果为导向的预算,即绩效预算编制的目标是政府提供公共产品及服务的"结果",而不是政府机构的简单"产出"。绩效预算是以业绩评估为核心的一种预算制度,衡量财政资金使用是否"物有所值",是根据"花钱买效果,而不是买过程"的理念设计的。绩效预算对于提升政府执政的公信力,促进透明、高效、廉洁政府的建设具有重要意义。

（四）年度预算和中长期预算

按预算作用的时间不同分类,政府预算可分为年度预算和中长期预算。

1.年度预算。年度预算是指预算收支计划执行期为一年的预算。传统意义上的政府预算主要是指年度预算。由于各国的政治体制和历史文化传统不同,预算年度可以分为历年制和跨年制。年度预算在编制时,一般是当年开始编制第二年的预算,根据当年经济社会发展水平、预算实际执行情况以及下年度政府政策变化等因素,预测下一年预算收支指标,合理配置财政资源,满足社会公共需要。同时,也便于立法机关审批和监督预算的执行。

2.中长期预算。中长期预算,也称中长期财政计划,一般1年以上10年以下的预算称中期预算,10年以上的预算称长期预算。中长期预算实际上是一种对年度预算具有指导功能的财政发展规划。从预算收支特点分析,有些支出项目需要连续跨年度拨款才能完成,如大型公共设施建设等,而税收等预算收入的增长在经济运行周期内具有一定的稳定性,因而,预算安排在各年度之间需要保持连续性、稳定性,仅通过编制年度预算则难以达到要求。利用编制跨年度预算的滚动预算,并与年度预算相衔接,使预算收支安排既满足当年执行的需要,又具有前瞻性、连续性,提高预算编制的质量与科学性和合理性。同时,在市场经济条件下,经济周期性波动是客观存在的,而制订财政中长期计划是政府进行反经济周期波动、调节经济的重要手段,是实现经济增长的重要工具。从各国编制多年预算的实践看,主要为3~5年的中期预算,目前世界上已有2/3国家实施中长期预算。我国2015年施行的《预算法》规定,各级政府应当建立跨年度预算平衡机制。按照国务院颁布《实施中期财政规划管理意见》的要求,全国各地开始编制三年滚动预算。

（五）功能预算和部门预算

按照预算支出分类汇总依据不同分类,政府预算可分为功能预算和部门预算。

1.功能预算。长期以来,我国财政支出预算一直实行传统的支出按功能进行汇总的预算方式。功能预算是一种不分组织单位和开支对象,而是按照政府职能对开支进行分类的预算方法。功能预算的优点是便于了解政府在行使各职能方面的财政支出是多少,缺点是部门没有一本完整的预算,很难满足全面、准确地反映各部门收支状况的需要。

2.部门预算。部门预算是市场经济国家普遍采用的预算编制方法。部门预算是由政府各部门编制,经财政部门审核后报立法机关审议通过,反映部门所有收入和支出的预算,即一个部门一本预算。部门预算的收支分类是按政府的组成结构来进行的,即先按部门进行分类。然后在部门内部按所属预算单位进行分类。这种分类方式可以明确政府各部门的收支规模和财政权力,可以完整地反映政府的活动范围和方向,增强了预算的透明度和调控能力。

第二节　政府预算的组成与程序

一、政府预算的组成

政府预算的组成是指政府预算的分级管理问题。一般有一级政府就应有一级预算,以使各级政府在履行各自职能时,有相应的财权财力保证。目前世界大多数国家都实行多级预算。

政府预算由中央预算和地方预算组成,与中央预算和地方预算相联系的一个概念是总预算。一般说来,一级政府在一般性财政收支之外,往往还有一些特别项目的收支,如国有资本运营收支、特别工程的收支等。在相当长的时期内,这类收支与政府的一般财政收支是分别核算的,这种做法有损于预算的统一性和完整性。现在,许多国家都把这些预算合并在一起并统一列表核算,于是形成总预算。一级政府的总预算不仅包括本级一般财政收支和特别预算,也包括下级政府的总预算,从而形成完整的整个国家的政府预算体系。

由于各个国家的结构形式不同,在行政区划的形式、权力设置和预算是否归属于上级政府预算等方面都有很大的区别,例如在实行联邦制的美国,由于立法权相对分散,所以美国各州均拥有独立的立法权和独立的预算,联邦政府对州和地方政府的预算通常没有指导、审批和检查的权力;而在实行单一制、强调中央集权的国家,中央政府对地方政府的预算往往会存在某些形式的影响和干预。从各国的实践看,在保证中央财政必要财力和宏观调控主体地位的前提下,由各级地方政府分别编制相对独立的政府财政预算,并主要对本级立法机构负责,中央财政主要采取直接投资、转移支付、税收分成等手段来对地方财政产生影响,这是市场经济条件下更为通行的做法。

我国政府预算的组成与我国政权结构和行政区域划分密切相关。2015 年实施的《预算法》规定,国家实行一级政府一级预算,设立中央,省、自治区、直辖市,设区的市、自治州,县、自治县、不设区的市、市辖区,乡、民族乡、镇五级预算。

全国预算由中央预算和地方预算组成。中央预算由中央各部门(含直属单位)的预算组成,地方预算由各省、自治区、直辖市总预算组成。地方各级总预算由本级预算和汇总的下一级总预算组成;下一级只有本级预算的,下一级总预算即指下一级的本级预算。没有下一级预算的,总预算即指本级预算。在近年来的政府预算管理体制改革实践中,出现了"省直管县"和"乡财县管"的管理模式,在一定程度上突破了五级预算的组织框架。

二、政府预算的程序

政府预算的程序主要由政府预算的编制、预算审查和批准、预算执行和决算等构成,是预算工作的一个周期。政府预算实质上是政府活动和职能在经济上的反映,政府预算的程序也就是政府如何确定政策目标、如何筹集达到目标所需要的资源、如何使用这些资源以及对最终结果的评价。

(一)我国政府预算的程序

1.预算的编制。政府预算的编制即政府预算收支计划的预测及确定。我国《预算法》规定,各级预算应当根据年度经济社会发展目标、国家宏观调控总体要求和跨年度预算平衡的需要,参考上一年预算执行情况、有关支出绩效评价结果和本年度收支预测进行编制。财政部门要加强经济与财政分析及预测工作,除了1

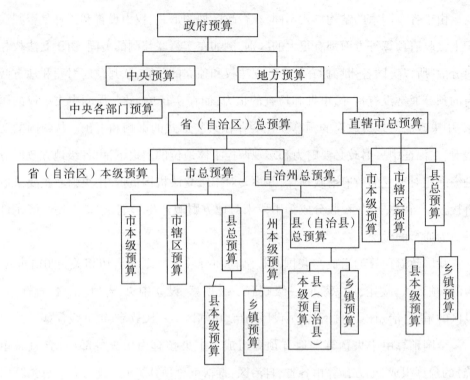

图 3-1　我国政府预算组成

年期预测外,还要对未来 3~5 年的宏观经济前景进行客观而科学的预测。各部门、各单位应当按照国务院财政部门制定的政府收支分类科目、预算支出标准和要求、绩效目标管理等预算编制规定,根据其依法履行职能和事业发展的需要以及存量资产情况,编制本部门、本单位预算草案。按《预算法》规定,各级预算应当遵循统筹兼顾、勤俭节约、量力而行、讲求绩效和收支平衡原则,并且各级政府应当建立跨年度预算平衡机制。

编制政府预算是一件复杂细致的工作,并且具有重要的政治经济意义。因此,在正式编制政府预算之前,需要做好一系列的准备工作。准备工作主要包括:一是对本年度预算执行情况进行预测和分析;二是拟订计划年度预算收支指标;三是颁发编制政府预算草案的指示和具体规定;四是修订预算科目和预算表格。各级政府、各部门、各单位应当按照国务院规定时间编制预算草案,中央预算和地方各级政府预算应当按照复式预算进行编制。

在做好准备工作的基础上,一般按照"两上两下"的程序编制预算。

（1）"一上"。支出部门在收到财政部门下达的年度预算编制通知之后，按照财政部门编制预算的具体要求，结合本部门的具体情况，提出本部门下一年度的收支安排预算数，然后报送财政部门。

（2）"一下"。财政部门收到各个部门的预算后，由职能处室对各个部门的预算进行审查，然后将审查意见反馈给各部门。在下达反馈意见的同时，财政部门根据往年的预算情况和对未来年度收入的预测，给各个部门下达一个控制数，要求各个部门在控制数内修改部门预算。

（3）"二上"。各支出部门根据财政部门下达的预算控制数重新编制本部门预算，然后报送财政部门。财政部门审查各个部门的预算后，汇总编制政府预算。之后，报政府常务会议讨论。财政部门根据政府常务会议的意见修改预算，然后报同级党委常务会审查。最后，财政部门将政府预算草案提交给人大财经委员会预算工作委员会进行初步审查。初步审查通过后，提交给每年的人民代表大会审议。

（4）"二下"。人民代表大会审议通过预算后，由财政部门批复给各个部门，开始预算执行。

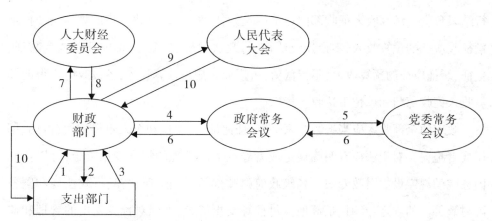

图 3-2 我国政府预算编制的"两上两下"程序

2.预算的审批。预算的审批（审查和批准）是指预算在具有法律效力之前，财政部门及相关部门对预算草案进行审查，以及在此基础上立法机关对预算草案进行审查和批准的过程。在实践中，通常由公众选举出的立法机构代表他们行使预算审批权。我国立法机关是各级人民代表大会，政府预算在经过部门编制和财政部门审查之后，须交由各级人民代表大会进行审查和批准。

政府预算审批的过程主要分为初审、审批、批复等三个阶段。初审是指在召开人民代表大会之前,由各级人民代表大会财政经济委员会对预算草案的主要内容进行初步审查。预算审批在我国即各级人民代表大会对预算草案进行审查和批准,按2015年实施的《预算法》规定,国务院在全国人民代表大会举行会议时,向大会作《关于中央和地方预算草案以及中央和地方预算执行情况的报告》,人民代表大会财经委员会作《关于对政府预算草案的审查结果的报告》。政府预算草案经人民代表大会审查批准后,就成为具有法律效力的文件,各地区、各部门、各单位都要严格执行。经过讨论审查并通过预算报告后,大会做出批准本级预算草案的决议,并应当在批准后20日内由本级政府财政部门向本级各部门批复预算,再由各部门批复给各预算单位,以便据以执行。

3.预算的执行。预算经过审批以后,就进入预算的执行阶段。预算执行是指组织政府预算收支计划的实施,并按照预算对收支进行监督控制、调整平衡的过程。各级预算由本级政府组织执行,具体工作由本级政府财政部门负责。各部门、各单位是本部门、本单位的预算执行主体,负责本部门、本单位的预算执行,并对执行结果负责。预算收入征收部门和单位,必须依照法律、行政法规的规定,及时、足额征收应征的预算收入,不得违反法律、行政法规规定,多征、提前征收或者减征、免征、缓征应征的预算收入,不得截留、占用或者挪用预算收入,各级政府不得向预算收入征收部门和单位下达收入指标。

政府的全部收入应当上缴国家金库,任何部门、单位和个人不得截留、占用、挪用或者拖欠。对于法律有明确规定或者经国务院批准的特定专用资金,可以依照国务院的规定设立财政专户。各级政府财政部门必须依照法律、行政法规和国务院财政部门的规定,及时、足额地拨付预算支出资金,加强对预算支出的管理和监督。各级政府、各部门、各单位的支出必须按照预算执行,不得虚假列支。在预算执行中,各级政府一般不制定新的增加财政收入或者支出的政策和措施,也不制定减少财政收入的政策和措施;必须做出并需要进行预算调整的,应当在预算调整方案中做出安排。预算调整方案应当说明预算调整的理由、项目和数额。中央预算的调整方案应当提请全国人民代表大会常务委员会审查和批准。县级以上地方各级预算的调整方案应当提请本级人民代表大会常务委员会审查和批准。未经批准,不得调整预算。

4.决算。决算是预算执行的总结和终结。决算草案由各级政府、各部门、各单位,在每一预算年度终了后按照国务院规定的时间编制,编制决算草案的具体事项由国务院财政部门部署。编制决算草案,必须符合法律、行政法规,做到收支数额准确,内容完整,报送及时。国务院财政部门编制中央决算草案,经国务院审计部门审计后,报国务院审定,由国务院提请全国人民代表大会常务委员会审查和批准。县级以上地方各级政府财政部门编制本级决算草案,经本级政府审计部门审计后,报本级政府审定,由本级政府提请本级人民代表大会常务委员会审查和批准。各级政府决算经批准后,财政部门应当向本级各部门批复决算。地方各级政府应当将经批准的决算及下一级政府上报备案的决算汇总,报上一级政府备案。

(二)美国政府预算的程序

财政是所有国家一切政务的物质基础,没有经济上的支撑,政府机构将无法运转,政府职能难以实现。而财政预算管理是现代国家财政建设的基本内容,国家预算的每一分钱的去向及其使用都事关国民的切身利益。因此,国家预算编制中的民主决策和执行中的民主监督至关重要。财政权力的民主化是民主政治的主要支柱。有人甚至认为,从历史发展来看,西方的议会民主和三权分立政制是在财政权力的民主化过程中得以逐步确立和完善的。

预算是一个过程,分为编制、审议批准、执行、决算四个阶段。参与这个过程的有内阁、议会和审计部门。从总体上看,三者能独立行使权力,各司其职,从而形成相互制衡、相互监督的关系,但是从民主决策和民主监督的角度看,议会的作用更大一些。现以美国联邦预算过程为例,介绍分析其国家预算的编制、执行和监督的框架及其运行机制。

1.预算的编制。美国实行的是收支两条线预算编制制度,预算支出和预算收入分别由不同政府部门编制是美国预算制度的特色。负责预算支出编制的是白宫下属的行政管理与预算局,负责预算收入编制的是财政部。虽然美国的财政年度是每年的10月1日至次年的9月30日,但是预算的编制在其生效前17~18个月就开始,加上执行和决算前后整个过程跨越3个年度。下面以2001年预算为例分析介绍美国的预算编制过程。

先看预算支出这条线。行政管理与预算局（下称预算局）的支出预算编制工作启动最早。早在2000年4月该局就要求政府各部、委及其所属各司（局）处制定本部门的2001年预算年度开支计划。5月底，政府各部、委的财政主管机构（预算财务司）将汇总后的预算支出计划报送预算局。之后，预算局与各部、委就预算支出计划有调整修改、谈判、讨价还价的过程，最终经过综合平衡之后，大约在11—12月间向总统提出2001年度的联邦预算草案。

接下来看预算收入这条线。在预算局着手编制支出计划的同时，财政部也开始着手编制收入计划。所谓收入计划，是对17个月后公共收入的估计。采用的方法是在上一年度实际收入数额基础上，根据政府部门掌握的各种经济统计资料和预测，结合新年度中政府的施政方针，按税种分两个步骤估算出来的收入水平，即根据往年度各种税收总额、所占比重及税率，然后参照2001预算年度中税制改革的具体计划来对其作进一步调整，之后得出税收总额。财政部大约在2000年的11—12月之间将预算收入报告提交给总统。

在预算局和财政部分别向总统提出预算支出和预算收入报告之后，总统成为预算编制的主角。至此支出和收入两条线合二而一，由总统对收入和支出作最后平衡和决策。

总统在收到预算局的支出报告和财政部的收入报告后，便开始最终调整支出计划和起草预算咨文。其实，总统早在5—6月份就开始了解财政收入情况、听取经济顾问委员会对经济形势的预测和判断，指导预算资金分配：一方面，根据其施政目标和政治需要来确定各项支出；另一方面，关注收支的对比，以决定2001年度的预算是一个平衡预算、赤字预算或是一个盈余预算。在基本定局后，总统便直接指导预算局起草预算咨文。2001年2月初，总统将预算支出计划和预算收入计划一起以预算咨文的形式送交国会。至此，预算的编制结束。行政当局的预算编制先后共花了8个月时间。

2.预算的审议。预算咨文的提出意味着预算过程从编制转入审议批准程序，主角也相应由总统为首的行政当局，转入国会众参两院构成的立法机构，由国会两院共同行使审议批准预算的职能。出于民主决策和监督的需要，国会将花近10个月的时间来完成对预算的审议和批准。

根据美国现行的法律,对预算的审议以众参两院的拨款委员会和预算委员会为主,经各自的拨款委员会和预算委员会详细审议之后,再提请众参两院的全体会议审议和批准。这一套程序走完,预算就由草案变成了法律。

总统在提出预算咨文后,国会的拨款小组委员会就开始酝酿和审议有关2001年度预算的意见。拨款小组委员会是众参两院根据政府的职能分别设立的,各有13个,分别隶属于众参两院拨款委员会,重要的有国防、公共服务、教育等。3月15日,各拨款小组委员会各自向两院预算委员会提出自己的意见。4月1日,国会预算处向两院预算委员会提出有关预算的报告书。两院预算委员会据此进行磋商,确定各项拨款金额,拟定两院的共同第一次预算决议,分别向两院提出。第一次预算决议的内容主要有岁入和岁出的总额、结余或赤字金额、公债发行金额,分门别类的岁出细目和税制改革内容等。国会两院大约花1个月时间,即在4月15日—5月15日之间走完众院拨款小组委员会、众院预算委员会、众院全体会议、参院拨款小组委员会、参院预算委员会、参院全体会议的分层审议程序,并于5月15日对第一次预算决议进行表决。9月15日,国会对第一次预算决议进行再次审议,以重新确认或予以最终否决,并通过相应决议。第二次预算决议如对第一次预算决议有所修改或不一致的地方,属于支出方面的调整,则由各拨款小组委员会提出动议,如属于收入方面的调整,则由预算委员会提动议。第二次预算决议在国会通过之后,即被送回白宫,由总统签署生效。如果总统予以否决,则退回国会重新审议。如果总统在收到国会的第二次预算决议后10天之内不表示反对意见并不把预算草案退回国会的话,预算草案就完成立法手续,成为法律。

在漫长的国会审议之中,议员们除了在会场上各抒己见,激烈辩论之外,还花大量的时间接触选民和选区内各类代表,听取意见,据此对预算提出种种修正。各种利益集团也在此期间大肆活动,按自己的利益所在游说议员,以期在国会通过对己有利的预算。在以私有制为基础的西方议会民主三权分立的政体之下,行政当局和议员从本质上说都是资本家的代表。但是也不可否认,议员的选举产生,不能不使议员们在为资本家服务时,也在一定程度上倾听普通老百姓的意见,反映他们的愿望。从本质上讲,西方三权分立的议会民主保证了财政大权行使的公开化、透明化。

3.预算的执行。预算的执行是由美国总统负责,财政部具体承办。执行预算就是把税收及其他公共收入征入国库,然后按照预算决议分门别类地把资金分配到各部门去,让其使用。财政部国内收入局按照有关法令征税,并把所征款项解入国库。同时,财政部把资金分配到行政当局各部委,再由各部委的预算财务司由上而下地分配到各下属职能部门。如果有必要,财政部和各部委的预算财务司依照有关法律在各自权限之内对资金的流向和使用、进度和规模进行调整。

在预算的执行中,为了解决资金集中与分配上的保管、运转等问题,美国实行银行代理国库制度,把预算资金的出纳事务全部交由联邦储备委员会。联邦储备委员会是美国的中央银行,其分支机构遍及美国各地,由它代理国库,不仅有利于加速资金调拨,而且有利于简化手续,降低使用成本。因此,对财政部在美国联邦储备委员会开立账户,全部公共收入进此账户,全部公共支出也从此同一账户拨出。

4.预算的监督。美国对预算的监督是多方面多层次的,分散于预算的编制、审议批准、执行、决算过程中的各个环节。

议会对预算的监督最集中体现于对预算的审议和批准上。这在前面已经讲过,不再重复。

财政部门在执行中的自身监督和审计部门的事后监督也十分重要。财政部门的监督是通过财政总监制度来体现的。美国联邦财政部内设一名由总统任命的财政总监,负责监督预算的执行和财政政策的执行,处理财税违法问题。这名财政总监虽然是由总统任命,但他既对总统负责也对国会负责,发现问题可以直接向国会报告。在联邦政府各部委内部也都驻有一名由总统任命的财政总监,他对总统和财政部负责,所在部门的每一笔款项支出均经过他签字才能拨付。

审计部门监督是由总会计署来实施的。总会计署直接向国会负责,对联邦预算执行情况逐一进行审核,确认每一笔支出是否按国会通过的预算法案来分配使用。总会计署将其审计结果连同行政当局的决算一起送交国会审议批准。

三、我国预算管理职权

政府预算管理职权,是指在宪法原则的框架下,依据预算法等相关法律法规,对参与政府预算管理系统的各利益相关主体,就其各自的职责与权限所进行的法律界定。从世界各国预算管理实践看,无论是联邦制还是单一制国家,立法机关和行政机关的预算管理职权,通常都在宪法有关条款中加以原则规定,并进而由财政法、预算法等相关法律法规做出更为详尽的、可操作的具体规定。2015 年实施的新《预算法》,明确规定了国家各级权力机构、政府机关、各级时政部门以及各预算具体执行部门有单位在预算管理中的职权,这是保证预算严格依法管理的前提条件。根据宪法和有关法律的规定,对预算管理职权规定如下:

1.各级人民代表大会的职权。

(1)全国人民代表大会中央和地方预算草案及中央和地方预算执行情况的报告;批准中央预算和中央预算执行情况的报告;改变或者撤销全国人民代表大会常务委员会关于预算、决算的不适当的决议。

(2)县级以上地方各级人民代表大会审查本级总预算草案及本级总预算执行情况的报告;批准本级预算和本级预算执行情况的报告;改变或者撤销本级人民代表大会常务委员会关于预算、决算的不适当的决议;撤销本级政府关于预算、决算的不适当的决定和命令。

(3)乡、民族乡、镇人民代表大会审查和批准本级预算和本级预算执行情况的报告;监督本级预算的执行;审查和批准本级预算的调整方案;审查和批准本级决算;撤销本级政府关于预算、决算的不适当的决定和命令。

2.各级人民代表大会常务委员会的职权。

(1)全国人民代表大会常务委员会监督中央和地方预算的执行;审查和批准中央预算的调整方案;审查和批准中央预算;撤销国务院制定的与宪法、法律相抵触的关于预算、决算的行政法规、决定和命令;撤销省、自治区、直辖市人民代表大会及其常务委员会制定的同宪法、法律和行政法规相抵触的关于预算、决算的地方性法规和决议。

(2)县级以上地方各级人民代表大会常务委员会监督本级总预算的执行;审查和批准本级预算的调整方案;审查和批准本级决算;撤销本级政府和下一级人民代表大会及其常务委员会关于预算、决算的不适当的决定、命令和决议。

3.各级政府的职权。各级预算由本级政府组织编制、执行和决算,负责政府预算管理的组织领导机关是国务院及地方各级人民政府。国务院作为国家最高行政机关,负责组织中央预算和全国预算的管理;地方各级人民政府负责本级政府预算和本行政区域内总预算的管理,并负责对本级各部门和所属下级政府预算管理进行检查和监督。

4.各级财政部门的职责。政府预算的具体编制、执行和决算机构是本级政府财政部门,即各级政府财政部门是对预算管理进行具体负责和管理的职能机构,是预算收支管理的主管机构。国务院财政部门具体编制中央预算、决算草案;具体组织中央和地方预算的执行;提出中央预算预备费动用方案;具体编制中央预算的调整方案;定期向国务院报告中央和地方预算的执行情况。地方各级政府财政部门具体编制本级预算、决算草案;具体组织本级总预算的执行;提出本级预算预备费动用方案;具体编制本级预算的调整方案;定期向本级政府和上一级政府财政部门报告本级总预算的执行情况。

5.监督与法律责任的规定。全国人民代表大会及其常务委员会对中央和地方预算、决算进行监督;县以上地方各级人民代表大会及其常务委员会对本级和下级政府预算、决算进行监督;乡、民族乡、镇人民代表大会对本级预算、决算进行监督。各政府未依照预算法规定,编制、报送预决算草案、预算调整方案;未对有关预算事项进行公开和说明的;违反规定设立政府性基金项目和其他财政收入项目的;违反法规规定使用预算预备费、预算周转金、预算稳定调节基金、超收收入的;未按规定开设财政专户的,追究直接责任主管人员和其他责任人行政责任。

第三节　全口径预算体系

全口径预算,是指将凭借政府权力取得收入与政府行为所发生的支出都纳入预算体系中进行系统、有效的管理。政府性收支不局限于政府机构自身的收支,还包括政府履行公共职责直接或间接控制和管理的各种形式的资金收支,即政府的全部收入及相应的支出。全口径预算体现了预算完整性原则,即政府预算应包括政府的全部预算收支项目,以完整地反映以政府为主体的全部财政收支活动,不允许在预算规定范围之外还有任何以政府为主体的资金收支活动。按照2015年实施的《预算法》规定,我国政府预算体系由政府一般公共预算、政府性基金预算、国有资本经营预算和社会保险基金预算构成,以全面完整反映政府预算的全貌。同时,规定要将所有预算收入和支出按照不同性质分门别类地纳入不同预算之中,各个预算自身应当按照有关法律法规的要求保持完整、独立。与此同时,也要保持与一般公共预算的衔接,即在预算报告体系内的各项预算之间,应确立规范、透明的资金界限及往来渠道。

一、一般公共预算

一般公共预算是对以税收为主体的财政收入,安排用于保障和改善民生、推动经济和社会发展、维护国家安全、维持国家机构正常运转等方面的收支预算。一般公共预算的收入来源主要是国家以社会管理者身份取得的税收收入,主要用于保证国家行政职能正常运转,提供一般公共产品、满足一般公共服务需求的预算。具体来说,主要包括:一是保证行政、国防等国家机器正常运转的资金需要;二是保证文教科卫及社保等民生事业发展必须由财政提供资金的部分需要;三是满足公益性基础设施等非营利性工程项目的支出需要等。

应该说,所有的政府收支预算都属于公共预算的范畴,但在复式预算体系中,每个预算又都因各自的收支性质不同而保持各自的完整性和独立性,因此,有必要对其进行范围上的划分和确立。由于政府用税收形式取得的收入,主要用于提供一般公共品和满足一般公共服务的预算,在整个复式预算体系中居于本源的、核心的地位,体现政府一般公共服务功能,因而被称为一般公共预算。

一般公共预算收入从简目来看比较简单,主要是税收收入、非税收入、债务收入和转移性收入,而一般公共预算支出相对复杂。由于出于合理安排财政支出以及功能分类需要,一般公共预算收支主要包括以下科目,具体见下表。

表 3-1　2019 年一般公共预算收支简目

收入项目	支出项目
税收收入：增值税、消费税、企业所得税、个人所得税、资源税、城市维护建设税、房产税、印花税、城镇土地使用税、土地增值税、车船税、船舶吨税、车辆购置税、关税、耕地占用税、契税、烟叶税、环境保护税、其他税收收入。 　　非税收入：专项收入、行政事业性收费收入、罚没收入、国有资本经营收入、国有资源(资产)有偿使用收入、捐赠收入、政府住房基金收入、其他收入。 　　债务收入：中央政府债务收入、地方政府债务收入。 　　转移性收入：返还性收入、一般性转移支付收入、专项转移支付收入、上解收入、上年结余收入、调入资金、债券转贷收入、接受其他地区援助收入等。	一般公共服务支出、外交支出、国防支出、公共安全支出、教育支出、科学技术支出、文化旅游体育与传媒支出、社会保障与就业支出、卫生健康支出、节能环保支出、城乡社区支出、农林水支出、交通运输支出、资源勘探信息等支出、商业服务业等支出、金融支出、援助其他地区支出、自然资源海洋气象等支出、住房保障支出、粮油物资储备支出、灾害防治及应急管理支出、预备费、其他支出、转移性支出、债务还本支出、债务付息支出、债务发行费用支出。

来源：《2019 年政府收支分类科目》。

二、政府性基金预算

政府性基金预算是对依照法律、行政法规的规定在一定期限内向特定对象征收、收取或者以其他方式筹集的资金,专项用于特定公共事业发展的收支预算。政府性基金属于非税收入,与税收有着明显的区别,政府性基金一般具有程序规范、来源特定、专款专用等特点。在政府所提供的公共服务中,有一部分属于满足大众普遍需求的一般性公共服务,主要通过税收方式来弥补其供给成本;另一部分属于满足部分群体受益的特定公共服务,特定公共服务按照"谁受益、谁付费"原则,通过收费方式分摊公共服务成本,及采用设立政府性基金方式,而不宜通过税收将成本转嫁给全体纳税人负担。

新《预算法》规定,在一般公共预算之外单独编制政府性基金收支预算,构成政府预算体系的重要组成部分。如今,政府性基金预算是政府预算的第二大预算,2017 年政府性基金收入 6.15 万亿元,相当于全口径预算收入的 22.25%,政府性基金支出为 6.10 万亿元,相当于全口径预算支出的 19.37%。当前政府性基金主要属于地方财政的基金性财源,2017 年地方政府性基金收入占全国政府性基金收入的比重达 93.78%。政府性基金预算应当根据基金项目收入情况和实际支出需要,按基金项目编制,管理原则是"以收定支、专款专用、结余结转使用",各项基金按照规定用途安排,不得调节使用。

为了进一步加强行政事业性收费和政府性基金管理,建立规范有序、公开透明的收费基金管理制度,2015 年财政部颁发了《关于进一步加强行政事业性收费和政府性基金管理的通知》,对基金管理提出规定和要求。主要是依法从严设立收费基金项目,严格规范减免、缓征、停征和取消的管理,按照国务院统一部署清理规范收费基金,进一步提高收费基金政策的透明度,加快推进收费基金立法,认真履行收费基金管理制度。另外,财政部还发布了《关于完善政府预算体系有关问题的通知》,明确从 2015 年 1 月 1 日起,加大政府性基金预算与一般公共预算的统筹力度,将政府性基金预算中用于提供基本公共服务以及主要用于人员和机构运转等方面的项目收支转列一般公共预算。具体包括地方教育附加、文化事业建设费、残疾人就业保障金、从地方土地出让收益计提的农田水利建设和教育资金、转让政府还贷道路收费权收入、育林基金、森林植被恢复费、水利建设基金、船舶港务费、长江口航道维护收入等 11 项基金。同时,结合税费制度改革,完善相关法律法规,逐步取消城市维护建设税、排污费、探矿权和采矿权价款、矿产资源补偿费等专款专用的规定;统筹安排这些领域的经费。

目前,政府性基金收入按其内容和性质主要包括:铁路建设基金、民航发展基金、国有土地收益基金、城市公用事业附加、港口建设费、旅游发展基金、农业土地开发基金、国有土地使用权出让等方面。政府性基金支出按照基金的内容和性质分别用于科学技术、文化体育与传媒、节能环保、城乡社区、交通运输等方面。

三、国有资本经营预算

国有资本经营预算是对国有资本收益做出支出安排的收支预算。国有资本经营预算是国家以所有者身份依法取得国有资本收益,并对所得收益进行分配而形成的各项收支预算,是政府在一个预算年度内对国有资产经营性收支活动进行价值管理和分配,是政府预算的重要组成部分。国有资本经营预算应当按照收支平衡的原则编制,以收定支,不列赤字,并安排资金调入一般公共预算。目前,分不同行业按不同比例上缴,上缴比例为 5%~20%。为了加大国有资本经营预算与一般公共预算的统筹力度,财政部 2015 年发出通知,到 2020 年,将上缴比例提高到

30%，更多用于保障和改善民生。同时，加强国有资本经营预算支出与公共预算支出的统筹使用，规定国有资本经营预算支出范围除调入一般公共预算和补充社保基金外，限定用于解决国有企业历史遗留问题及相关改革成本支出、对国有企业的资本金注入及国有企业政策性补贴等方面，一般公共预算安排的用于这方面的资金逐步退出。

国有资本经营预算收入反映各级人民政府及其部门、机构履行出资人职责的企业上缴的国有资本收益，具体包括：一是国有独资企业按规定上缴的利润；二是国有控股、参股企业中国有股应分得的股息、股利；三是企业国有产（股）权转让净收入；四是国有独资企业清算净收益，以及国有控股、参股企业清算净收益中国有股应分享的净收益；五是其他按规定应上缴的国有资本经营收益。国有资本经营预算支出范围除调入一般公共预算和补充社会保障基金外，限定支出范围具体包括：费用性支出、资本性支出和国有企业政策性补贴等方面。具体科目见下表。

表 3-2　2019 年国有资本经营预算收支简目

收入项目	支出项目
非税收入：国有资本经营收入（利润收入、股利、股息收入、产权转让收入、清算收入、其他国有资本经营预算收入）。 转移性收入：国有资本经营预算转移付收入。	社会保障和就业支出：补充全国社会保障基金。 国有资本经营预算支出：解决历史遗留问题及改革成本支出、国有企业资本金注入、国有企业政策性补贴、金融国有资本经营预算支出、其他国有资本经营预算支出。 转移性支出：国有资本经营预算转移支付、调出资金。

来源：《2019 年政府收支分类科目》。

四、社会保险基金预算

社会保险基金预算是对社会保险缴款、一般公共预算安排和其他方式筹集的资金，专项用于社会保险的收支预算。社会保险基金预算应当按照统筹层次和社会保险项目分别编制，做到收支平衡。社会保险基金预算的主要目的是通过调节个人收入分配，以实施扶贫救困、保障公民生活、维护社会稳定；通过协调社会保障资金的时间分配和代际分配，以保护公民的长远利益。

社会保险基金预算按险种分项编列，收入主要包括：一是企业单位及个人缴纳的保险费收入；二是一般公共预算安排的财政补贴收入，用于弥补社会保险基金预算的收支差额;三是其他收入(利息收入、滞纳金)等。社会保险基金预算支出应根据上年度享受社会保险待遇对象存量、上年度人均享受社会保险待遇水平等因素确定,同时考虑本年度经济社会发展状况、社会保险政策调整及社会保险待遇标准变动等因素。社会保险基金是专项基金,所以,社会保险各项基金预算要严格按照有关法律法规规范收支内容、标准和范围,专款专用,不得挤占或挪作他用。

五、全口径预算体系中各预算之间的衔接

在全口径预算体系的"四本预算"中,如何妥善处理"四本预算"之间的关系是深化预算改革的着力点。因为它涉及政府财力的使用如何与其所要达到的政策意图保持一致,如何使政府各种财力的使用结构与公共产品与服务的提供要求保持一致,关系到如何解决政府财力对同一项目的多头重复投入问题,等等。2015 年实施的《预算法》第五条规定:政府性基金预算、国有资本经营预算、社会保险基金预算应当与一般公共预算相衔接。这就解决了通过各类预算资金调剂使用的法律依据问题,反映出一般公共预算在预算报告体系中的核心地位。这是由一般公共预算的性质及所担的职责决定的,同时允许将国有资本经营预算资金调入一般公共预算。一般公共预算要补充社会保险基金预算的规定,也意味着这种全口径预算体系相互间的综合平衡和突出重点的关系。

第四节 我国政府预算管理制度改革

公共资源的合理配置及有效利用是国家、政府与公众共同关注的焦点问题,也是预算支出管理的核心问题。资本主义生产方式是政府预算产生的根本原因,加强财政管理和监督是政府预算发展的决定性因素,政府通过加强预算管理、建立预算制度,以规范政府行为,强化预算约束,提高财政资金使用效率,实现宏观调控目标。近年来,各市场经济国家的公共管理改革,都将政府预算改革作为重点之一,

也反映出政府预算在当代公共管理中的战略地位。美国预算专家希克曾说："毫不夸张地说,一个国家的治理水平在很大程度上取决于国家的预算能力。"随着经济社会发展,我国也不断加强预算管理制度改革、完善预算管理制度,保障经济社会健康发展。

一、我国政府预算管理制度改革历程

新中国成立以来,我国财政预算管理经历不断改革与完善过程。尤其是1998年以来,随着公共财政体系框架的逐步建立,我国财政预算管理制度与管理模式发生了一系列变革,初步构建了以"部门预算、政府采购、国库集中支付、收支两条线管理"为核心的财政预算管理框架,并推动以财政投资绩效审计制度改革为主的绩效考评制度改革,不断完善我国政府预算管理制度。

(一)1998年至2012年预算管理制度改革的主要内容

1.编制部门预算。所谓部门预算,就是按照部门编制预算,是由政府各职能部门依据有关法律法规及其履行职能需要进行编制,反映部门所有收入和支出情况的综合财政计划。简单地讲,部门预算是编制政府预算的一种制度和方法,由政府各个部门编制,反映政府各部门所有收入和支出情况的政府预算。部门预算就是一个部门一本预算,它是市场经济国家财政管理的基本形式。

1998年以前,我国预算主要按照支出性质编制,一个部门或单位需要多种不同性质的经费,如行政、教育、科技、基建投资等,由财政部内部的不同职能司局切块管理,层层进行分配。财政资金按性质归口管理、部门交叉管理的做法,使财政部门难以优化配置资源,对用钱部门和单位也不能进行统一管理和控制,既不利于充分发挥预算资金的使用效益,也不利于立法机构和审计部门对预算的监督。1998年,河北省在全国范围内率先启动部门预算改革,2000年开始全国逐步推广,随后进一步完善和规范了部门预算。编制部门预算对于规范预算管理,加强财政监督有着重要的意义:有利于提高政府预算的透明度,体现出政府预算的公开性、可靠性、完整性和统一性原则;编制部门预算,使预算编制和执行的程序和流程制度化、规范化和科学化,从而有利于财政部门控制预算规模和优化支出结构,减少追加支出的随意性,有利于部门和单位合理使用财政资金,充分发挥财政资金的使用效益。

2.完善国库集中收付制度。国库集中收付制度也称国库单一账户制度,是指政府将所有财政性资金集中在国库或国库指定的代理银行开设账户,所有财政资金收付都通过财政部门在国库或国库指定银行开设的单一账户集中办理,实行财政直收直支。它是市场经济国家普遍实行的现代国库管理制度,由国库集中收入制度和国库集中支付制度两部分内容组成。

国库集中收付制度改革的目的是通过财政资金的集中化管理,统一归口在国库及其代理银行开设账户,保证财政资金使用的规范、合理、安全和高效。国库单一账户制度具有操作简便,资金支付快速、准确,简化财政资金拨付环节和手续等优点。最大限度地减少预算资金在各级预算单位自有账户中分散管理和滞留,将财政资金全部集中在国库单一账户体系内,以保证资金的有效运转和使用,同时也保证每笔财政资金的使用都处于有效地监督管理中,有利于提高财政资金的使用效益。

3.实施政府采购制度。政府采购是指国家机关、事业单位和团体组织使用财政性资金依法从国内外市场上购买商品、工程及服务的一种经济行为。我国政府采购是随着市场经济体制改革的深化,从 20 世纪 90 年代中期开始,一些省市开展了政府采购的试点,并取得了明显成效。2002 年,全国人民代表大会通过了《中华人民共和国政府采购法》,自 2003 年 1 月 1 日起实施;《中华人民共和国政府采购法实施条例》自 2015 年 3 月 1 日起施行。政府采购制度的实施对提高财政资金的使用效益、实现国家的宏观调控能力、优化资源配置和抑制腐败现象等具有重要作用。

4.实行"收支两条线"管理。"收支两条线"管理是针对原预算外资金管理的一项改革,其核心内容是将财政性收支(原预算外收支属于财政性收支)纳入预算管理范围,形成完整统一的各级预算,提高法制化管理和监督水平。从收入方面看,主要是收缴分离,规范预算外收入并减少各部门和单位的资金占压。对合理合法的预算外收入,不再自收自缴,实行收缴分离,纳入预算或实行财政专户管理。取消各执收单位自行开设和管理的各类预算外资金过渡收入账户,改为由财政部门委托的代理银行开设预算外资金财政汇缴专户,该账户只用于预算外收入的收缴,不得用于执收单位的支出。从支出方面看,主要是收支脱钩,即执收单位的收费和罚没收入不再与其支出安排挂钩,单独编制支出预算,交由财政部门审批。因此,"收支两条线"改革的目标就是全面掌握预算外收支的全面情况,真实反映部门和单位的财务收支全貌,编制完整可靠的部门预算和政府采购计划,为编制综合预算提供基础条件,从而逐步淡化以致取消预算外资金,实行预算内外统一核算和统一管理。之后,"收支两条线"改革与编制部门预算和国库集中收付制度改革紧密联系起来,推动了预算管理制度的改革和建设向纵深发展。

(二)2013 年以来的预算管理制度改革的主要内容

2013 年,中共十八届三中全会通过了《关于全面深化改革若干重大问题的决定》,立足于全面深化改革的宏观棋局,以建立现代财政制度为目标,新一轮财税体制改革由此展开。就预算管理制度改革而言,有别于以往围绕一般公共预算而定改革方案的做法,新一轮预算管理制度改革的视野扩展到包括一般公共预算、政府性基金预算、国有资本经营预算和社会保险基金预算在内的全部政府收支。其目标就是在覆盖全部政府收支的前提下,建立"全面规范、公开透明"的现代预算管理制度。基于这一目标所作出的部署主要有:改进预算管理制度;实施全面规范、公开透明的预算制度;审核预算的重点由平衡状态、赤字规模向支出预算和政策拓展;清理规范重点支出同财政收支增幅或生产总值挂钩事项,一般不采取挂钩方式;建立跨年度预算平衡机制,建立权责发生制的政府综合财务报告制度,建立规范合理的中央和地方政府债务管理及风险预警机制等。

2015 年 1 月,我国正式颁布并实施了新《预算法》,建立了以覆盖全部政府收支及规范政府收支行为的制度。以此为基础,现代预算管理制度的若干基本理念得以确立,以四本预算构建的全口径政府预算体系得以建立,预决算公开透明也取得一定成效,等等。

2017 年 10 月,党的十九大立足于中国特色社会主义进入新时代的新的历史方位,在系统评估十八届三中全会以来财税改革进程基础上,围绕财税改革做出新部署,要加快建立现代财政制度,其中预算管理制度改革的目标是"全面规范透明、标准科学、约束有力、全面实施绩效管理",保障经济社会的健康发展。这是未来预算改革的重点内容。

二、深化政府预算管理制度改革

相对而言,从十八届三中全会召开迄今,预算管理制度改革最早且力度最大,是新一轮财税体制改革推进最快、成效最为显著的领域。其最重要的标志性成果是 2015 年 1 月正式颁布的新《预算法》,然而以现代预算制度的原则及现实情况,与新《预算法》对照可以发现,困扰我们多年的一些难题仍未得到根本解决。而且随着经济社会的快速发展,现行预算管理制度已经显露出诸多不符合现代国家治理要求的问题,亟待解决。主要问题有:预算体系标准不统一,预算信息公开、透明度不够;预算约束力不强,财政收支结构有待优化;结转结余资金规模过大,使用绩效不高;预算绩效管理有待于完善,财政的可持续发展面临挑战等。

(一)深化预算管理制度改革的指导思想和基本原则

十八届三中全会通过《中共中央关于全面深化改革若干重大问题的决定》,提出深化财税体制改革的目标并做出整体部署,据此,国务院推动预算管理制度的进一步改革。

改革的指导思想是,落实中央全面深化财税体制改革的总体要求,遵循市场在资源配置中起决定性作用,加快政府职能转变,完善管理制度,创新管理方式,提高管理绩效,构建符合现代财政制度的全面规范、公开透明的预算管理制度。

改革的基本原则如下:一是遵循现代国家治理理念,按照推进国家治理体系和治理能力现代化的要求,着力构建规范的现代预算制度,并与相关法律和制度的修订相衔接。健全财政法律制度体系,注重运用法律和制度规范预算管理,提高政府的公共服务水平。二是划清市场和政府的边界。凡属市场能发挥重要作用的,财税优惠等政策要逐步退出;凡属市场失灵的领域,政府和财政要主动补位。三是着力推进预算公开透明。实施全面规范、公开透明的预算制度,将公开透明贯穿预算改革和管理的全过程,充分发挥预算公开透明对政府部门的监督和约束作用,造就阳光政府、责任政府和服务政府。四是总体设计,协调推进。既要注重顶层设计,增强改革的系统性、整体性、协调性,又要考虑外部环境和制约因素,实现与行政管理体制改革的有序衔接,合理把握改革的力度和节奏,确保改革的顺利实施。

(二)深化预算管理制度改革的主要措施

1.建立与完善科学规范、标准统一的预算体系。

一是完善政府预算体系。明确一般公共预算、政府性基金预算、国有资本经营预算、社会保险基金预算的收支范围,建立定位清晰、分工明确的预算体系,政府的收支全部纳入预算,加大各类预算之间的融合力度。二是健全预算标准体系。完善基本支出定额标准体系,加快项目支出定额标准体系建设,严格机关运行经费管理,加强人员编制管理和资产管理,进一步完善政府收支分类体系,按经济分类编制部门预决算。

按照国务院《推进财政资金统筹使用方案》国发〔2015〕35文件精神,改革的近期目标是:盘活各领域财政沉淀资金取得明显进展,初步建立财政资金统筹使用机制,促进稳增长、调结构。让"打酱油的钱也能买醋",把趴在账上的闲置资金盘活,一方面,避免公共资源的流失、浪费和损耗,另一方面,从源头上防治腐败的滋生。长远目标是:财政资金统筹使用机制更加成熟,将所有预算资金纳入财政部门统一分配,做到预算一个"盘子"、收入一个"笼子"、支出一个"口子",促进财政资金优化配置,推动建立现代财政制度。

2.积极推进预算信息公开、透明。

要按照建立全面规范透明、标准科学、约束有力的预算制度要求,扎实推进预算公开工作,不断提升预算透明度。一是细化政府预决算公开内容。要扩大部门预决算公开范围、细化公开内容,按经济分类公开政府预决算和部门预决算,让民众能够看清、看懂。二是有序组织公开工作。制作预决算公开操作流程图,将公开工作分为公开布置、公开准备、公开实施、公开检查和监督,要依法规范公开预算。三是突出监督保障。在做好公开事前准备、事中组织督促的基础上,聚焦事后跟踪监督,确保预决算真公开、全公开、细公开。一方面,以检查促公开。坚持问题导向,认真制定预决算公开检查方案,围绕公开及时性、完整性、细化程度、规范性等,在各级政府同步开展预决算公开检查。另一方面,突出看齐对标。要紧紧对接公开制度要求,认真对照公开检查发现的问题,加大整改力度,建立整改问题清单、责任清单,不断提高预算透明度。

3.改进预算管理和控制,建立跨年度预算平衡机制。

一是实行中期财政规划管理。研究编制三年滚动财政规划,对未来三年重大财政收支情况分析预测,强化三年滚动财政规则对年度预算的约束。二是改进年度预算控制方式。公共预算审核的重点由平衡状态、赤字规模向支出预算和支出拓展,对支出预算强化政策约束,对收入预算从约束性转向预期性,意味着更多强调依法征税,应收尽收,不收"过头税"。中央公共预算可编列赤字,通过发行国债弥补,地方公共预算为了没有收益的公益性事业的发展,也可编列赤字,通过举借一般债务弥补。政府性基金预算按以收定支原则编列,为了有一定有益的公益性事业的发展,可举借专项债务。国有资本经营预算按收支平衡原则编制,不列赤字。三是建立跨年度预算平衡机制。为了适应经济形势的发展变化和财政政策逆周期调节的需要,可以通过预算稳定调节基金和发债,灵活处理预算执行中的超收或短收,达到跨年度的平衡。

4.优化财政支出结构,加强结转结余资金管理。

一是优化财政支出结构。严格控制政府性楼堂馆所、财政供养人员及"三公"经费等一般性支出。理清规范重点支出同财政收支增幅或生产总值挂钩事项,一般不采取挂钩方式。结合税费制度改革,逐步取消城市维护建设税、排污费等专款专用的规定,统筹安排这些领域的经费。统一预算分配,逐步将所有预算资金纳入财政部门统一分配。二是优化转移支付结构。对原有的转移支付进行严格的规范,主要是完善一般性转移支付增长机制,大力清理、整合、规范专项转移支付,逐步将一般性转移支付占比提高到60%以上。三是加强结转结余资金管理。建立结转结余资金定期清理机制,上一年的结转资金应当在下一年用于结转项目的支出,连续两年未用完的结转资金,应当作为结余资金管理,其中一般公共预算的结余资金,应当补充预算稳定调节基金。四是加强政府购买服务资金管理。政府购买服务所需资金列入预算,切实降低公共服务成本,提高公共服务质量。

5.加强预算执行管理,严肃财政纪律。

具体措施是做好预算执行工作,硬化预算约束;规范国库资金管理,提高国库资金收支运行效率;建立权责发生制的政府综合财务报告制度,建立全面反映政府资产负债、收入费用、运行成本、现金流量等财务信息的权责发生制和政府综合财务报告制度。另外,规范地方政府债务管理,防范化解财政风险;规范理财行为,严肃财政纪律,坚持依法理财,主动接受监督,健全制度体系,强化责任追究等。

6.全面实施预算绩效管理,推动财政资金聚力增效。

全面实施预算绩效管理是推进国家治理体系和治理能力现代化的内在要求,是优化财政资源配置、提升公共服务质量的关键举措。要发挥好财政职能作用,必须以全面实施预算绩效管理为关键点和突破口。2018年9月,国务院出台了《关于全面实施预算绩效管理的意见》,切实推进预算绩效管理体系建设,全面实施预算绩效管理。一是构建全方位预算绩效管理格局。要实施政府预算绩效管理、部门和单位预算绩效管理、政策和项目预算绩效管理,将各级政府收支预算全面纳入绩效管理,确保财政资源高效配置,增强财政可持续性。二是建立全过程预算绩效管理链条。要建立绩效评估机制、强化绩效目标管理、做好绩效运行监控、开展绩效评价和结果应用,提高预算管理水平。三是完善全覆盖预算绩效管理体系。要建立一般公共预算绩效管理体系、建立其他政府预算绩效管理体系,实现预算绩效管理体系全覆盖,加强预算之间的衔接。四是健全预算绩效管理制度。要完善预算绩效管理流程,具体涵盖绩效目标管理、绩效运行监控、绩效评价管理、评价结果应用等各环节,制定预算绩效管理制度和实施细则。健全预算绩效标准体系,各级财政部门要建立健全定量和定性相结合的共性绩效指标框架,创新评估评价方法,提高绩效评估评价结果的客观性和准确性。五是硬化预算绩效管理约束。要明确绩效管理责任约束,财政部要完善绩效管理的责任约束机制,明确责任主体,对重大项目的责任人实行绩效终身责任追究制,切实做到花钱必问效、无效必问责。要强化绩效管理激励约束,各级财政部门要抓紧建立绩效评价结果与预算安排和政策调整挂钩机制,将本级部门整体绩效与部门预算安排挂钩,将下级政府财政运行综合绩效与转移支付分配挂钩,及时调整相关政策与项目。六是强化保障措施。要加强绩效管理组织领导、绩效管理监督问责、绩效管理工作考核,切实保障全面预算绩效管理工作落到实处。

延伸阅读：

全面实施预算绩效管理

提高财政资金配置效率,要聚焦重点领域和薄弱环节,进一步调优化支出结构。坚持有保有压,该保的支出必须保障好,该减的支出一定要减下来,各级政府要带头过"紧日子",严控一般性支出。

以全面实施预算绩效管理为关键点和突破口,创新预算管理方式,更加注重结果导向,强调成本效益,硬化责任约束,建立绩效评价结果与预算安排和政策调整挂钩机制,推动财政资金聚力增效,提高公共服务供给质量。

一、健全完善厉行节约的预算管理长效机制

近年来,中央有关部门坚决贯彻中央八项规定精神和厉行节约反对浪费有关要求,着力健全完善厉行节约的预算管理长效机制。主要举措包括:加强厉行节约制度建设;严格部门预算编制;严肃部门预算执行;严控"三公"经费:"5%"——2019 年,各级政府要大力压减一般性支出,严控"三公"经费预算,取消低效无效支出,清理收回长期沉淀资金。中央财政带头严格管理部门支出,一般性支出按照不低于5%的幅度压减,地方财政要比照中央做法,从严控制行政事业单位开支。

二、推动全面实施预算绩效管理各项措施落地

经中央全面深化改革委员会第三次会议审议通过,2018 年 9 月《中共中央国务院关于全面实施预算绩效管理的意见》正式印发。《意见》提出力争用 3~5 年时间基本建成全方位、全过程、全预算绩效管理体系,实现预算和绩效管理一体化,着力提高财政资源配置效率和使用效益,改变预算资金分配的固化格局,提高预算管理水平和政策实施效果,为经济社会发展提供有力保障。

本章主要名词

政府预算　零基预算　绩效预算　全口径预算体系　政府预算管理制度

复习思考题

1.简述政府预算的原则。

2.简述政府预算的主要分类。

3.简述我国政府预算的组成。

4.简述我国政府预算的程序。

5.简述我国全口径预算体系的内容。

6.论述我国深化预算管理制度改革的主要措施。

第 四 章

政府之间财政关系

第一节　政府间财政关系概述

一、含义

政府之间财政关系在我国通常被称为"财政管理体制",它是处理中央和地方各级政府之间财政分配关系,划分收支范围和管理权限的一项重要制度。

当今世界除了极少数城市国家外,绝大多数国家不仅有中央政府,还有若干层级的地方政府。为什么不能由中央政府来提供所有的公共产品,而需要由不同层级的地方政府分别提供,中央与地方各级政府之间是依据什么原则划分各自的职能和收支的,这些都是政府间财政关系需要研究的基本问题。

二、公共产品的受益范围与地方政府存在的必要性

(一)公共产品的受益范围

在市场经济条件下,政府的基本职能是提供公共产品。根据受益范围的不同,公共产品可以分为全国性公共产品、准全国性公共产品和地方性公共产品。

所谓"全国性公共产品",是指那些可供全国居民同等消费并且共同享受的公共产品,如国防、外交、国家安全等就属于典型的全国性公共产品。所谓"准全国性公共产品",是指这样的物品:它们只满足消费上的公共性即非竞争性,但是不满足消费上的同等性,即不同地域、不同行政区划的居民在对这类物品的消费上不是机会均等的,如某一特定河流的水利工程,流域内居民受益较多,而流域外居民受益较少。所谓"地方性公共产品",是指在地方层面被消费者共同并平等消费的物品,如地方政府提供的治安、消防等公共服务,兴建的公共图书馆和公共广场等设施,其范围局限在某一特定区域内,这一区域以外的居民无法从中受益。由于公共产品受益范围存在差异,公共产品可以相应地由不同级别的政府提供。

(二)地方政府存在的必要性

因为地方性公共产品也可以由中央政府提供,所以只有当地方政府提供地方性公共产品比中央政府更有效率时,才能证明地方政府有其存在的必要性。

经济学家施蒂格勒(George Stigler)认为:首先,与中央政府相比,地方政府更接近自己的公众,它比中央政府更加了解它所管辖的居民的效用与需求;其次,一国国内不同的人们有权对不同种类与不同数量的公共服务进行投票表决,这就是说,不同的地区应有权自己选择公共服务的种类与数量。

经济学家奥茨(Oates)认为:公共服务职责应尽可能下放到能够使成本与利益内部化的最小地理辖区内。该定理建立的认识基础是:①越是低层级政府,越易于了解和处理当地居民对于公共服务的偏好信息。②下放公共服务职责能够提高低层级政府的责任心,也便于当地居民对于地方开支和地方官员的监督。③服务职责的下放是保证许多公共项目得以有效管理的重要条件。④服务责任的下放有利于发挥地方政府的革新精神。

经济学家马丁·麦圭尔(Martin McGuire)认为:政府提供公共产品必须考虑成本因素,有些公共产品向全国人口提供为规模最佳,成本低而效益高,那么这些公共产品应由中央政府提供。而另一些公共产品受益者的数量有限,这些公共产品有两种供应办法———一种是由中央政府将全国人口按最优数量分成若干组,分别提供公共产品;另一种是将该种公共产品的提供权赋予各个地方政府,由各个地方政府决定各自辖区内的公共产品供给量。显然,第二种办法最为方便,麦圭尔由此说明了地方政府存在的合理性。

经济学家特里西(Tresch)认为:相对于地方政府,中央政府远离它所管辖的居民,而各地居民对公共产品的偏好又各不相同。如果中央政府要全面了解各地居民对公共产品的各种各样的偏好组合,需要花费大量的成本。国家越大,各地情况差别越大,各地居民对公共产品的偏好差别越大,而偏好传递的成本也就越高。地方政府在了解居民对公共产品的偏好方面比中央政府有更大的优势,地方政府所管辖的居民数量相对较少。外界环境基本相同,因此居民偏好的组合种类较少。另外,地方政府与所管辖的居民距离较近,信息采集和传递的成本较低,因此地方政府发生偏好误识问题的可能性比中央政府小。

公共产品的受益范围说明了公共产品存在着由不同级别政府提供的可能性,而上述几位经济学家的观点则说明了地方政府提供某些公共产品会比中央政府提供全部公共产品更有效率,因此地方政府有存在的必要性,即有财政分权的必要性。

三、中央政府集权的理由

尽管在理论和实践上存在着中央与地方财政分权的必要性和可能性,但并不意味着所有公共产品都由地方政府提供是最优的,中央政府在以下五个方面需要适当集权,并发挥不可替代的作用。

(一)全国性公共产品或准全国性公共产品应由中央政府来提供

全国性公共产品由中央政府提供是毫无疑问的,但为什么准全国性的公共产品也需要由中央政府来提供呢？这是因为当这类公共产品产生受益面不均时,中央政府就有责任出面决定这类公共产品的提供数量,并且适当解决地区之间不同的经济外部性问题;否则,如果中央政府不努力解决地区之间不同的外部性问题,就会发生受益人口与成本承担人口之间的不对称,不利于整个社会的协调发展。

(二)中央政府须进行不同地区及不同社会成员之间的再分配

为了维持整个社会的稳定和平衡,需要中央政府来协调财政在不同地区、不同社会成员之间的再分配。在决定地区之间的再分配政策上,中央政府具有比较优势。对于私人部门或不同产业部门的收入或财富的再分配,中央政府也有决策方面的相对优势。如果中央政府不协调地区之间的个人所得税或企业所得税,人口或其他资源就可能发生不利于社会整体利益的流动。

（三）中央政府在宏观经济调控方面有比较优势

由于宏观调控具有全国性的影响，中央政府出面进行宏观调控要比地方政府干预有效得多。如果在经济衰退时，一个省（直辖市）实行扩张性财政政策，其作用往往会超出本省的范围，因而应由中央政府统一协调。

（四）中央政府征税比地方政府具有比较优势

中央政府之所以在征税问题上具有综合的相对优势，主要有下列因素：（1）中央政府的管辖范围大，有利于发现与税基有关的各种收入，从而使税基和税率更加合理。（2）从全国范围计证税收，可有效防止偷漏税的发生。（3）由中央政府决定税收制度，可以有效防止税收的地区间不平衡。

（五）中央政府可以避免地方之间产业竞争所造成的有害影响

地方政府为了本地的经济发展，往往会颁布名目繁多的各种地方保护政策，这不利于市场竞争的开展和全国统一大市场的形成，中央政府需要限制地方政府的权力，维护全国统一、公平的市场竞争秩序。

四、中央与地方划分收支的原则

（一）中央与地方收支划分的影响因素

处理政府间财政关系的核心是划分中央政府与地方政府之间的收支。影响中央政府与地方政府之间收支划分的因素主要有三个：

1.国家的政体结构。

一般来说，联邦制国家地方政府的权责较大，相应的，财政收支权力也较大。如美国、德国的联邦收支占各级政府预算总规模的比重就不及英国、法国等单一制国家预算收入占预算总规模的比重大。

2.历史传统。

历史上有自治传统的国家，往往地方政府的自治权力较大，从而也拥有更多的财政收支权力，如美国宪法对"州的权力"的重视和保护。而历史上注重中央集权的国家，中央集中的财政权力就会相对较多，如中国、法国这样一些有较长君主专制和中央集权历史的国家，中央的集权要比地方权力大得多。

3.政府在经济稳定和发展中的作用。

一个国家的政府在经济稳定和发展中的作用越大，其中央政府所需要集中的权力就越大。如在自由竞争时期的美国,联邦政府长期以来主要的收入来源是关税,其他主要税种由州政府掌握;而随着经济的发展,要求国家对经济进行越来越多的干预,联邦政府的财政权力随之不断扩张,中央财政收支的比重也迅速增加。

(二)中央与地方支出划分的原则

1.受益原则。

凡政府所提供的服务,其受益对象是全国居民的,则该项支出应当属于中央政府的公共支出;凡受益对象是地方居民的,则支出应当属于地方政府的公共支出。

2.行动原则。

凡政府公共活动的实施必须在统一规划的领域中,其支出应当属于中央政府的公共支出;凡政府公共活动在实施过程中必须因地制宜的,其支出应属于地方政府的公共支出。

3.能力原则。

若政府活动或公共工程,其规模庞大、技术要求高,地方政府无力承担,则应由中央政府承担。

(三)中央与地方收入的划分原则

1.效率原则。

即中央政府和地方政府收入的划分应尽量减少对市场机制配置资源的干扰。例如,如果个人所得税和企业所得税归地方政府管辖,各地税负的不一致会导致资源从高税负地区流入低税负地区,会产生税收对市场机制的扭曲。因此,这类税种的权力应当归中央政府所有。

2.适应原则。

适应原则以税基的宽窄作为划分标准,税基宽的税种归中央政府,如增值税;税基窄的税种归地方政府,如房产税,税基在房屋所在区域,较为狭窄,所以应为地方税。

3.恰当原则。

即税收负担的分配应当公平,对于纳税人税负影响重大的税种应当归中央所有。对于那些占税负总额比重较大的税种,为了确保公平,也应由中央统一掌握。

第二节　我国政府间财政关系的沿革

一、1978 年以前实行中央高度集权的统收统支的体制

这是一种高度集中的财政管理体制,地方主要收入上缴中央,地方支出由中央核准,统一拨付。这一体制执行到 1952 年。统收统支体制是在特殊的历史背景下实行的暂时体制,它对于集中全国财力物力、稳定物价、平衡财政收支、整顿财经秩序、恢复生产起到了重要的作用,并为 1953 年开始的第一个五年计划建设提供了良好的经济环境。

在 1953—1978 年的 20 多年时间内,我国基本上实行"统一领导,分级管理"的体制。虽然在具体做法上进行了多次调整,但总的体制类型没有改变。原苏联和多数东欧国家,也曾实行类似的分级管理体制。这种体制的主要特征是:在中央统一政策、统一计划和统一制度的前提下,按国家行政区划来划分预算级次,实行分级管理,原则是一级政权一级预算;由中央统一进行地区间的调剂,凡收大于支的地方上解收入,凡支大于收的地方由中央补助。中央预算另设专项拨款,由中央统一支配。

二、改革开放后,1994 年之前实行"划分收支,分级包干"体制,简称"财政包干体制"

财政包干体制相对于原来的体制有重大突破,是我国财政管理体制的一次重大改革。包干制扩大了地方收支范围,赋予了地方更大的财政权力,使地方财政成为责、权、利相结合的相对独立的一级预算主体。具体做法,经过几次调整,1988年形成对不同地区实行不同的 6 种包干办法:收入递增包干、总额分成、总额分成加增长分成、上解额递增包干、定额上解、定额补助。财政包干体制的主要特征是:在总额分成的基础上对增收或超收的部分加大地方留成比例,通过多收多留的激励机制鼓励地方特别是富裕地区增收的积极性,从而保证全国财政收入的不断增

长。但是,随着经济体制改革的深化和经济的快速增长,越来越明显地暴露出财政包干体制的弊端:

1.包死上缴基数,超收多留,使得随着整个财政收入的增长,地方财政从中留的份额会越大,但中央财政从中得到的份额却越小。这样,便导致中央收入占全部收入的比重日趋下降,1990年为33.8%,1993年下降为22%,从而使得中央财政的宏观调控能力趋于弱化。

2.各个地方收入多了,都热衷于那些利润大、见效快的加工工业的投资,而且形成"多收、多留、多投资"的运行机制,加剧了当时的经济过热的现象。

3.重复建设严重,地区产业结构趋同,助长了一些地方的市场封锁和地方保护主义行为。

4.地区间富的越富,穷的越穷,贫富差距拉大。

5.中央与地方之间的财政关系的确定,是按照行政管理程序,采取中央与各省、自治区、直辖市和计划单列市逐个协商、逐个落实的办法,在中央财政与地方财政之间建立起一种利益分配上的契约关系,而这种契约关系又缺乏规范性、相对稳定性和必要的法律保证。

因此,财政包干体制的改革势在必行。改革的方向,是从我国的实际出发,借鉴西方国家的经验,实行具有中国特色的分级分税分征财政管理体制。这就是我国于1994年实行的分税制改革。

三、我国现行的财政管理体制——分税制

所谓"分税制",是指对中央和地方政府在划分事权和支出范围的基础上,按照事权与财权相统一的原则,根据税种划分收入范围的一种财政管理体制。

根据党的十四届三中全会的决定,为了进步理顺中央与地方的财政关系,更好地发挥国家财政的职能,增强中央的宏观调控能力,促进社会主义市场经济体制的建立和国民经济的持续、快速、健康发展,国务院决定从1994年1月1日起改革分级包干体制,对各省、自治区、直辖市以及计划单列市实行分税制财政管理体制。1994年的分税制改革,是根据建立社会主义市场经济体制的要求,充分考虑我国的国情,并借鉴国际通行的分级财政体制的经验进行的,因而是一种符合中国实际的分级财政管理体制。

表 4-1　中央和地方财政收入及所占比重　　　　　单位:亿元

年份	全国财政收入	中央财政收入	地方财政收入	中央财政所占比重(%)	地方财政所占比重(%)
1978	1132.26	175.77	956.49	15.5	84.5
1980	1159.93	284.45	875.48	24.5	75.5
1985	2004.82	769.63	1235.19	38.4	61.6
1990	2937.10	992.42	1944.68	33.8	66.2
1991	3149.48	938.25	2211.23	29.8	70.2
1992	3483.37	979.51	2503.86	28.1	71.9
1993	4348.95	957.51	3391.44	22.0	78.0
1994	5218.10	2906.50	2311.60	55.7	44.3

数据来源:根据财政部网站各年度财政预决算报告整理得出。

(一)分税制的主要内容

1.按税种划分收入,明确中央与地方的收入范围。

根据事权与财权相结合的原则,1994 年按税种划分中央与地方收入。将维护国家权益、实施宏观调控所必需的税种划为中央税;把同经济发展直接相关的税种划为中央与地方共享税;将适合地方征管的税种划为地方税,并充实地方税税种,增加地方税收入。具体情况如下:

中央财政固定税收及收入:关税,海关代征消费税和增值税,消费税,中央企业的海洋石油天然气企业所得税,地方银行和外资银行及非银行金融企业所得税。铁道部门、各银行总行、各保险总公司等集中缴纳的收入(包括营业税、所得税、利润和城市维护建设税),中央企业上缴利润等。外贸企业出口退税,除 1993 年地方已经负担的 20%部分列入地方上缴中央基数外,以后发生的出口退税全部由中央财政负担。

地方财政固定税收及收入:营业税(不含铁道部门、各银行总行、各保险总公司集中缴纳的营业税),地方企业所得税(不含地方银行和外资银行及银行金融企业所得税),地方企业上缴利润个人所得税,城镇土地使用税,固定资产投资方向调节税,城市维护建设税(不含铁道部门、各银行总行、各保险总公司集中缴纳的部分)等。

中央与地方共享税收:增值税中央分享 75%,地方分享 25%;企业所得税和个人所得税中央分享 60%,地方分享 40%;资源税按不同的资源品种划分,大部分资源税作为地方收入。海洋石油资源税归中央收入;证券交易税为中央 80%、地方 20%。

2.在明确事权的基础上,划分中央与地方的支出范围。

所谓事权,就是指一级政府应当承担的、运用财政资金提供基本公共服务的职责和任务。所谓支出责任,就是指政府履行财政事权的支出义务和保障。根据中央政府与地方政府事权的划分。中央财政主要承担国家安全、外交和中央国家机关运转所需的经费,以及调整国民经济结构、协调地区发展、实施宏观调控所必需的支出和由中央直接管理的事业发展支出。地方财政主要承担本地区政权机关运转所需支出以及本地区经济、事业发展所需支出。

中央财政支出具体包括:国防费,武警经费,外交和援外支出,中央级行政管理费,中央统管的基本建设投资,中央直属企业技术改造和新产品试制费,地质勘探费,由中央财政安排的支农支出,由中央负担的国内外债务和还本付息支出,以及中央本级负担的公检法支出和文化、教育、卫生、科技等各项事业支出。地方财政支出主要包括:地方行政管理费,公检法支出,部分武警经费,民兵事业费,地方统筹的基本建设投资,地方企业技术改造和新产品试制费,支农支出,城市维护建设费,地方文化、教育、卫生等各项事业费,价格补贴支出以及其他支出。

3.建立省以下分税制财政体制。

在中央与省级分税制财政体制框架确立之后,各地按照中央实行分税制财政体制的要求,根据本地区的情况,制定了省以下分税制体制办法。1994 年年底,各地基本上都已制定了对省以下分税制体制,使得分税制在全国范围内迅速确立并顺利运行。综合各地体制情况,大致呈以下几个特点:

(1)收入划分方面。

从各地区通行做法看,除了分税制改革上下划的税种外,其他原有的地方税收基本上仍按原收入级次划分,个别地区调整了营业税的划分办法。增值税上划中央 75%以后,大部分地区将地方 25%部分留归了市、县,少部分地区省与市、县共享。

中央下划的税种及新开征的税收大部分地区都实行了省与市、县共享的办法。

（2）税收返还增量的分配。

多数地区按 1∶0.3 系数将中央返还的增量如数返还给市、县，也有相当一部分地区为了达到省级集中财力的目的，集中了部分增量。集中办法主要有三种：一是对各市、县统一调整返还系数，如将递增返还系数调整为 1∶0.15；二是对市、县区别不同情况规定不同的返还系数；三是对中央的增量返还在省级与地市间实行总额分成。

（3）原体制上解补助的处理。

多数地区比照中央对省的办法将原体制的上解和补助放在税收返还之外单独处理，体制上解继续递增，体制补助定额结算，也有一些地区做了适当调整。调整的办法主要有两种：一是重新计算财政体制收支基数，核定上解，补助或税收返还数；二是将原体制上解或体制补助与税收返还相抵，核定税收返还数。

（4）对地区间财力差异的调整。

不少地区在制定对下体制时，对现存的不合理的财力分配格局进行了适当的调整。除了吸取中央分税制改革的思路，在保证地方 1993 年既得利益的前提下，通过增量分配集中部分财力调节外，有些地区还打破了保证地方 1993 年既得利益的原则，对存量也进行了调整。实行这种办法的主要有广东、江苏、广西等省、自治区。它们集中财力后，一般都补助给了财力较低的县、市，在一定程度上扭转了原体制下不合理的分配格局。

在省以下分税制实行以后，2001 年国务院下发《国务院关于印发所得税收入分享改革方案的通知》（国发〔2001〕37 号），规定所得税收入分享改革后，各地区要相应调整和完善所属市、县的财政管理体制，取消按企业隶属关系分享所得税收入的做法。据此，2002 年，全国大多数地区相应调整了省以下财政管理体制。针对省以下财政管理体制存在的问题，2002 年 12 月 26 日国务院下发了《国务院批转财政部关于完善省以下财政管理体制有关问题意见的通知》（国发〔2002〕26 号），对省以下财政管理体制的调整和完善提出了指导性意见。

尽管省以下政府间财政关系有所规范，但突出问题是，基层财政的困难还没有有效缓解,省级政府财力集中度高,转移支付力度不足,造成省级以下纵向财力差距过大。从全国各级地方政府的财力分布情况看,省、地(市)两级的财力约占地方全部财力的60%,而财政提供经费的行政事业人员只占地方全部行政事业人员的30%;县、乡两级财力只约占地方全部财力的40%,而需财政提供经费的人员却占70%。由于财力分布格局不合理,部分地区基层财政困难反而日益突出。因此,为了提高基层执政能力,维护基层政权和社会稳定,一些地区在省以下财政体制方面进行了"省直管县"财政体制管理方式的改革试点和扩大推行,以减少财政管理层次,扩大县级行政审批权限,提高行政效率和资金使用效益。与此同时,逐步完善乡镇财政管理体制改革试点,对经济欠发达、财政收入规模小的乡镇,推行"乡财县管",即由县财政统一管理乡镇财政收支的办法。

(二)对分税制财政体制改革的评价

1.初步建立了与市场经济体制相适应,相对规范、稳定的财政体制。

分税制财政管理体制改革结束了财政包干制下的中央与地方之间复杂而不稳定的财政分配关系,建立了统一的中央与地方之间的财政关系,有利于我国财政管理体制的长期稳定,为实行规范的转移支付制度创造了条件。分税制财政管理体制下依法治税原则得到明显强化,税法的权威性明显提高,为市场经济发展创造了良好的税收法制环境。

2.公平税负,促进了企业的平等竞争。

在分税制财政管理体制下,过去按企业隶属关系划分收入的做法基本改变,地方政府的投资冲动和干预企业的利益冲动得到了有效的抑制,政府在一定程度上放松了对企业的控制,有利于促进产业结构的合理调整。

3.合理分权,明确划分了各级政府的财政收入和支出范围。

调动了中央和地方两个积极性,使财政收入大幅度提高,扭转了"两个比重"下滑势头,保证了工商税收收入的增长,使得财政包干之下形成的政府间财政收入划分不明确、各级政府都有大量预算外资金、财政收入分配秩序混乱的现象开始得以改变;通过不同税种的合理划分以及分设中央和地方两套税务机构分别征收,彻底打破了财政包干制度下中央与地方收入监管的"委托–代理"关系,强化了中央在政府间财政分配中的主导地位,中央对地方财力差距的调整和转移支付安排的

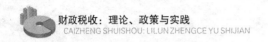
能力得到加强,改变了财力与财权过于分散的局面,增强了中央财政的宏观调控能力。

4.合理导向,促进资源的优化配置和产业结构的合理调整。

分税财政管理体制改革后,地方政府在财源建设和产业发展规划上有了显著的改善,各级地方政府的支出范围和收入范围十分明确,预算约束也有所加强,提高了地方政府加强财政收支管理的积极性。将增值税的大部分和全部消费税划为中央税,对于抑制地方政府的投资冲动,在全国范围内促进了地方产业结构的调整与资源的合理开发运用。地方对市场的封锁和地方保护主义的现象有较大改善,为全国统一市场的建立、发展和完善创造了条件。将营业税设置为地方税,有利于调动各地区发展第三产业的积极性。另外,分税制的平稳过渡,保证了社会稳定,促进了经济发展,并巩固了对外开放的大好形势。

分税制改革是在我国市场经济体制尚未完善的情况下进行的,尽管已经形成了与市场经济相适应的公共财政框架,但仍存在着许多问题亟待解决。

第三节　我国现行财政管理体制存在的问题及改革思路

一、财政管理体制的现状分析

(一)现状分析

现行的中央与地方财政事权和支出责任划分还不同程度存在不清晰、不合理、不规范等问题。这种状况不利于充分发挥市场在资源配置中的决定性作用,不利于政府有效提供基本公共服务,与建立健全现代财政制度、推动国家治理体系和治理能力现代化的要求不相适应,必须积极推进中央与地方财政事权和支出责任划分改革。(《国务院关于推进中央与地方财政事权和支出责任划分改革的指导意见》国发〔2016〕49号)

（二）主要问题

1.政府职能定位不清,政府与市场的关系边界不明。由于我国一直以来都是政府主导经济发展,政府职能存在"越位、缺位、错位"问题,一些可以由市场调节或社会提供的事务,财政包揽过多,同时一些本应该由政府承担的基本公共服务,财政又承担不够。

2.中央与地方财政事权和支出责任划分不尽合理。政府间事权划分是政府间财力分配的基本依据。由事权划分决定的支出责任划分是财政体制的基本要素,而且是确定财政体制的逻辑起点。事权与财权相结合,以事权为基础划分各级财政的收支范围以及管理权限,这是建立完善的、规范的、责权明确的分级财政体制的前提和基础。事权与财权不清,是我国财政体制多年以来一直存在的主要缺陷,这也是分税制改革所要解决的首要问题。1994年的税制改革统一了税制,将企业从政府随意干预中解脱出来,初步实现了公平竞争。分税制改革,解决了中央和地方收入分享格局的调整问题,奠定了公共服务均等化的基础。但因客观条件约束,未触动政府间事权和支出责任划分,而是承诺分税制改革后再来处理。20多年来,这一改革进展有限,政府间事权和支出责任划分基本沿袭了1994年以前中央和地方支出划分的格局。

3.政府间收入划分不尽合理。最初分税制改革的直接目的是为提高中央财政收入占全国财政收入的比重,增强中央宏观调控能力。分税制改革前1993年,中央财政收入占全国公共财政收入的比重仅有22%,但到2015年比重上升到45.5%,最高年份(2004年)曾高达54.9%;同比地方财政收入却大幅下降,从1993年改革初的78%下降到了2015年的54.5%,其中最低年份(1994年)仅为44.3%。然而,财政支出方面,中央公共财政支出(本级)占全国公共财政支出比重由1993年28.3%减少至2015年14.5%,地方公共财政支出由改革前1993年71.7%上升至2015年的85.5%。可以看出分税制改革使中央集中收入的同时,却没有承担相应支出责任比重提高的部分,表现为政府间事权与财权、财力的不匹配。

4.省以下财政事权和支出责任划分不尽规范。省以下财政体制有待规范,体现在:一是一些省级政府没有承担均衡省以下财力、保障基层基本支出的责任。省以下的财力纵向与横向分布格局不合理,相当一部分地区对下转移支付力度不足。

从纵向财力分布看,省、市、县人均财力差距悬殊;从横向财力分布看,部分省份县级财力水平差异较大。二是省以下各级地方政府间财政支出责任经常发生交叉、错位。由于缺乏统一的法律规范,各省、市、县、乡政府之间支出责任的划分则更为模糊,地区之间差别较大。上级政府首先要确保自己拥有足够财力,并尽量把这些资金用于改善本地投资环境和加快经济发展上,其结果导致公共卫生、基础教育等事业的发展得不到充足的资金支持,支出责任被分解、下压到基层政府身上,出现了各级政府事权与财权匹配失当的尴尬局面,越到基层政府,支出责任越重,而财力却越紧张。三是省以下各级政府收入划分不尽合理。按税种划分收入、总额分成、收支包干和统收统支等体制形式都不同程度地存在,与分税制原则不尽一致。按税种划分收入的地区,有的省与市、县共享税中设置过多,有的甚至仍然按企业隶属关系或行业划分收入,不利于企业间的改组、改制、联合和兼并,影响产业结构合理调整和区域经济协调发展。

5.有的财政事权和支出责任划分缺乏法律依据,法治化、规范化程度不高。我国政府间财政支出责任划分不清晰,事权归属太笼统,不详细。1994 年实行分税制时,当时公共财政框架还未建立,缺乏明确的标准,只能把省级以下政府作为一个整体与中央对应起来,没能按照公共财政理论的要求确定中央政府和地方政府的事权和支出范围。宪法对各级政府的事权划分只作了原则性甚至模糊性的表述,缺乏明确、具体的规定。有关政府间事权和支出责任划分的具体内容主要散见于国务院有关文件和部门规章中。

由于对各级政府的事权划分只作了原则性规定,没有做出明确规定,因此执行过程存在很大的随意性,政府间财政支出责任的划分缺乏法律依据,造成实际上各级政府间没有明显的区别,除外交、国防等专属中央政府的少数事权以外,地方政府拥有的事权几乎是中央政府事权的翻版,从而呈现出"上下对口、职责同构"的特征。

政府间财政关系不仅需要良好的制度设计,还要有一个遵守财经纪律、硬化预算约束的运行环境。所谓"硬化预算约束",是指预算对政府行为约束是刚性的,即对政府的税收收入、支出决策、转移支付以及地方政府的债务增减等都有严格限制,并得到严格执行。在我国,政府间财政关系不仅在制度设计上还有许多改进的空间,在预算约束方面也存在此问题。

表 4-2 关于中央和地方事权划分的有关规定

时间	法律法规或相关文件	内　容
1982 年 12 月	宪法	中央和地方的国家机构职权的划分,遵循在中央的统一领导下,充分发挥地方的主动性、积极性的原则。
1993 年 11 月	关于建立 社会主义市场经济体制 若干问题的决定	合理划分中央与地方经济管理权限,发挥中央和地方两个积极性。宏观经济调控权,包括货币的发行、基准利率的确定、汇率的调节和重要税种税率的调整等,必须集中在中央。我国国家大,人口多,必须赋予省、自治区和直辖市必要的权力,使其能够按照国家法律、法规和宏观政策,制定地区性的法规、政策和规划;通过地方税收和预算,调节本地区的经济活动;充分运用地方资源,促进本地区的经济和社会发展。
2003 年 10 月	关于完善 社会主义市场经济体制 若干问题的决定	合理划分中央和地方经济社会事务的管理责权。按照中央统一领导、充分发挥地方主动性积极性的原则,明确中央和地方对经济调节、市场监管、社会管理、公共服务方面的管理责权。根据经济社会事务管理责权的划分,逐步理顺中央和地方在财税、金融、投资和社会保障等领域的分工和职责。
2004 年 3 月	全面推进 依法行政实施纲要	中央政府和地方政府之间、政府各部门之间的职能和权限比较明确。合理划分和依法规范各级行政机关的职能和权限。
2004 年 9 月	关于加强党的 执政能力建设决定	正确处理中央和地方的关系,合理划分经济社会事务管理的权限和职责,做到权责一致,既维护中央的统一领导,又更好地发挥地方的积极性。
2004 年 10 月	地方各级人民代表大会 和地方各级人民政府 组织法	关于县级以上的地方各级人民代表大会职权中规定:讨论、决定本行政区域内的政治、经济、教育、科学、文化、卫生、环境和资源保护、民政、民族等工作的重大事项。
2006 年 10 月	关于构建社会主义 和谐社会若干 重大问题的决定	进一步明确中央与地方的事权,健全财力与事权相匹配的财税体制。完善中央和地方共享税分成办法,加大财政转移支付力度,促进转移支付规范化、法治化。

（续表）

时间	法律法规或相关文件	内　容
2007 年 10 月	中共十七大报告《深化财税、金融等体制改革,完善宏观调控体系》章节	围绕推进基本公共服务均等化和主体功能区建设,完善公共财政体系。深化预算制度改革,强化预算管理和监督,健全中央和地方财力与事权相匹配的体制,加快形成统一规范透明的财政转移支付制度,提高一般性转移支付规模和比例,加大公共服务领域投入。完善省以下财政体制,增强基层政府提供公共服务能力。实行有利于科学发展的财税制度,建立健全资源有偿使用制度和生态环境补偿机制。
2011 年 3 月	"十二五"规划纲要	积极构建有利于转变经济发展方式的财税体制。在合理界定事权基础上,按照财力与事权相匹配的要求,进一步理顺各级政府间财政分配关系。
2013 年 11 月	中共十八届三中全会通过的《中共中央关于全面深化改革若干重大问题的决定》	建立事权和支出责任相适应的制度。适度加强中央事权和支出责任,国防、外交、国家安全、关系全国统一市场规则和管等作为中央事权;部分社会保障、跨区域重大项目建设维护等作为中央和地方共同事权,逐步理顺事权关系;区域性公共服务作为地方事权。中央和地方按照事权划分相应承担和分担支出责任。中央可通过安排转移支付将部分事权支出责任委托地方承担。对于跨区域且对其他地区影响较大的公共服务,中央通过转移支付承担一部分地方事权支出责任。保持现有中央和地方财力格局总体稳定,结合税制改革,考虑税种属性,进一步理顺中央和地方收入划分。
2014 年 8 月 31 日	中华人民共和国预算法(新修订)	第十五条国家实行中央和地方分税制。
2015 年 8 月	中华人民共和国地方各级人民代表大会和地方各级人民政府组织法	县级以上的地方各级人民政府执行国民经济和社会发展计划、预算,管理本行政区域内的经济、教育、科学、文化、卫生、体育事业、环境和资源保护、城乡建设事业和财政、民政、公安、民族事务、司法行政、监察、计划生育等行政工作。乡、民族乡、镇的人民政府执行本行政区域内的经济和社会发展计划、预算,管理本行政区域内的经济、教育、科学、文化、卫生、体育事业和财政、民政、公安、司法行政、计划生育等行政工作。

（续表）

时间	法律法规或相关文件	内　容
2016年 8月16日	国务院关于 推进中央与地方财政事权 和支出责任划分改革的 指导意见	一是推进中央与地方财政事权划分：适度加强中央的财政事权；保障地方履行财政事权；减少并规范中央与地方共同财政事权；建立财政事权划分动态调整机制。二是中央的财政事权由中央承担支出责任；地方的财政事权由地方承担支出责任；中央与地方共同财政事权区分情况划分支出责任。三是加快省以下财政事权和支出责任划分：省级政府要参照中央做法，结合当地实际，按照财政事权划分原则合理确定省以下政府间财政事权。将部分适宜由更高一级政府承担的基本公共服务职能上移，明确省级政府在保持区域内经济社会稳定、促进经济协调发展、推进区域内基本公共服务均等化等方面的职责。将有关居民生活、社会治安、城乡建设、公共设施管理等适宜由基层政府发挥信息、管理优势的基本公共服务职能下移，强化基层政府贯彻执行国家政策和上级政府政策的责任。省级政府要根据省以下财政事权划分、财政体制及基层政府财力状况，合理确定省以下各级政府的支出责任，避免将过多支出责任交给基层政府承担。
2018年 1月	基本公共服务领域 中央与地方共同财政 事权和支出责任划分 改革方案	一是明确基本公共服务领域中央与地方共同财政事权范围：将涉及人民群众基本生活和发展需要、现有管理体制和政策比较清晰、由中央与地方共同承担支出责任、以人员或家庭为补助对象或分配依据、需要优先和重点保障的主要基本公共服务事项，首先纳入中央与地方共同财政事权范围，目前暂定为八大类18项。二是制定基本公共服务保障国家基础标准。三是规范基本公共服务领域中央与地方共同财政事权的支出责任分担方式。四是调整完善转移支付制度。五是推进省以下支出责任划分改革。

资料来源：根据财政部网站提供的信息整理汇编。

（三）原因分析

1.行政性分权的约束。

总的来看，目前的政府间事权划分仍是"上下一般粗"。由政府承担的职能基本上是上下对口，上面出政策，下面对口执行，最终都是压到基层政府，即所谓"上面千根线，基层一根针"。这种局面与政府职能划分的行政性分权传统密切相关。

长期以来，我国一直实行行政性分权。在这一框架之下，中央和地方的事权自然不可能清晰。这种行政性分权，在计划经济时期，尤其是"文化大革命"时期达到顶峰。首先是政府、企业、公民的职能混杂。以基层为例，乡改为人民公社，"工农兵学商"，即公共服务和生产消费事务统到人民公社。要求社员也要亦工、亦农、亦兵。与之相适应，政府各层级的职能（事权）是相同的，只有地域范围的差别，表现为国家掌握的各种资源层层分解。党的十一届三中全会以后，中国开始了经济体制改革。当时理论界和市级部门的负责人对传统体制下企业没有自主权，特别是对中央统得过死等问题的看法是比较一致的。普遍认为应当通过改革下放权力，逐步把中央管的企业交给地方管，把中央统一掌握的资源分配权下放到地方。按照这样的事权划分，体制改革的突破口选择了与各方面经济利益关系最为密切的财政体制。1980 年，首先进行了财政"分灶吃饭"的改革，将原来的一口"大锅"，改为中央财政和全国各省、自治区、直辖市财政数十口"小锅"，并在全国逐步实行了各种形式的企业利润留成制度。随后分步改革了计划、投资和物价管理体制，以及物价、信贷和外汇的分配体制，这些改革同财政体制改革一样，基本上维持了行政隶属原则。

在改革初始阶段，行政性分权是不可避免的，但绝不意味着可以将它作为改革的长期目标模式。经济活动的实践告诉我们，行政性分权无论是对实现当时的经济增长，还是进一步深入改革，都在不同程度上产生着一定的消极影响和妨碍作用。行政性分权也是一种体制，地方与中央一样，承担着大体相同的职责：既要安排生产、控制商品物资分配，又要管理工业建设投资、干预资金分配，同时还要掌握外汇使用、组织外贸活动等。与行政性分权相适应的"分灶吃饭"财政体制，从财力分配上支持并强化着这种运行机制。经济生活中些原有的弊端尚未完全克服，又增添了许多新的矛盾，行政行为和企业生产经营活动中产生种种日益突出的问题。

1988 年，行政性分权进一步形成五大包干，即企业、财政、外贸、投资、信贷划块包干。1993 年，价格、财政、税收、外汇、外贸、投资、金融全面改革，终止了这种恶性循环。企业和市场的职能归位了，政府应承担的职责凸显了，只是尚未在事权上作明确划分。1994 年分税制改革时关于事权划分的表述很多都是含混不清的。例如，在基础设施建设方面，只明确中央承担中央统筹的基建投资，地方承担地方统筹的基建投资,可两者之间究竟如何划分,基本没有可操作性,而这恰恰是政府间事权及支出责任划分上最应当厘清的问题。不过,分税制改革时这样做也是迫不得已,当时要在很短的时间内建立市场经济的基本框架,为建立公共财政打基础,改革主要集中在税制、税收征管、中央与地方财力分配方面。

2.政府与市场边界较为模糊。

政府间职能转变的步伐决定着政府间财政关系完善的空间。目前我国政府与市场边界仍然较为模糊的现状,影响了我国政府间财政关系的进一步完善。对市场和政府孰好孰坏的争论由来已久,见仁见智。但有点是共同的,即普遍认为政府和市场各有其适用领域。简单地说政府好还是市场好是无意义的,问题的关键在于合理界定政府与市场的边界。一般来说,市场是配置资源的较好方式,只有当市场明显失灵、政府提供产品和服务更有效时,政府才可以进行干预与管制。市场失灵的情形主要包括信息不对称、外部性、公共产品(本质上是正外部性问题)、收入公平、垄断、经济波动等。当然,市场失灵并不意味着政府可以做得更好,因为政府也会失灵。

党的十四大明确提出建立社会主义市场经济体制,十四大报告也对政府和市场的关系有着明确论述:"通过价格杠杆和竞争机制的功能,把资源配置到效益较好的环节中去,并给企业以压力和动力,实现优胜劣汰""转换国有企业特别是大中型企业的经营机制,把企业推向市场,增强它们的活力,提高它们的素质""通过理顺产权关系,实行政企分开,落实企业自主权,使企业真正成为自主经营、自负盈亏、自我发展、自我约束的法人实体和市场竞争主体""政府的职能主要是统筹规划、掌握政策、信息引导、组织协调、提供服务和检查监督"。

对照上述标准,可以发现我国当前还没有完全实现党的十四大提出的改革目标,直接表现是政府职责"越位"与"缺位"的问题同时存在,越位问题更显突出。

政府"越位"表现在:第一,价格管制和干预仍然存在。面对通货膨胀压力,往往启用行政手段干预价格,结果却事与愿违。第二,一些适合竞争的行业实行垄断经营,或者设置过高的行业门槛。例如,石油化工等行业,还没有实现充分竞争。第三,政府负责提供公共产品的部门较多,没有充分发挥市场主体的参与作用,如教育、卫生、住房的供给等方面都有体现。第四,政府制定政策还难以采用市场导向化的方式,必然影响政策效果。例如,房地产调控采用行政干预个人权利的方式;家电下乡补贴、能繁母猪补助等,部分企业和消费者的确会一时受益,但又会造成不必要的生产波动,而且增加了行政成本,容易形成不公平。

政府"缺位"主要体现在市场失灵的领域,政府作用发挥不够。具体表现为政府监管不到位和公共产品提供不足。例如,在食品药品安全领域,由于信息不对称,消费者难以凭借自身知识辨别真伪,虽然长期来看,不诚信企业终会被市场淘汰,但是一旦出现问题容易造成严重后果,且事后救济成本过高,公众难以容忍。所以,各国政府都对食品药品安全进行严格监管。但是,近年来,我国食品药品安全问题比较突出,社会反映强烈。公共产品的提供方面,社会保障明显不足。再如,贫富差距是市场失灵的表现,政府应适当干预。

3.宪法的约束。

从其他国家的经验看,调整中央地方事权划分的基础应当是宪法。按照宪法规定,目前我国的中央和地方事权划分以及改革的授权具有如下几个特点:(1)各级政府职能覆盖范围相同,上下对口,只是管辖区域不同。(2)双向负责,各级行政机关的最高领导是国务院,各级政府同时向同级人大和上一级行政机关负责并报告工作。(3)国务院获得对省级行政机构职能调整和改变各级行政机构的不适当决定的授权。(4)地方各级政权机关保证宪法、法律、行政法规的遵守和执行。国务院的行政法规高于各地政权机关的地方性法规。但对优先权的适用领域未作限定,这就为中央政府任意干预地方事务留下余地。(5)中央和地方国家机构职权的划分,遵循在中央的统一领导下,充分发挥地方的主动性、积极性。综上所述,宪法对各级政府的事权划分只做了模糊性表述,未作出系统和明晰的规定。

4.路径依赖的约束。

各国政府间财政关系的形成都有特定的历史原因,我国也不例外。改革开放以来,我国的改革大体有以下两个路径:一是危机推动改革。过去40年来,改革往往是危机"倒逼"的。粮食不够吃,于是有了家庭联产承包责任制;中央财政没钱花,于是有了分税制;农村乱摊派、乱集资导致社会不稳定,于是有了农村税费改革;国有企业亏损严重,于是有了"抓大放小";地区间差距日益扩大,地方保护主义盛行,于是有了企业所得税分享改革。二是渐进式改革。所谓"渐进式改革",

是指利用已有组织资源,在基本不触动既得利益的前提下,实行增量改革。分税制改革为保证地方既得利益,实行了增值税、消费税返还制度;所得税分享改革时,出台了所得税基数返还;成品油税费改革时中央财政对各地因取消"六费"减少的收入给予定额返还。这些都是渐进改革的典型产物。这种基于危机推动改革和渐进式改革的路径依赖,推动并保证了改革的顺利实施,但也不可避免地带来了改革效率降低、无法一步到位的问题,一些早就提到议事日程的改革没有实施。

此外,还有传统文化的影响。中国几千年来就是封疆大吏体制,当地的首长管理地方辖区内的一切事务,对朝廷负责,然后朝廷再派刺史进行监督。现在的很多说法也反映了这个现实,如"为官一任,造福一方"。现行的体制也正是在传统文化影响下形成的,因此调整或改变这种体制还需要考虑这种文化特征。

三、改革思路

(一)总体思路:建立权责清晰、财力协调、区域均衡的中央和地方财政关系

党的十九大已经明确提出"建立权责清晰、财力协调、区域均衡的中央和地方财政关系"的要求。"权责清晰、财力协调、区域均衡",这12个字的内涵十分丰富。科学规范的中央和地方财政关系必须具有清晰的财政事权和支出责任划分、合理的财力配置和明确的目标导向,事关区域均衡发展和国家长治久安。当前和今后一个时期中央和地方财政关系的构建,权责清晰是前提,财力协调是保障,区域均衡是方向。要科学界定各级财政事权和支出责任,形成中央与地方合理的财力格局,在充分考虑地区间支出成本因素的基础上将常住人口人均财政支出差异控制在合理区间,加快推进基本公共服务均等化。

权责清晰,就是要形成中央领导、合理授权、依法规范、运转高效的财政事权和支出责任划分模式。在处理好政府和市场关系的基础上,按照体现基本公共服务受益范围、兼顾政府职能和行政效率、实现权责利相统一、激励地方政府主动作为等原则,加强与相关领域改革的协同,合理划分各领域中央与地方财政事权和支出责任,成熟一个、出台一个,逐步到位。及时总结改革成果和经验,适时制定修订相关法律、行政法规。同时,合理划分省以下各级政府财政事权和支出责任,适合哪一级政府处理的事务就交由哪一级政府办理并承担相应的支出责任,省级政府要加强统筹。

财力协调，就是要形成中央与地方合理的财力格局，为各级政府履行财政事权和支出责任提供有力保障。结合财政事权和支出责任划分、税收制度改革和税收政策调整，考虑税种属性，在保持中央和地方财力格局总体稳定的前提下，科学确定共享税中央和地方分享方式及比例，适当增加地方税种，形成以共享税为主、专享税为辅，共享税分享合理、专享税划分科学的具有中国特色的中央和地方收入划分体系。因地制宜、合理规范划分省以下政府间收入。同时，继续优化转移支付制度，扩大一般性转移支付规模，建立健全专项转移支付定期评估和退出机制，研究构建综合支持平台，加强转移支付对中央重大决策部署的保障。

区域均衡，就是要着力增强财政困难地区兜底能力，稳步提升区域间基本公共服务均等化水平。从人民群众最关心、最直接、最现实的主要基本公共服务事项入手，兼顾需要和可能，合理制定基本公共服务保障基础标准，并适时调整完善。根据东中西部地区财力差异状况、各项基本公共服务的属性，规范基本公共服务共同财政事权的支出责任分担方式。按照坚决兜住底线的要求，及时调整完善中央对地方一般性转移支付办法，提升转移支付促进基本公共服务均等化效果。省级政府要通过调整收入划分、加大转移支付力度，增强省以下政府基本公共服务保障能力。

(二)改革的具体思路

1.合理界定政府与市场的边界，为进一步完善政府间财政关系奠定基础。

总体来看，中国经济和社会发展不平衡，经济发展比较快，而公共产品的提供还比较薄弱，这方面我们要补课。我们必须要分清楚市场和政府的作用，两者的边界在什么地方，合理界定政府与市场的分工，发挥市场在资源配置领域中的决定性作用，改变当前政府职能"越位"与"缺位"并存的现象。

2.推进中央与地方财政事权划分。

按照"体现基本公共服务受益范围"和"支出责任与财政事权相适应"的原则，确定各级政府支出责任。对属于中央并由中央组织实施的财政事权，原则上由中央承担支出责任；对属于地方并由地方组织实施的财政事权，原则上由地方承担支出责任；对属于中央与地方共同财政事权，根据基本公共服务的受益范围、影响程度，区分情况确定中央和地方的支出责任以及承担方式。

3.完善中央与地方支出责任划分。

按照"权责利相统一"的原则,在中央统一领导下,适宜由中央承担的财政事权执行权要上划,加强中央的财政事权执行能力;适宜由地方承担的财政事权决策权要下放,减少中央部门代地方决策事项,保证地方有效管理区域内事务。要明确共同财政事权中央与地方各自承担的职责,将财政事权履行涉及的战略规划、政策决定、执行实施、监督评价等各环节在中央与地方间作出合理安排,做到财政事权履行权责明确和全过程覆盖。

4.明确界定政府间支出责任,合理划分支出范围。

政府间财政支出责任的界定及划分,是政府间分税和建立政府间转移支付制度的基础。各级政府承担的职责和事权的大小,决定了政府支出责任和范围的大小。政府财政支出的安排,应当以政府承担的职责和事权为限。

5.适度调整政府间的收入划分。

从国际比较来看,当前我国中央政府财力集中度并不高。在以调整事权和支出责任划分为改革基本方向的前提下,仍然需要进行税制改革以及对收入划分进行必要的调整。一方面,这是完善政府与市场关系的重要内容;另一方面,事权和支出责任调整后,收入划分也需要作相应调整,以保障各级政府的财力需求。

6.进一步整合完善税收征管体制。

我国从1994年实行分税制财政管理体制改革以来,建立了分设国税、地税两套税务机构的征管体制,20多年来取得了显著成效,为调动中央和地方两个积极性、建立和完善社会主义市场经济体制发挥了重要作用。但与经济社会发展、推进国家治理体系和治理能力现代化的要求相比,我国税收征管体制还存在职责不够清晰、执法不够统一、办税不够便利、管理不够科学、组织不够完善、环境不够优化等问题,必须加以改革完善。为落实《中共中央关于全面深化改革若干重大问题的决定》及深化财税体制改革总体方案的有关要求,深化国税、地税征管体制改革,国务院于2015年12月制定并发布了《深化国税、地税征管体制改革方案》。为进一步理顺和完善税收征管体制指明的方向,明确了任务。

7.加快推进省以下财政事权和支出责任划分改革。

中国是个拥有五级政府的大国,规范政府间财政关系不能仅仅停留在中央与省这一层面,还要深入到省以下各级政府。省级政府要参照中央做法,结合当地实际,按照财政事权划分原则合理确定省以下政府间财政事权。将部分适宜由更高一级政府承担的基本公共服务职能上移,明确省级政府在保持区域内经济社会稳定、促进经济协调发展、推进区域内基本公共服务均等化等方面的职责。将有关居民生活、社会治安、城乡建设、公共设施管理等适宜由基层政府发挥信息、管理优势的基本公共服务职能下移,强化基层政府贯彻执行国家政策和上级政府政策的责任。

第四节　我国的转移支付制度

一、政府间转移支付的必要性

政府间的财政转移支付实质上是存在于政府间的一种再分配形式。它是以各级政府之间所存在的财政能力差距为基础,以实现各地公共服务水平的均等化为主旨而实行的一种财政资金转移或财政平衡制度。由于各级政府的事权划分和收入划分不可能做到完全一致,因此就会普遍存在政府财政收入能力与其支出责任不对称的情况。从理论上讲,既可能存在中央政府对地方政府的补助,也可能存在地方政府对中央政府的补助。但在现实中,为了保证全国市场的统一和税收征管的效率,尽量减少税收对市场机制的扭曲,具有全局性的重要税种往往集中于中央政府手中。而随着经济的发展,多样化的地方性公共产品在公共产品中的比重不断上升,地方政府在资源配置方面的职能也在不断加强,因此,地方政府的事权大于财权是一种普遍存在的情况。这样,转移支付制度基本上在各国都表现为中央政府向地方政府单方面财政资金的转移。具体来说,转移支付的必要性主要表现在以下几个方面:

（一）矫正地方政府提供公共产品过程中可能出现的行为扭曲

由于地方政府在资源配置方面的优势,受益范围具有区域性的公共产品由地方政府供给有利于提高效率。但是这些区域性的公共产品往往具有外部性,其受益范围不可能正好被限定在其管辖的区域范围内。当存在外部效应时,公共产品的供给就会发生扭曲。比如,在存在正的外部效应时,地方政府从本地利益出发,可能会高估公共产品的成本,低估其整体利益,因而造成公共产品的供给不足。这种扭曲不仅影响着地方性公共产品的有效供给,也不利于地区间经济关系的协调。因此,中央政府有必要通过转移支付,给予地方政府一定的补助,这样就可以适当调节具有外部性的公共产品的供给,优化资源配置。

（二）政府间的财政转移支付可以弥补税收划分的缺陷

在实行分税制的情况下,中央政府与地方政府之间的税收划分不可能完全实现公平与效率的结合,中央与地方之间财力划分的缺陷需要由中央财政采取措施加以调整。政府间的财政转移支付是弥补税收划分缺陷的一个重要手段。

（三）政府间的财政转移支付是实现横向均衡的重要手段

一个国家内不同地区间的经济发展程度往往存在着很大差异,而这种差异在财政上的表现就是:发达地区财政收入充裕,因而公共设施和服务较为完善;而落后地区的财政状况拮据,甚至不能提供基本的公共服务,同时落后地区往往需要提供比发达地区更多的公共基础设施支出。这种地区间的财政收入能力与财政支出需要之间的不均衡,被称为"横向财政失衡"。与落后地区相比,发达地区财政资金的边际效用要低很多,因此中央政府从整体利益出发采取转移支付的方法,可以在地区间进行预算调剂,扶持落后地区的发展,提高财政资金的边际使用效率,实现财政横向均衡的目标。

（四）政府间的财政转移支付也是实现纵向均衡的重要手段

当某一级政府面临赤字,而其他级次的政府却出现盈余时,就意味着存在着纵向财政失衡。如前所述,一般而言,纵向财政失衡主要表现为地方政府的事权大于财权形成赤字,中央对地方的转移支付可以体现中央政府的宏观调控意图,实现各级政府之间财政的纵向均衡。

二、政府间转移支付的重要作用

政府间转移支付是政府的社会福利等支出，如教育卫生、社会保障、失业救助和各种补贴等方面的支出。转移支付是财政进行再分配的种重要形式，它对促进社会公平具有直接调节作用，完善的转移支付制度是改善收入分配不公的重要途径。

(一) 通过对贫困地区和贫困人口进行财政补贴来改善收入分配状况

由于转移支付直接流入低收入地区和低收入家庭，所以它在公平收入分配方面具有很强的直接调节作用。转移支付政策的调整和实施，会增加贫困人口的收入，均衡地区间的收入差距，对改变收入分配不公程度，缩小收入差距具有明显作用。

(二) 不同类型的转移支付对公平分配的作用力度不同

各类社会保险支出体现了个人收入自我平衡，而财政对社会保险的"保底"支出提高了领受人的收入水平。财政补贴支出中对每一个社会成员的现金补贴，类似于社会福利支出，会放大低收入者的收入效应。

财政对粮食生产的直接补贴可以直接增加农民收入，使农民收入水平提高，从而有助于缩小城乡差距。

(三) 政府间转移支付既有利于缩小地区间收入差距，又有助于实现公共服务均等化

公共服务均等化不可能通过市场形成，需要通过政府转移支付来实现。由于政府间财力分配的纵向不均衡，必然要求上级政府动用资源帮助困难的下级政府和相应的地区；又由于地区间财力分配的横向不均衡，需要政府通过转移支付，保证经济社会发展水平相对较低或支出成本较高地区的政府具有为本地居民提供与其他地区相同的公共服务的能力。

需要注意的是，转移支付在操作上有着明确的政策选择性，因而，政府在进行转移支付时应该避免对接受者可能造成的负激励。如果低收入者总是能够不劳而获得到政府的补贴，他们便可能无动力提高自食其力的能力。也就是说，转移支付的原则应该是"授人以渔"而非"授人以鱼"。

三、各国政府间转移支付政策的实践与共性

世界各国的分税制在分税后均由中央政府对地方政府实行转移支付。由于各国国情不同,因此转移支付的方式与内容也不尽相同,同时又包含着某些共同之处。

(一)美国的转移支付制度

美国早在19世纪初就存在联邦政府向州和地方政府的转移支付制度。当时所采取的形式有两种:一是将联邦预算结余补助给州和地方政府,二是对土地的开发和使用给予补贴。受当时条件的限制,补助主要是为了调剂联邦、州和地方之间资金的余缺,转移支付尚不足以成为体现联邦政府政策意图的有效手段。20世纪30年代经济大危机后,政府强化了宏观调控政策,包括运用转移支付手段来对州和地方政府进行经济干预。二战后的几十年来,转移支付总额呈现跳跃式增长态势,相对数也大大增加,成为联邦支出的重要组成部分,也成为州与地方财政收入的支柱之一。

就形式而言,美国联邦政府的转移支付可分为三种:具体用途的转移支付,宽范围用途的转移支付和一般性转移支付。对于前两项转移支付,联邦政府有时要求州和地方政府拿出必要的配套资金,主要用于环境保护、能源、社会保障、交通、卫生、教育等项目上。这两种转移支付不仅规定了资金的大致或具体用途,同时还规定了拨款年度和使用期限等具体要求,州和地方政府财政需要按照规定向联邦财政提供有关转移支付计划执行情况的书面报告。一般性转移支付,也称"收入分享",按规定,所有的州和地方政府都有资格得到这种转移支付,并主要按照自己的意图支配和使用这种转移支付资金。从结构上看,在20世纪80年代中期,规定了具体用途的转移支付占联邦总转移支付的80%,宽范围用途的转移支付约占13%,而一般性转移支付约占总转移支付的7%左右。可见,联邦政府注重转移支付所要达到的政策性目的,力图运用转移支付来提高地方政府提供某一或某几项公共产品的能力。

(二)日本的转移支付制度

日本是一个中央财政集中度较高的国家,同时存在着"大地方政府"。在这种情况下,中央政府对地方政府进行了大量的转移支付。日本的转移支付不仅规模

大，而且制度也较为完善，其转移支付基本上由国家让与税、国家下拨税和国库支出金这3项内容所组成。

国家让与税是由中央集中征收某些税种，然后再按定的标准将收入分解拨给地方政府作为它们财政收入的一部分。目前，属于这类税的税种有：地方道路税、汽车吨位税、液化气石油税航空燃料税、特别吨位税。国家在把这些税下拨或返还给地方政府时，比较注重资金的用途。

国家下拨税是一种以平衡各地方财力为主要宗旨的转移支付。国家把国税中的所得税、法人税、酒税和消费税的一部分下拨给地方政府，但既不规定款项的专门用途，也不附加其他条件，它在调剂地区间差异方面起到了重要作用。

国库支出金是集规定用途和附加条件为体的转移支付形式，它在体现中央政府的政策意图方面具有一定功效。国库支出金又分为三种类型：一是国库负担金，当地方政府兴办关系到整个国家利益的项目时，由中央政府给予这种转移支付；二是国库委托金，当中央政府把本属于自身的事务委托给地方承办时，中央政府给予地方这种转移支付；三是国库补助金，一般为中央政府出于宏观调控和均衡发展的考虑而下拨给地方政府的财政补助。

(三)澳大利亚的转移支付制度

澳大利亚地广人稀，各州在自然资源、人口密度、经济结构等方面的差异很大，但人均收入水平的地区差异并不悬殊，这主要得益于政府的转移支付制度。澳大利亚的转移支付分为两类：一类是一般性转移支付，另一类是专项转移支付。前者用于实现各地财政支出和公共产品与服务的均等化，后者则用于特殊用途。由于各州在经济、人口、自然条件等方面的巨大差异，所以实现财政均等化的一般性转移支付占有很重要的地位。而庞大的财政均等化计划无疑需要有较高的中央财政集中度才能够得以维持，为此澳大利亚将收入最多的个人所得税划归联邦政府独家征收，再加上其他各种税收，使得联邦政府财政收入占到全国财政收入的70%以上。

(四)共性与启示

从世界各国的转移支付制度中，我们可以看到如下特点：

第一，转移支付制度的公式化和规范化。从各国的实际情况来看，尽管转移支付的数额巨大、对象众多、结构复杂,但在实施中都是有章可循的。不仅转移支付的过程做到了程序化,而且支付数额的确定也实现了公式化,从而减少了转移支付中的随意性和盲目性,使转移支付的透明度得到了加强,不存在讨价还价的现象。转移支付制度有健全的法律体系加以保证,减少了人为因素的干扰和影响。

第二,转移支付制度具有一定的弹性和灵活性。在公式化和规范化的前提下,各国转移支付的形式、结构和额度也不是一成不变的,而是依据情况的发展变化加以相应的调整。适时调整转移支付制度,不仅使转移支付制度更符合现实需要,也增强了中央政府宏观调控的弹性和力度,为保持合理的中央财政支出结构创造了条件。

第三,资金的投向多以公共基础设施为主。在协调地区政策、调剂收入差距方面,中央政府主要采取帮助收入较低的地方修建基础设施的做法,使各地居民均可以享受到同样或相近水平的公共产品和服务,而不是把款项用到企业和生产经营领域。可以认为,通过转移支付实现公共产品和服务的均等化是转移支付的主要目的和意义。

第四,在运用多种转移支付方式同时,确定一种主要类型的转移支付方式。在大多数国家的转移支付制度中,都不仅仅是使用一种形式的补助,而是根据不同的情况,综合运用规定用途和不规定用途、附加条件和不附加条件的转移支付方式,但是在这些转移支付形式中,一般都有一种主要的形式。当政府出于平衡各地区财政收入水平差异这种动机时,会以无条件的转移支付为主;而如果中央政府是为了增强某种公共产品的供给能力,则会采取规定用途、附加条件的转移支付方式。

四、我国目前的转移支付制度

转移支付的基本目标是促进地区间基本公共服务水平的均等化,客观上要求对各地区的财政能力和财政需要之间的差距进行调整,运用财政转移支付贯彻国家的政策意图。

自1994年实行分税制财政管理体制以来,我国逐步建立了符合社会主义市场经济体制基本要求的财政转移支付制度。中央财政集中的财力主要用于增加对地方特别是中西部地区的转移支付,这有力促进了地区间基本公共服务的均等化,推动了国家宏观调控目标的贯彻落实,保障和改善了民生,支持了经济社会持续健康发展。

(一)转移支付制度应遵循的原则

规范的转移支付制度应遵循三项原则：

1.公平原则。

转移支付制度本身以保证各级预算具有大体均衡的公共服务水平为首要目标,应体现公平优先原则。补助拨款数不是根据实际收支确定的,而是根据相关的影响因素及其影响程度计算各地的标准支出和标准收入,以两者之差即财政缺口作为确定补助金的依据。影响因素的选取,影响程度的测定,计算公式的设计,都要坚持公平和透明,不受人为因素的干扰。

2.效率原则。

公平优先又要兼顾效率,奖励各地增收节支,健全财政管理,努力提高自给率,抑制非正常的"寻租"行为。影响因素不宜过多,计算公式不宜过繁,既简明且易操作。拨款机制使各地具有预见性,减少不确定性。

3.法治化原则。

补助机制一旦确定,以法律形式固定下来,以法律为依据,严禁人为干预。我国目前的转移支付采取的是一般性转移支付与专项转移支付相结合的办法。前者旨在均衡地区间财力差距,推动地区间基本公共服务均等化,后者侧重解决外部性问题,实施中央特定政策目标。当中央出于平衡各地区财政收入水平差异的目的时,一般采取一般性转移支付;当转移支付是为了贯彻中央政府的特定政策意图,或确保地方政府能够提供最低标准的公共服务水平时,则采取专项转移支付。

(二)我国财政转移支付体系

1994年开始形成的财政转移支付体系,是由体制补助与体制上解、中央对地方的税收返还、中央对地方财政的专项补助以及中央与地方财政年终结算补助、其他补助等几种形式构成的。

实行分税制后,财政包干制下实行的体制补助、体制上解、专项补助、专项上解、结算补助及其他补助得到基本保留。同时,增加了中央对地方的税收返还。

税收返还是为了保证地方的既得利益,中央把在1993年按新体制计算的净增加的收入全部返还给地方。分税制后对原体制中央补助、地方上解以及有关结算事项也作出了相应的规定。实行分税制以后,原体制中央对地方的补助继续按规定补助。原体制地方上解仍按不同类型执行:实行递增上解的地区,按规定继续递增上解;实行定额上解的地区,按原确定的上解额,继续定额上解;实行总额分成的地区和原分税制试点地区,暂按递增上解办法。原来中央拨给地方的各项专款,该下拨的继续下拨。地方1993年承担的20%部分出口退税及其他年度结算的上解和补助项目相抵后,确定一个数额,作为一般上解或一般补助处理,以后年度按此定额结算。

1994年的转移支付办法承认了既得利益,显得不够规范。1995年过渡期转移支付办法出台。这个办法是在不触动地方既得利益的条件下,由中央财政安排一部分资金,按照相对规范的办法,解决地方财政运行中的主要矛盾,并体现向民族地区倾斜的政策。它是按照影响财政支出的因素,核定各地的标准支出数额,并考虑财力水平与收入努力程度,计算各地的财力缺口,作为确定转移支付的依据。标准支出的核定,主要采用分类因素计算的方法,将财政支出分为人员经费、公用经费、专项支出和其他支出四个部分,根据不同类别财政支出的特点、影响因素和相关制度状况,分别采用不同的办法。凡是国家明确规定支出标准和开支范围的,一律按国家制度的有关规定核定各地的标准支出;对国家没有颁布支出标准的项目,运用多元回归方法,建立标准支出模型。为了既贯彻公正、规范的原则,同时又能将有限的财力首先用于解决最紧迫的问题,还针对民族地区的财力状况,建立了对民族地区的政策性转移支付。

1996年和1997年,"过渡期转移支付办法"进一步规范化。改进了客观性转移支付的计算办法,以"标准收入"替代"财力"因素。标准收入的测算方法尽可能向"经济税基×平均有效税率"的规范做法靠近。

1998年,在保持过渡期转移支付办法总体框架的情况下,标准化收支的测算面进步扩大,并针对财政数据口径的变化,对部分项目的测算方法进行了改进。标准收支测算结构日趋合理。但必须指出的是,转移支付办法的改进所起的作用是有限的,因为它是在不放弃基本的"基数法"前提下进行的。

2002年开始,原来的过渡期转移支付概念不再沿用,而代之以一般性转移支付。

2009年,中央对地方的财政转移支付形式作了新的调整和归并。中央对地方的财政转移支付包括税收返还、一般性转移支付(由原财力性转移支付更名而来,原一般性转移支付更名为均衡性转移支付,作为一般性转移支付的一个种类)和专项转移支付。

2014年12月,国务院出台《国务院关于改革和完善中央对地方转移支付制度的意见》(国发〔2014〕71号),进一步明确中央对地方的财政转移支付制度主要是以均衡地区间基本财力、由地方政府统筹安排使用的一般性转移支付为主体,一般性转移支付和专项转移支付相结合的制度安排。近年来,中央财政常将因制度调整的新增收入用于补助中西部地区和财政困难地区,促进了地区间公共服务的均等化。但是,转移支付的基本格局尚未发生重大改变。

延伸阅读:

一、安徽省推进财政事权与支出责任划分改革的基本思路与具体举措

(一)基本思路

2018年,以省政府办公厅名义出台贯彻落实基本公共服务领域共同财政事权改革划分中央、省级与市以下支出责任实施方案,力争到2020年,逐步建立起权责清晰、财力协调、标准合理、保障有力的基本公共服务制度体系和保障机制。方案自2019年1月1日起实施。

(二)具体举措

一是明确改革目标。科学界定省以下权责,确定基本公共服务领域共同财政事权范围,落实基本公共服务保障国家基础标准,规范省以下支出责任分担方式,加大基本公共服务投入,加快推进基本公共服务均等化。根据各项基本公共服务事项的重要性、受益范围和均等化程度等因素,结合省以下财政体制,合理划分省以下各级政府的支出责任,加强省级统筹,适当增加和上移省级支出责任。

二是明确改革内容。明确基本公共服务领域中央、省级与市以下共同财政事权范围,落实基本公共服务保障国家基础标准,规范基本公共服务领域中央、省级与市以下共同财政事权的支出责任分担方式,调整完善转移支付制度,落实市以下

支出责任等。

三是明确改革责任。省级财政在落实省级承担的支出责任、做好资金保障的同时,切实加强对市县财政履行支出责任的指导和监督。省有关部门按照要求积极推动相关基本公共服务领域管理体制改革,调整完善制度政策,指导和督促市县落实相关服务标准。市县财政确保承担的支出责任落实到位。各地、各有关部门加强对基本公共服务事项基础标准落实、基础数据真实性、资金管理使用规范性、服务便利可及性等方面的监督检查,保证支出责任落实。按照"谁使用、谁负责"的原则,对基本公共服务项目全面实施绩效管理,不断提高资金使用效益和基本公共服务质量。

二、《基本公共服务领域中央与地方共同财政事权和支出责任划分改革方案》主要内容

(一)明确基本公共服务领域中央与地方共同财政事权范围

根据《国务院关于推进中央与地方财政事权和支出责任划分改革的指导意见》(国发〔2016〕49号),结合《国务院关于印发"十三五"推进基本公共服务均等化规划的通知》(国发〔2017〕9号),将涉及人民群众基本生活和发展需要、现有管理体制和政策比较清晰、由中央与地方共同承担支出责任、以人员或家庭为补助对象或分配依据、需要优先和重点保障的主要基本公共服务事项,首先纳入中央与地方共同财政事权范围,目前暂定为八大类18项:一是义务教育,包括公用经费保障、免费提供教科书、家庭经济困难学生生活补助、贫困地区学生营养膳食补助4项;二是学生资助,包括中等职业教育国家助学金、中等职业教育免学费补助、普通高中教育国家助学金、普通高中教育免学杂费补助4项;三是基本就业服务,包括基本公共就业服务1项;四是基本养老保险,包括城乡居民基本养老保险补助1项;五是基本医疗保障,包括城乡居民基本医疗保险补助、医疗救助2项;六是基本卫生计生,包括基本公共卫生服务、计划生育扶助保障2项;七是基本生活救助,包括困难群众救助、受灾人员救助、残疾人服务3项;八是基本住房保障,包括城乡保障性安居工程1项。

已在国发〔2016〕49号和国发〔2017〕9号文件中明确但暂未纳入上述范围的

基本公共文化服务等事项，在分领域中央与地方财政事权和支出责任划分改革中，根据事权属性分别明确为中央财政事权、地方财政事权或中央与地方共同财政事权。基本公共服务领域共同财政事权范围，随着经济社会发展和相关领域管理体制改革相应进行调整。

(二)制定基本公共服务保障国家基础标准

国家基础标准由中央制定和调整，要保障人民群众基本生活和发展需要，兼顾财力可能，并根据经济社会发展逐步提高，所需资金按中央确定的支出责任分担方式负担。参照现行财政保障或中央补助标准，制定义务教育公用经费保障、免费提供教科书、家庭经济困难学生生活补助、贫困地区学生营养膳食补助、中等职业教育国家助学金、城乡居民基本养老保险补助、城乡居民基本医疗保险补助、基本公共卫生服务、计划生育扶助保障9项基本公共服务保障的国家基础标准。地方在确保国家基础标准落实到位的前提下，因地制宜制定高于国家基础标准的地区标准，应事先按程序报上级备案后执行，高出部分所需资金自行负担。对困难群众救助等其余9项不易或暂不具备条件制定国家基础标准的事项，地方可结合实际制定地区标准，待具备条件后，由中央制定国家基础标准。法律法规或党中央、国务院另有规定的，从其规定。

(三)规范基本公共服务领域中央与地方共同财政事权的支出责任分担方式

根据地区经济社会发展总体格局、各项基本公共服务的不同属性以及财力实际状况，基本公共服务领域中央与地方共同财政事权的支出责任主要实行中央与地方按比例分担，并保持基本稳定。具体明确和规范如下：

一是中等职业教育国家助学金、中等职业教育免学费补助、普通高中教育国家助学金、普通高中教育免学杂费补助、城乡居民基本医疗保险补助、基本公共卫生服务、计划生育扶助保障7个事项，实行中央分档分担办法：第一档包括内蒙古、广西、重庆、四川、贵州、云南、西藏、陕西、甘肃、青海、宁夏、新疆12个省(区、市)，中央分担80%；第二档包括河北、山西、吉林、黑龙江、安徽、江西、河南、湖北、湖南、海南10个省，中央分担60%；第三档包括辽宁、福建、山东3个省，中央分担50%；第四档包括天津、江苏、浙江、广东4个省(市)和大连、宁波、厦门、青岛、深圳5个计划单列市，中央分担30%；第五档包括北京、上海2个直辖市，中央分担10%。按照保持现有中央与地方财力格局总体稳定的原则,上述分担比例调整涉及的中央与地方支出基数划转,按预算管理有关规定办理。

二是义务教育公用经费保障等6个按比例分担、按项目分担或按标准定额补助的事项,暂按现行政策执行,具体如下:义务教育公用经费保障,中央与地方按比例分担支出责任,第一档为8:2,第二档为6:4,其他为5:5。家庭经济困难学生生活补助,中央与地方按比例分担支出责任,各地区均为5:5,对人口较少民族寄宿生增加安排生活补助所需经费,由中央财政承担。城乡居民基本养老保险补助,中央确定的基础养老金标准部分,中央与地方按比例分担支出责任,中央对第一档和第二档承担全部支出责任,其他为5:5。免费提供教科书,免费提供国家规定课程教科书和免费为小学一年级新生提供正版学生字典所需经费,由中央财政承担;免费提供地方课程教科书所需经费,由地方财政承担。贫困地区学生营养膳食补助,国家试点所需经费,由中央财政承担;地方试点所需经费,由地方财政统筹安排,中央财政给予生均定额奖补。受灾人员救助,对遭受重特大自然灾害的省份,中央财政按规定的补助标准给予适当补助,灾害救助所需其余资金由地方财政承担。

本章主要名词

政府间财政关系　全国性公共产品　准全国性公共产品　地方性公共产品政府间转移支付　分税制

复习思考题

1.中央政府集权的理由有哪些?

2.简述中央政府与地方政府收支划分的基本原则。

3.为什么需要进行政府间的转移支付? 其重要作用有哪些?

4.我国的转移支付有哪几种形式? 其效应有何不同?

5.论述我国现行财政管理体制存在的问题及改革的思路。

税 收 篇

SHUISHOU PIAN

◆ 第 五 章 ◆

税收、税法和税制基本原理

第一节　税收

一、税收概念

税收是国家为满足社会公共需要,凭借公共权力,按照法律所规定的标准和程序,参与国民收入分配,强制地、无偿地取得财政收入的一种方式。马克思指出:"赋税是政府机器的经济基础,而不是其他任何东西。""国家存在的经济体现就是捐税。"恩格斯指出:"为了维持这种公共权力,就需要公民缴纳费用——捐税。"19世纪美国大法官霍尔姆斯说:"税收是我们为文明社会付出的代价。"这些都说明了税收对于国家经济生活和社会文明而言的必要性与重要作用。税收实际上是将一部分社会资源从私人部门转移到公共部门的过程。

对税收的内涵可以从以下几个方面来理解:

(一)税收的主体是政府,其凭借的是国家公共权力(政治权力)

税收的征收主体只能是得到国民授权、代表社会全体成员行使公共权力的政府,其他任何社会组织和个人是无权征税的。对社会产品的分配可以分为两大类:一类是凭借所有权的分配;一类是凭借公共权力(政治权力)的分配。政府取得公共收入实际上是一部分社会产品的所有权或支配权发生转移,由私人部门转移到了公共部门(政府)手中,因此税收是对社会成员既得利益的一种再分配,在国家不直接从事生产经营活动、不直接占有社会产品的情况下,国家对不直接占有的社会产品以征税的方式转变为国家所有,如果没有国家的政治权力为依托,税收是难以实现的。因此,税收所凭借的只能是国家的公共权力(政治权力)。那么与公共权力相对应的必然是政府管理社会和为民众提供公共产品的义务。

(二)税收是国家(政府)筹集财政收入的主要方式

税收本身固有的基本特征(强制性、无偿性、固定性)决定了税收是国家(政府)筹集财政收入的主要方式。比如,2018年全国一般公共预算收入183352亿元(人民币),其中税收收入156401亿元,占比高达85.3%。因此,税收成为政府财政收入的主要来源。

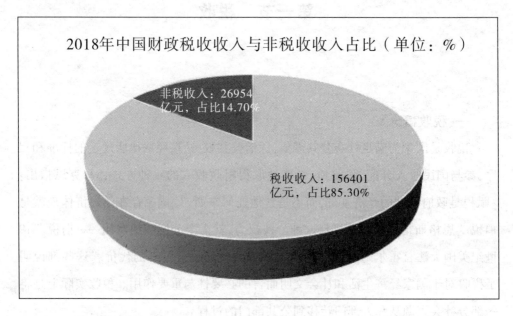

2018年中国财政税收收入与非税收收入占比（单位：%）

非税收入：26954亿元，占比14.70%

税收收入：156401亿元，占比85.30%

资料来源:财政部华经产业研究院整理

(三)税收必须借助法律形式进行

从税收发展的历史来看,税收主要是维护政府公共品需要而进行的征收,公共品的消耗是为了给予公民一个使其正当权益能够得到保护和实现的环境。即使坚持这样一条原则,政府的公共品支出也难以与公民的权益画等号。政府要转移支付、政府要参与国际交往或者对外捐赠,甚至政府的个别公务员腐败也需要政府付出一定的代价,特别是在市场经济的今天,政府要引导消费、优化资源配置、不断进行资本积累、不断增强对宏观经济的驾驭能力和对世界经济的适应与应对能力、要立足于长远发展经济,等等,这其中许多支出并不是即时用于纳税人自身,有的可能使他人或者将来的纳税人受益,有些情况下还可能要向纳税人征收相对较多的税款,就一定阶段或者某一纳税人来讲,这些税款超出了纳税人应当的支出,是纳税人所不愿支付的,但国家认为是"必须"的,所以国家要通过一定的强制手段保障其征收。即使税收与纳税人所获取的"保护"和利益相当,由于纳税人追求自身利益的最大化,同时也看不到政府的直接回报,因此他们并不情愿"无偿"地向政府提供支付。在这种情况下,如果没有国家的强制力作保障,税收也是难以实现的。另一方面,税收又是在明确设定了税种、税目,税率条件下按照规定程序征收的。我国法律也明确规定:"税收的开征、停征以及减税、免税、退税、补税,依照法律的规定执行;法律授权国务院规定的,依照国务院制定的行政法规的规定执行。"(注:《中华人民共和国税收征收管理法》第三条第一款。)税收依法设立、凭借政治权力征收、通过法律强制执行,税收自始至终都体现为国家的意志,税收法律性是税收固有的本质特性。

在市场经济中,各行为主体受利益的驱使,总有人企图逃避缴纳税款,一旦部分人少缴税款,那么其在市场上实际获得的份额就会相对较大;而另一部分按规定如数缴纳税款的,其获得经济利益就相对较少,这样就直接影响了市场主体的公平竞争,这是对市场经济的直接破坏,也是任何法治国家所不允许的,必须要通过立法加以严厉打击。税收的存在、税收对市场的调节以及对偷逃税行为的打击,就是一种法律对利益平衡的调节机制。法律对利益平衡的调节机制及其功能主要表现在对各种利益的重要性、公平性、合法性作出评估,并为协调利益冲突提供标准和方法,使各种利益得以重整。这一点在税收运行过程中体现得非常清楚,通过一定法律形式对各方利益进行有机调节已成为税收的重要功能之一,税收在运行过程中调节利益的法律属性也愈发突出。

(四)国家征税的目的是为了满足社会公共需要

税收是国家(政府)取得公共收入的主要形式。从税收产生之日起,其首要目的就是为了满足社会公共需要。公共需要,指满足社会公共利益的需要,诸如社会公共秩序的维护、防治水旱灾害、环境保护、国防建设,等等。这种需要不是个别需要的总和,而是共同利益,具有不可分割性。它的特点:1.公共需要是全社会(全地区)的共同需要,反映全体社会成员的共同利益,社会愈发展,生产力愈发展,这种共同成分愈充分,共同利益愈明显。2.公共需要具有整体性,无法分割。公共需要不是人们个别利益的混合。3.公共需要不以人们的地位和收入为分界线。这与私人需要不同,私人需要是以地位和收入为界限的,不同收入水平有不同需要,富人和穷人的私人消费水平显然不同,而公共需要则不分富人和穷人。例如,在享受国防、环境卫生、交通秩序管理、防洪水利等利益方面,是完全平等的,同时也是机会均等的。4.公共需要是一种有效需求,是社会总需求的一部分,等同于政府需求(社会总需求包括政府需求和私人需求,各代表着一定的社会购买力)。公共需要作为政府需求,是一种现实的购买力,代表着一定的货币流量和货币存量。确定一种需要是否应归属公共需要,可以从以下两方面判别:一是符合公众共同利益;二是私人不能满足(或私人不愿提供)。国家产生以后,其主要职能就是为社会生产和生活提供必要的公共产品,满足社会公共需要。而履行这些职能需要花费一定数量的社会资源或资金,这些社会资源或资金只能由全体社会成员来承担。为此,政府只能通过课征税收的形式将社会成员的一部分资源或收入转移到国家手中,以提供其满足社会公共需要的资金。

二、税收的基本特征

税收的形式特征就是税收作为一种财政收入形式与其他财政收入形式相比具有的特殊属性。通常将税收的形式特征概括为强制性、无偿性和固定性,即通常所说的税收"三性":

(一)强制性

是指国家根据其满足社会公共需要的职能,凭借其政治权力,以法律形式确定征税人和纳税人的权利和义务关系。税收的强制性包括两层含义:

1.税收分配关系是一种国家和社会成员必须遵守的权利和义务关系。提供公共产品和服务满足社会公共需要是国家和政府应履行的职能。政府为了满足社会公共需要,就会发生社会费用和成本,为此就需要通过取得一定的社会公共资源进行弥补,也就是说政府有权利要求社会成员缴纳一部分社会产品和资源以补偿所发生的社会费用和成本,以便维持社会的生存发展和社会再生产的正常运行。而享受和消费政府提供的公共产品和服务,是每个社会成员的平等权利。与这种权利相对应,每个社会成员就有义务向政府缴纳一部分社会产品和资源,分担一部分社会共同费用和成本。社会公共需要具有享用效用的不可分割性,消费的非排他性和受益的不可阻止性,决定了社会成员承担的社会费用不可能通过等价交换的市场交易,用市场机制的方法来解决,只能由政府规定社会成员通过义务缴纳的办法来解决,所以征税政府的权利,纳税是每一个公民应尽的义务。只有把税收的强制性正确理解为由客观规律所产生的强制性权利和义务关系,才能使政府依法治税,公民依法纳税。

2.税收分配关系是一种由国家法律加以规范、制约、保护和巩固的分配关系,具有法律的约束力和强制作用。一是税务机关依职权启动征纳双方法律关系。税收法律事实一旦存在,税务机关就必须依法行使税收征收管理职权,作为行政管理相对人的纳税主体只能首先服从或履行义务。我们把这一层法律关系模式表述为"权利—义务"关系。在这一关系模式中,征纳双方的权利义务是不对等的,实际地位也是不平等的,税务机关处于主导地位,其职权行为只要按照规定的程序和要求,一经做出就自然具有确定力、拘束力和执行力。纳税主体不得自行抗拒或否定,如有异议,也得首先履行再行救济措施。同时,税务机关也不能不经法定程序就否定自己的职权行为。因为职权是"权利和义务"的合成体,不得随意处置。这是法律根据税收征收管理的法律性需要而设置的,是依法行政题中之意,也是法律对权利进行控制、限制的具体体现。因此,把税务机关定位为执法机关应是顺理成章的,税务机关把坚持依法治税、严格执法作为自己的基本职责也是理所必然。二是纳税人依权启动征纳双方法律关系。法律法规赋予纳税主体许多权利,诸如延期申报权、延期缴纳税款权、减免税申请权、索取完税凭证权、退税申请权、申请复议权、申请赔偿权、检举权、要求听证权,等等。纳税主体根据这些权利,依法申请或要求税务机关履行某种行为,以保护和获得某种权益,从而启动征纳双方法律关系。税务机关依纳税主体的申请或要求做出的法律行为,表面上是应对纳税主体"权利"的"义务",实质上仍是法律法规授予税务机关的"执法权力"。纳税主体的申请或要求并不必然产生它所希望的法律结果，还要受到税务机关依法审查的制约（这一点也说明税务机关的执法特性）。因此，这一层法律关系实质上是"公民权利–行政权力"的关系。在这一层关系中，尽管纳税人权利实现要受到税务机关行政权力的制约，但是纳税人仍处于主动地位，并与税务机关保持平等的法律地位，而且也制约和监督着税务机关行政权力的行使，基本实现公民权对行政权的制约、制衡，用公民权来防止行政权的膨胀和滥用。

总之，就征税者而言，法律规范是以政府以征税权力为后盾，出现税务违法行为时，政府可以依法进行制裁；就纳税人而言，一方面要履行纳税义务，另方面也有享受税务机关提供的纳税服务的权利。

（二）无偿性

是指国家取得税收收入，对纳税人既不需要偿还，也不需要付出任何代价，又称税收无返还性。由于公共产品和服务是大家共享的，社会成员从公共产品和服务获得的利益是无法直接计量的，这就决定了政府对社会成员提供的公共产品和服务是无偿的。相应地，政府筹集满足社会公共需要的社会费用也只能采取无偿形式。税收的无偿性可以从以下两个方面来理解：

1.税收的无偿性是针对具体纳税人而言的。从个体纳税人角度而言的，其享有的公共利益与其缴纳的税款并非一一对等。但就纳税人的整体而言，则是对等的"取之于民，用之于民"的关系，政府使用税款的目的是向社会全体成员包括具体纳税人提供社会公共产品和公共服务。因此，税收的无偿性只表现为个体的无偿性，同时存在整体的有偿性。即直观的无偿性和整体的有偿性。

2.税收是为用而征，不能直接偿还。政府征税是为了行使满足社会公共需要的职能，每年取得的税款按照国家预算的安排用于政府的各项支出。从这个意义上讲，如果政府征收的税款在征收时或征收后直接以相等的代价或相应的等价物返还给纳税人，税收也就失去了其存在的意义。

（三）固定性

是指国家在征税之前，就以法律形式，预先规定课税对象和税率，不经立法机关同意，任何单位和个人不得随意变更或修改。

税收的这一特征把税收和收费严格区分开来。

　　准确理解税收的固定性,需要把握税收的固定性不是绝对的,因为随着客观经济形势的发展,税收的课税对象、税率不会一成不变。但是税收的改革,如税种的调整、课税对象和税率的变动,都需以法律的形式确定下来,并在一定的时期内稳定不变。因此税收的固定性是相对的而不是绝对的。

　　税收的上述三个特征是相互联系的。税收的无偿性决定着税收的强制性,因为如果税收是有偿的,就不需要强制征收。而税收的强制性和无偿性又要求税收征收的固定性,如果可以随意征收,就会侵犯现存的财产关系,使正常的经济活动无法维持下去,从而危及国家的稳定和发展。可见税收的强制性、无偿性和固定性是统一的、缺一不可的。一种财政收入形式是否为税收,取决于它是否同时具备上述三个基本特征,而不是取决于它的名称。

三、税收原则

(一)组织收入原则

　　税收是我国财政收入的主要形式,所占比例约80%左右,可以说税收是保证国家职能发挥的主要物质基础,因此要求通过各项税收活动在制度上保证政权和经济建设的需要,做到税款的足额、及时、准确入库。当然组织税收收入应当处理好需要和可能的关系,不能单纯地认为税款越多越好,税额的数量界线应当视国家经济状况所能提供财力的可能性和政府各项职能运用的客观财力需求量两因素决定。国民经济状况比较好,国家职能领域较广泛,则可扩大税收规模;如果经济不景气,政府作用削弱,税收规模可以适当缩小。有时候两因素的发展方向相悖,这就更加需要确定一个合理的税收规模,否则会出现不顾经济条件的"竭泽而渔"或国家职能自然萎缩。

　　我国是社会主义市场经济国家,政府职能范围比资本主义国家广泛些,特别是国家对宏观经济的直接和间接调整,需要集中适量的资金作为调控的手段,但是我国又是一个发展中国家,经济实力不甚雄厚。我国的国情特点要求我们从实际出发,合理组织收入,有效地保证国家职能的完满实现。合理收入的标准主要以税收收入占国民生产总值的比重为主,根据全国生产力状况,该指标不可能太高,所以国家需要和财力可能地结合在社会主义现阶段存在较突出的矛盾,解决矛盾的焦点是发展生产力,壮大国民经济实力,同时还应调整国家职能,精简国家机构以减

轻财力负担。上述要求是我国税收组织收入原则所追求的目标。

(二)公平原则

税收是纳税人利益的无偿转移，在此过程中，如何体现国家政策和税收公平合理负担是征税活动必须重点考虑的问题。税收公平的具体内容是指普遍征税和量力负担的结合。

普遍征税是指征税对每一个纳税人一视同仁，每个纳税人均应具备纳税义务。一般而言，普遍征税要求制定税基、少减负的税收政策，以体现税收的公平原则。但由于纳税主体因从事经济活动的产业、规模不同，其收入不尽相同，纳税能力也不相等，因而还必须贯彻量力负担原则。

量力负担是根据经济的实力和纳税人的能力，合理承担税负。纳税能力强者多纳税、能力弱者少纳税或不纳税；国民经济实力雄厚，税负可重些，相反情况则不能征纳太多。量力负担原则的关键问题是处理好与组织收入原则的关系。量力负担是从纳税人利益角度考虑，而组织收入则是为了保证国家利益的完整。两原则的侧重点不同，必然存在一些矛盾，故而要求两原则很好地结合起来。从国家方面而言，经济税收合理的具体内容是指按不同纳税人的实际情况以及根据不同时期国家的政策导向，确定符合国情和民情的税收政策。例如，关于纳税人税负水平的合理标准问题，由于不同纳税人具有不同的承受税负的能力，这就需要我们在制定税收政策时，采用累进税收，对高收入者适用高税率，对低收入者采用低税率，以保证能力弱者有足够的财力发展自己的事业和维持基本生存条件。

(三)效率原则

税收效率是指以尽量小的税收成本取得尽量大的税收收益，它一般通过税收成本与税收收益的比值来衡量。税收效率有两层含义：其一是行政效率，即征税本身的效率，它要求税收在征收和缴纳中耗费的成本最小。它是通过一定时期直接的征税成本与入库的税收收入的对比来衡量的。其二是经济效率，它要求征税应有利于促进经济效率的提高，或者对经济效率的损失最小。它是从国民经济系统来考察征税对纳税人和经济运行产生的正负经济效应来判断。因此，税收效率包括税收的行政效率和经济效率两部分内容。

1.税收行政效率。如果已经入国库的税收收入等于同时期纳税人的全部交纳,那么税收行政效率达到最优点,然而这种效果不可能成为现实,因为国家征税的行政费用不可能为零。税务行政费用的多寡直接关系到税收行政效率的高低。税务行政费用是指因征税而发生的直接和间接费用,这些费用都与税务活动有关,有些费用是必要的。如果税务行政费用能够控制在最低限度,就可认为税收高效率,否则就是税收低效率,如果税务行政费用等于全部税额,那么税收完全无效率。

2.税收经济效率。税收的经济效率是从整个经济系统来看的税收效率原则。主要从征税对纳税人以及整个国民经济的正负效应方面来判断的税收效率。它要求正负征税应努力实现对纳税人和国民经济的额外负担最小化。正负征税必然会对纳税人的经济决策产生影响。如果税收对纳税人的影响仅限于税收数额的本身,那么税收产生的是正常影响;如果政府征税对经济活动产生干扰和阻碍作用,从而使社会利益受到削弱,税收就造成了额外负担或效率损失。

(四)法定原则

所谓税收法定原则,是指由立法者决定全部税收问题的税法基本原则,即如果没有相应法律作前提,政府则不能征税,公民也没有纳税的义务。税收主体必须依且仅依法律的规定征税;纳税人必须依且仅依法律的规定纳税。税收法定原则是一项十分重要的税收基本原则。

税收法定原则的具体内容包括以下三个部分:

1.税种法定。税种必须由法律予以规定;一个税种必定相对应于一税种法律;非经税种法律规定,征税主体没有征税权力,纳税主体不负缴纳义务。这是发生税收关系的法律前提,是税收法定原则的首要内容。

2.税收要素法定。这指的是税收要素必须由法律明确规定。所谓税收要素,具体包括征税主体、纳税主体、征税对象、税率、纳税环节、纳税期限和地点、减免税、税务争议以及税收法律责任等内容。税收要素是税收关系得以具体化的客观标准,是其得以全面展开的法律依据。因此它成为税收法定原则的核心内容。

3.程序法定。其基本含义是,税收关系中的实体权利义务得以实现所依据的程序要素必须经法律规定,并且征纳主体各方均须依法定程序行事。

第二节 税法

一、税法的概念、特点和作用

(一)税法的概念

税收是经济学概念,税法则是法学概念。税法是指有权的国家机关制定的有关调整税收分配过程中形成的权利义务关系的法律规范总和。准确理解税法的概念需要把握以下三个方面：

首先,所谓有权的国家机关是指国家最高权力机关,在我国即全国人民代表大会及其常务委员会。同时,在一定的法律框架之下、地方人大及其常委会也往往拥有一定的税法立法权,因此也是制定税法的主体。此外,国家最高权力机关还可以授权行政机关制定某些税法,获得授权的行政机关也是制定税法的主体的构成者。

其次,税法的调整对象是税收分配中形成的权利义务关系。从经济角度讲,税收分配关系是国家参与社会剩余产品分配所形成的一种经济利益关系,包括国家与纳税人之间的税收分配关系和各级政府间的税收利益分配关系两个方面。这种经济利益关系是借助法的形式规定国家与纳税人可以怎样行为、应当怎样行为和不得怎样行为,即通过设定税收权利义务来实现的。如果说实现税收分配是目标,从法律上设定税收权利义务则是实现目标的手段。税法调整的是税收权利义务关系,而不是税收分配关系。

最后,税法可以有广义和狭义之分。从广义上讲,税法是各种税收法律规范形式的总和。从立法层次上划分,则包括由国家最高权力机关即全国人民代表大会正式立法制定的税收法律,由国务院制定的税收法规或由省级人民代表大会制定的地方性税收法规,由有规章制定权的单位制定的税务部门规章。从狭义上讲,税法指的是经过国家最高权力机关正式立法的税收法律,如我国的个人所得税法、税收征收管理法等。

（二）税法的特点

所谓税法的特点，是指税法带共性的特征，这种特征可以从三个方面加以限定。首先，税法的特点应与其他法律部门的特点相区别，也不应是法律所具有的共同特征，否则即无所谓"税法的特点"；其次，税法的特点是税收上升为法律后的形式特征，应与税收属于经济范畴的形式特征相区别；最后，税法的特点是指其一般特征，不是某一历史时期、某一社会形态、某一国家税法的特点。按照这样的理解，税法的特点可以概括成以下几个方面：

1.从立法过程来看，税法属于制定法。现代国家的税法都是经过一定的立法程序制定出来的，即税法是由国家制定而不是认可的，这表明税法属于制定法而不是习惯法。从税收形成的早期历史来考察，不乏由种种不规范的缴纳形式逐渐演化而成的税法，但其一开始就是以国家强制力为后盾形成的规则，而不是对人们自觉形成的纳税习惯以立法的形式予以认可。因此，我们虽然不能绝对地排除习惯法或司法判例构成税法渊的例外，但是从总体上讲，税法是由国家制定而不是认可的。税法属于制定法而不属于习惯法，其根本原因在于国家征税权凌驾于生产资料所有权之上，是对纳税人收入的再分配。税法属于侵权规范。征纳双方在利益上的矛盾与对立是显而易见的，离开法律约束的纳税习惯并不存在，由纳税习惯演化成习惯法只能是空谈。同时，为确保税收收入的稳定，需要提高其可预测性，这也促使税收采用制定法的形式。

2.从法律性质看，税法属于义务性法规。义务性法规是相对授权性法规而言的，是指直接要求人们从事或不从事某种行为的法规，即直接规定人们某种义务的法规。义务性法规的一个显著特点是具有强制性，它所规定的行为方式明确而肯定，不允许任何个人或机关随意改变或违反。授权性法规与义务性法规的划分，只是表明其基本倾向，而不是说一部法律的每一规则都是授权性或义务性的。税法属于义务性法规的道理在于以下几点：

第一，从定义推理，税收是纳税人的经济利益向国家的无偿让渡。从纳税人的角度看税法是以规定纳税义务为核心构建的，任何人（包括税务执法机关）都不能随意变更或违反法定纳税义务。同时，税法的强制性是十分明显的，在诸法律中，其力度仅次于刑法,这与义务性法规的特点相一致。

第二,权利义务对等是一个基本的法律原则。但这是就法律主体的全部权利义务而言的,并不是说某一法律主体在每一部具体法律、法规中的权利义务都是对等的,否则就没有授权性法规与义务性法规之分了。从财政的角度看,纳税人从国家的公共支出中得到了许多权利,这些权利是通过其他授权性法规赋予的。但从税法的角度看,纳税人则以尽义务为主,所以我们称税法为义务性法规,纳税人权利与义务的统一只能从财政的大范围来考虑。

第三,税法属于义务性法规,并不是指税法没有规定纳税人的权利,而是说纳税人的权利是建立在其纳税义务的基础之上,是从属性的,并且这些权利从总体上看不是纳税人的实体权利,而是纳税人的程序性权利。例如,纳税人有依法申请行政复议的权利、有依法提请行政诉讼的权利等。这些权利都是以履行纳税义务为前提派生出来的,从根本上讲也是为履行纳税义务服务的。

3.从内容看,税法具有综合性。税法不是单一的法律,而是由实体法、程序法、争讼法等构成的综合法律体系,其内容涉及课税的基本原则、征纳双方的权利义务、税收管理规则,法律责任解决税务争议的法律规范等,包括立法、行政执法、司法各个方面。从目前世界各国的实际情况来看,其结构大致有法加税收法典宪法加税收基本法加税收单行法律、法规;宪法加税收单行法律,法规等不同的类。税法具有综合性,是保证国家正确行使课税权力,有效实施税务管理,确保依法足额取得财政收入,保障纳税人合法权利,建立合作信赖的税收征纳关系的需要,也表明税法在国家法律体系中的重要地位。

(三)税法的作用

税法的作用是指税法实施所产生的社会影响,可以从规范作用和经济作用两个方面进行分析。

1.税法的规范作用。

税法的规范作用是指税法调整、规范人们行为的作用,其实质是法律的基本作用在税法中的体现与指引中。具体可以分为以下几种:

第一,指引作用。税法的制定为人们的行为提供一个模式、标准和方向,即起到一种指引作用。通过国家颁布的税法,人们可以知道国家在税收领域要求什么,反对什么,什么是必须做的,什么是可以做或不可以做的。税法的指引因税法规范的不同有两种形式:确定的指引和不确定的指引。确定的指引主要是通过税法的义务性规范来实现的,它明确规定了税法法律关系主体应该怎么做或不应该怎么做,其目的在于防止人们做出违反税法规定的行为;不确定的指引主要是通过税法的授权性规范来实现的,这些规范给人们的行为提供了一个选择的余地、它规定人们可以怎样行为,允许人们自行决定是否这样行为,其目的在于鼓励人们从事税法所允许的行为。

第二,评价作用。税法作为法律规范具有判断衡量人们的行为是否合法的作用。税法是法律体系的组成部分,其评价作用有较突出的客观性和普遍有效性。税法对人们纳税行为的评价大体上不会因人而异,如果不想受到法律的制裁,人们的行为就必须在客观上与税法协调起来。

第三,预测作用。依靠税法指引的方向和提供的评价标准,可以预先估计到人们相互间将如何行为,从而在税法许可范围内,对自己的行为作出最合理的安排。例如,企业依据税法进行税收筹划,就是合理利用税法预测作用为自己服务的典型例子。从整个社会来看,税法提供税收活动中公认的、权威的行为规则,可以减少人们税收活动的盲目性和无序性,提高整个社会税收活动的整体效果。

第四,强制作用。税法的强制作用是指对违反税法的行为进行制裁时产生的法律保证,是税收强制性的法律依据。强制的对象是已经发生的违反税法的行为。由于税法对违法行为的制裁而产生的对征纳双方行自己应尽纳税义务的强制力,其强制作用不仅在于惩罚违法犯罪行为、提高税法的权威性,也在于预防违法犯罪行为,保护人们在税收活动中的正当权利,增强人们在进行合法征纳活动时的安全感

第五,教育作用。税法的实施可以对以后人们的行为产生一定的影响,这种作用可以说是税法评价作用与强制作用的延伸。它借助税法提供的行为模式,使人们调整自己的行为使之逐渐与税法的要求相一,养成守法的习惯。同时,对违法行为的制裁不仅对违法者,而且对其他人也将起到教育作用,以后谁再做出此类行为也将受到同样的惩罚。反过来,对合法行为的鼓励、保护也可以对一般人的行为起到示范和促进作用。税法的这种教育作用对公民纳税意识的培养是必不可少的。

2.税法的经济作用。

税法是调整经济分配关系的法律,因此,必然会产生种种经济职能,从而使税收的经济功能在法律形式的保障下得以充分发挥。

第一,税法是税收根本职能得以实现的法律保障。组织财政收入是税收最根本的职能。税法为取得税收收入提供的保证作用,一方面,体现在税法作为义务性法规,设定了种种纳税义务,纳税人没有履行纳税义务,就是违反国家法律,就要受到相应的法律制裁。这样就使税收的强制性上升为法律的强制性,并且税法的强制性在各法律中,仅次于宪法,成为取得税收收入的根本保证。另一方面,法律要求相对的定性,不能朝令夕改。因此,税收制度一旦成为法律,其固定性就有了法律保证,即使国家也不能对基本的税制要素随意改动。从长远看,这是国家及时、稳定取得财政收入的一个重要保证。

第二,税法是正确处理税收分配关系的法律依据。税收分配是社会剩余产品由纳税人向国家的无偿、单向的转移。因此,税收征纳关系始终是一对矛盾,否定这一点,也就否认了税收的强制性。调节这一矛盾,更好地进行税收分配,需要一套具备权威性、对征纳双方都有约束力的规范标准。没有这样一套客观公正的标准,就不能判定纳税人是否及时足额纳税,国家则不能保证及时稳定地取得财政收入,纳税人的合法权益也不能得到有力的保护。此外,国家的课税权不受任何约束,还容易导致征收无度无序,激化征纳矛盾,不利于税收分配关系的稳定。在现有的各种规范、标准中,最权威、最公正、最客观、最具约束力的唯有税收的法律形式,即税法。

第三,税法是国家调控宏观经济的重要手段。调节宏观经济是税收的基本职能之一。税收采用法的形式,可以将税收的经济优势与法律优势结合起来,使税收杠杆在宏观经济调控中更为灵敏、有力。其一,市场经济是法制经济,税收采用法的形式,可以为调控宏观经济提供最具权威性的规则和效力最高的保证体系,使调节的力度与预期的一致,防止税收杠杆的软化;其二,法律具有评价、预测和教育作用,税收借助法律的这些作用,可以增强税收杠杆的导向性,使其对宏观经济的调控更为灵敏。

第四,税法是监督管理经济活动的有力武器。税收采用法的形式,使其对经济活动的监督上升到法律的高度,成为法律监督的组成部分,其约束力无疑大为增强了。在已有的法律中,尚没有哪部法律像税法那样对经济活动监督具有如此的广度和深度、全面性和经常性,从而使税法监督有特别的意义:一方面可以及时发现一般性违反税法的行为,并依法予以纠正,保证税收作用的正常发挥;另一方面,税法也是打击税收领域犯罪活动的有力武器,据此可以对偷税、抗税、逃税等行为予以最有力的打击,这在税收没有成为法律的情况下是无法做到的。在市场经济条件下,税法的监督还有另一层意义,即市场经济作为法制经济,一切经济活动都是在一定的法律规范保护和约束下有规则地进行的。这样,税法对经济活动的监督管理更为重要了。因为,国家要实施宏观控制就必须建立较完备的监督体系,对市场及经营者的活动实施直接或间接的监督管理,这样才能维护市场规则,健全经济法制。

第五,税法是维护国家权益的重要手段。在对外经济交往中,税法是维护国家权益的基本手段之一。其一,关税的征收,可以改变进出口商品的实际销售价格,对进口商品征税,使其销售价格提高,竞争力削弱;对出口商品免税,可以使其无税进入国际市场,竞争力得到加强,即所谓保护关税政策、对落后的发展中国家特别有意义。其二,对跨国纳税人征收所得税,可以防止国家税收利益向国外流失。其三,所得税和其他税种的征收,可使国内纳税人与跨国纳税人获得相同的待遇,防止税收歧视。税收采用法的形式,有助于提高税收维护国家权益的权威性和总体效力,便于在签订有关双边或多边国际税收协定时坚持国际通用的法律原则和法律规范,对等处理税收利益关系。同时,也有益于消除外商对我国税收政策稳定性的疑虑,更好地吸引外资。

二、我国税收法律体系和法律级次

(一)税收法律体系

我国的税收法律体系由税收实体法、程序法、处罚法、诉讼法组成。需要说明的是,我们通常所说的税收法律体系只是涵盖税收实体法和程序法,至于税收处罚法和诉讼法,还没有独立的专门法,其内容主要分别在宪法、刑法、税收征管法等法律中有具体规定。

1.税收实体法。

税收实体法是规定税收法律关系主体的实体权利、义务的法律规范的总称。其主要内容包括纳税人、课税对象、税率、减税、免税等,是国家向纳税人行使征税权和纳税人负担纳税义务的要件,只有具备这些要件时,纳税人才负有纳税义务,国家才能向纳税人征税。税收实体法直接影响到国家与纳税人之间权利义务的分配,是税法的核心部分,没有税收实体法,税法体系就不能成立。

税收实体法的特点主要表现在:一是税种与税收实体法的一一对应性、一税一法。由于各税种的开征目的不同,国家一般按单个税种立法,使征税有明确的、可操作的标准和法律依据。二是税收要素的固定性。虽然各单行税种法的具体内容有别,但就每一部单行税种法而言,税收的基本要素(如纳税人、课税对象、税率、计税依据等)是必须予以规定的。我国税收实体法内容主要包括:流转税法,是调整以流转额为课税对象的税收关系的法律规范的总称,具体指增值税、消费税、关税等;所得税法,是调整所得额之税收关系的法律规范的总称,即以纳税人的所得额或收益额为课税对象的一类税,具体指个人所得税、企业所得税等;财产税法,是调整财产税关系的法律规范的总称,财产税是以法律规定的纳税人的某些特定财产的数量或价值额为课税对象的税,具体指房产税、契税等;行为税法,是以某种特定行为的发生为条件,对行为人加以课税的一类税,具体指印花税、车船税等。

2.税收程序法。

所谓程序,就是人的行为从起始到终结的长短不等的过程。构成这一程序的不外乎是行为的步骤和行为的方式,以及实现这些步骤和方式的时限和顺序。步骤和方式构成程序的空间表现形式,时限和顺序构成程序的时间表现形式。行政程序,就是由行政机关做行政行为的步骤、方式和时限、顺序构成的行为过程。税收程序法,也称税收行政程序,是指规范税务机关和税务行政相对人在行政程序中权利义务的法律规范的总称,即只要是与税收程序有关的法律规范,不论其存在于哪个法律文件中,都属于税收程序法的范畴。如有关行政处罚、行政许可行政强制的法律规定,同样适用于税收行政行为,并对其产生约束力。

税收程序法的作用主要表现在:

(1)保障实体法的实施,弥补实体法的不足。税收实体法规定了税收行政法律关系主体的权利义务,但这些权利义务不会自动实现,必须通过一定的程序动作才能成为现实,表现为:一是税收程序法通过规定税务机关行职责的具体步骤、方式、顺序、时限等,将税收实体法内容具体化为可操作的程序,使税收实体法的实施有章可循;二是税收程序法规定了征纳双方的程序权利和义务,从而为权利的实现提供了可靠的保障;三是税收程序法中规定有一系列的证据规则,有助于税务机关正确认定事项,准确适用法律,从而保证税收实体法的正确实施。此外,税收程序法还可以弥补实体法的不足。由于社会现象极其复杂,税收实体法的内容又具有相对稳定性,实体内容相对滞后的问题较为突出,如某些地方税种几十年未做过修订,或者由于事物发展较快,原有实体性内容无法覆盖新事物,易于出现课税范围的不完全现象,如电子商务带来的税收问题,实体法规定就是一个"真空",这样可以通过必要的税收程序法加以弥补。

(2)规范和控制行政权的行使。只有对权力进行制约,才能保护权力作用对象的权利。孟德斯鸠说:"一切有权力的人都容易滥用权力,这是一条万古不易的经验。"这一作用表现在:一是可以规范行政权力的行使。税收程序法规定了税务机关履行职权的步骤、形式、时限和顺序等,也就意味着制约税务机关的一切活动,并将税务机关的行政行为始终置于公开、公正的标准上,通过对税务机关的职权中附加程序义务,实现了依法治权,从而在制度建设层面克服了税务机关的任意、行政武断、行政专横以及行政职权的混乱。二是以权力和权利制约权力。行政程序法以行政权力为规范对象。行使税收执法权,首先受到权力的制约。一方面,来自上级税务机关和专门行政机关的监督和制约;另一方面,司法机关对税务机关的具体执法行为是否符合法定程序要进行审查,制约税务机关的权力行使。此外,立法机关通过法的创设,制约税收执法权的行使。三是可以控制自由裁量权的行使。法律赋予执法者一定的自由裁量权,这不仅是提高行政效率的需要,也是法律调整各种社会关系的需要。但在行使过程中不可避免地会导致滥用。实体法是无能为力的,只有通过健全的行政法律程序,通过自由裁量权的过程控制才是根本。

(3)保障纳税人合法权益。就其实质而言,税收程序法是从程序角度限制税收执法行为的法律规范,其目的在于保护纳税人的合法权利。一方面,税收程序法肯定了纳税人在行政活动中的主体地位,明确了纳税人的基本权利,并通过一系列程序制度的规定,对税收执法权予以制约,在规范和控制税收执法权的同时,保护了纳税人的合法权益;另一方面,税收程序法对纳税人权利保障的救济制度向事前、事中扩展,体现在行政活动的参与上。提高执法效率。税收程序法通过统一、明确各执法主体执法的规则、制度、时限要求,防止拖拉推诿,有助于提高行政效率,并通过简易程序等的设计,使纳税人的权利、义务早日确定,从而全面提高执法效率。

3.税收处罚法。

税收处罚法,是指拥有税收立法权的立法主体对税收违法犯罪行为予以处罚的法律规范,是禁止性规范的一种。税收处罚法是界定并追究税收违法犯罪行为的法律责任的法律规范。由于税收违法程度的不同,处罚的方式也有差异,一般包括行政处罚和刑事处罚两种。一是税收行政处罚是国家税务机关根据税收法律、法规的规定,对违反税收法律、法规,但尚未达到刑事处罚程度的单位或个人所做的处罚。税收行政处罚是以违反税收法律、法规为前提条件,由税务机关依法实施的罚款和没收违法所得方式。罚款是对违法者的一种经济上的处罚。二是税收刑事处罚是指审判机关以国家的名义依据刑法对犯罪分子所做的惩罚。税收刑事处罚是以构成犯罪为前提条件,并由审判机关依法实施的主刑和附加刑。构成犯罪的税收违法行为包括:偷(逃)税罪、抗税罪、妨碍追缴税款罪、骗取国家出口退税罪、虚开增值税专用发票罪、伪造增值税专用发票罪、非法出售增值税专用发票罪、非法购买增值税专用发票罪、行贿罪、共同犯罪等。

4.税收争讼法。

税收争讼法包括税收争议法和税收诉讼法。在税收诉讼法中,又可分为税收行政诉讼法和税收刑事诉讼法。

(1)税收争议法,是指拥有立法权的立法主体制定、认可的,用来调整怎样与争议当事人在解决税务行政争议活动中的权利与义务关系的法律规范。税务行政争议是指税务机关因税收征收管理活动而引起纳税人、扣缴义务人、纳税担保人及其他当事人不满而发生的税务行政纠纷。

(2)税收诉讼法。一是税收行政诉讼法。税收行政诉讼法是由拥有立法权的立法主体制定、认可的,用来审理税务行政案件,解决税务行政争议,调整人民法院和税收行政诉讼参与人在税务行政诉讼活动中的权利与义务关系的法律规范。税收行政诉讼是行政诉讼的一种,适用于解决各种税务行政争议。二是税收刑事诉讼法。税收刑事诉讼法是由拥有立法权的立法主体制定、认可的,用来审理税收犯罪案件,调整人民法院和税收刑事诉讼参与人在税收刑事诉讼活动中的权利与义务关系的法律规范。税收刑事诉讼是刑事诉讼的一种,适用于解决各种税收违法犯罪的法律责任。

(二)税收法律级次

目前,中国有权制定税收法律法规和政策的国家机关主要有全国人民代表大会及其常务委员会、国务院、财政部、国家税务总局、海关总署、国务院关税税则委员会等。

1.全国人民代表大会及其常务委员会制定的法律。

《中华人民共和国宪法》规定,全国人民代表大会和全国人民代表大会常务委员会行使国家立法权。《中华人民共和国立法法》第八条规定,税收基本制度,只能由全国人民代表大会及其常务委员会制定法律。税收法律在中华人民共和国主权范围内普遍适用,具有仅次于宪法的法律效力。目前,由全国人民代表大会及其常务委员会制定的税收实体法律有:《个人所得税法》《企业所得税法》《车船税法》《车辆购置税法》《耕地占用税法》《烟叶税法》;税收程序法律有:《税收征管法》。

2.国务院制定的行政法规和有关规范性文件。

我国现行税法绝大部分都是国务院制定的行政法规和规范性文件。归纳起来,有以下几种类型:

一是税收的基本制度。根据《中华人民共和国立法法》第九条规定,税收基本制度尚未制定法律的,全国人民代表大会及其常务委员会有权授权国务院制定行政法规。比如,现行增值税、消费税、营业税、车辆购置税、土地增值、房产税、城镇土地使用税、耕地占用税、契税、资源税、船舶吨税、印花税、城市维护建设税、烟叶税、关税等诸多税种,都是国务院制定的税收条例。

二是法律实施条例或实施细则。全国人民代表大会及其常务委员会制定的《个人所得税法》《企业所得税法》《车船税法》《税收征管法》,由国务院制定相应的实施条例或实施细则。

三是税收的非基本制度。国务院根据实际工作需要制定的规范性文件,包括国务院或者国务院办公厅发布的通知、决定等。

3.国务院财税主管部门制定的规章及规范性文件。

国务院财税主管部门,主要是财政部、国家税务总局、海关总署和国务院关税税则委员会。国务院财税主管部门可以根据法律和行政法规的规定,在本部门权限范围内发布有关税收事项的规章和规范性文件,包括命令、通知、公告等文件形式。

4.地方人民代表大会及其常务委员会制定的地方性法规和有关规范性文件,地方人民政府制定的地方政府规章和有关规范性文件。

省、自治区、直辖市人民代表大会及其常务委员会和省、自治区人民政府所在地的市以及经国务院批准的较大的市的人民代表大会及其常务委员会,可以制定地方性法规。省、自治区、直辖市人民政府,以及省、自治区人民政府所在地的市及经国务院批准的较大的市的人民政府,可以根据法律和国务院行政法规制定规章。

5.省以下税务机关制定的规范性文件。

这是指省或者省以下税务机关在其权限范围内制定的适用于其管辖区域内的具体税收规定。通常是有关税收征管的规定,在特定区域内生效。这些规范性文件的制定依据,是税收法律、行政法规、规章及上级税务机关的规范性文件。

6.中国政府与外国政府(地区)签订的税收协定。

税收协定是两个或两个以上的主权国家,为了协调相互之间在处理跨国纳税人征税事务和其他涉税事项,依据国际关系准则,签订的协议或条约。税收协定属于国际法中"条约法"的范畴,是划分国际税收管辖权的重要法律依据,对当事国具有同国内法效力相当的法律约束力。

三、我国的税法运行

(一)税收立法

税收立法是指国家机关依照其职权范围,通过一定程序制定(包括修改和废止)税收法律规范的活动,即特定的国家机关就税收问题所进行的立法活动。税收立法是国家整个立法活动的组成部分,具有一般立法的共性,可以作广义和狭义的划分。广义的税收立法指国家机关依据法定权限和程序,制定、修改、废止税收法律规范的活动;狭义的税收立法则是指国家最高权力机关制定税收法律规范的活动。按照《立法法》,通常所说的立法活动包括制定法律、行政法规、行政规章等,体现出广义立法的范畴。税收立法通常也采用广义立法的含义。理解税收立法的概念,应注意以下几点:

第一,从税收立法的主体来看,国家机关包括全国人大及其常委会、国务院及其有关职能部门、拥有地方立法权的地方政权机关等,按照宪法和国家法律的有关规定,可以制定有关调整税收分配活动的法律规范。

第二,税收立法权的划分,是税收立法的核心问题。立法权限不清,税收立法就必然会出现混乱,这也是易于引发立法质量不高的重要因素。

第三,税收立法必须经过法定程序。税收立法严格遵守各种形式法律规范制定的程序性规定,这是法的现代化的基本标志之一。

第四,制定税法是税收立法的重要部分,但不是其全部,修改、废止税法也是其必要的组成部分。

立法是确立税收法律身份、实现税收职能必不可少的步骤。从法的运行过程来看,立法是首要环节。没有税收立法,税收执法也就失去了依据;没有税收立法,税收司法也就失去了标准,税收司法的公正性也将会无从谈起;没有税收立法,纳税人的守法也就成为没有约束力的空谈。从税收法律实践活动的情况看,税收作为一柄"双刃剑",其功能的充分发挥总是与税收立法的完善程度有着密切的关系。

(二)税收执法

1.概念。执法,即法的执行,它是法的运行的一个中间环节。一般而言,执法是指国家机关及其公务人员依照法定的职权和程序,贯彻实施法律的活动,包括一切执行法律和适用法律的活动。而在现实法律实践活动中,将执法界定为行政执法,是国家行政机关独立的职能,以有别于立法与司法等法律活动。

税收执法又称税收行政执法,可以从广义和狭义两个方面理解。广义的税收执法是指国家税务行政主管机关执行税收法律、法规的行为,既包括具体行政行为,也包括抽象行政行为以及行政机关的内部管理行为。狭义的税收执法专指国家税收机关依法定的职权和程序将税法的一般法律规范适用于税务行政相对人或事件,调整具体税收关系的实施税法的活动。通常意义上,都是指狭义的税收执法含义而言。税收执法的实质是税收执法主体将深藏在税法规范、法条中的国家意志贯彻落实到社会经济生活与税收活动之中。

2.特征。税收执法作为行政执法的一个组成部分,具有行政行为的一般特征,如从属法律性、裁量性、单方意志性、效力先定性和强制性等。具体来说,税收执法具有以下特征:

(1)税收执法具有单方意志性和法律强制力。税收执法是税务机关或经法定授权的组织代表国家进行的税收管理活动,其实施无须与相对人协商,仅凭单方意志即可实施。而且以国家强制力作为执法的保障,其遇到执法障碍时,可以运用行政权力和手段,消除障碍,保证税收执法行为的实现。

(2)税收执法是具体行政行为。税收执法是税务机关或经法定授权的组织在其职权范围内,针对特定的人或事采取行政措施的活动。作为具体行政行为,税收执法具有可救济性,当事人可以申请行政复议或提起行政诉讼。

(3)税收执法具有裁量性。税收执法必须依据法律严格进行,这是税收法律主义在税法执行领域的要求:但是并不意味着税务机关只能机械地执行法律,而没有任何主动性参与其间。事实上税法规定不可能面面俱到,总是留下一定的空间让税务机关自由裁量,如税务行政处罚的幅度等。

(4)税收执法具有主动性。这是与税收司法活动相区别的重要特点,税收执法是积极、主动的行为,而不像税收司法活动具有被动性,遵循"不告不理"原则。这是税收执法具有的职权和职责相统一特点的体现。税收执法既是税务机关的职权,又是税务机关的职责,当涉税事实出现时,税务机关必须依法履行这种职权行为,而不需要税务相对人的意思表示,更不得放弃、转让。

(5)税收执法具有效力先定性。税收执法机关一经做出税收执法决定或采取措施,就事先假定其符合税法规定,对征纳双方具有约束力,除非被国家有权机关依法宣布失效。税务相对人申请行政救济,不影响税务机关执法决定的执行。

(6)税收执法是有责行政行为。有责行政是现代行政法的基本要求,这是为了克服税收执法主体专制和用权力,保障税务相对人权利的根本措施。税务机关必须对其行政执法行为所产生的后果承担法律责任,对于违法行政给相对人造成的损害要负赔偿责任。

(三)税收司法

1.概念。一般来说,税收司法仅指审判机关依法对涉税案件行使审判权,这是一种传统的表述也是一种狭义的解释。广义的税收司法,包括涉税案件过程中刑事侦查权、检察权和审判权等一系列司法权力的行使。我国《宪法》第一百三十五条规定:"人民法院、人民检察院和公安机关办理刑事案件,应当分工负责,互相配合、互相制约,以保证准确有效地执行法律。"可见,宪法以根本法的权威,确认我国司法权行使的主体是人民法院、人民检察院和公安机关。从这一宪法根据来看,税收司法应采用广义的理解,即税收司法是指各级公安机关、人民检察院和人民法院等国家司法机关,在宪法和法律规定的职权范围内,按照法定程序处理涉税行政、民事和刑事案件的专门活动。

把握税收司法概念的核心在于:谁能够行使国家司法权处理涉税案件。关键点在于公安机关和人民检察院能否行使国家司法权力。我们知道,司法是国家就具体的事实,宣示和适用法律,强调对既定法律秩序的维持,是一个动态的过程。检察权的行使在于依法提起公诉、查明法律规定其侦查的某些违法、犯罪案件的事实、监督法院审判活动的合法性,符合司法权的本质属性;公安机关虽属于行政机关,不直接享有司法权,但按照《宪法》及《刑事诉讼法》的规定,公安机关在刑事案件的立案、侦查中行使部分司法权。一直以来,都将公安机关对涉税案件的刑事侦查权视为税收司法权的一个组成部分。

2.税收司法的基本原则。所谓税收司法的基本原则,是对涉税的司法过程中贯穿始终的基本规则的概括和抽象,是司法机关在司法中应遵循的法律准则。

(1)税收司法独立性原则。它是指税收司法机关依法独立行使司法权、不受行政机关、社会团体和个人的干涉。它要求法院在审理税务案件时,必须自己作出判断;法院在体制上独立于行政机关;法院审判权的行使不受上级法院的干涉。司法权独立原则是我国《宪法》规定的一条宪法原则。独立性是司法权的生命。独立自主地认定案件事实和适用法律是独立性原则的核心,司法权独立行使能够保证司法机关做出的裁判结论最大限度地接近法律的意志和精神。

(2)税收司法中立性原则。它是指法院在审判时必须居于裁判的地位、不偏不倚。税收司法的中立性要求法院"不告不理",对税务案件要在当事人起诉的范

围内做出判决,非因诉方、控方请求不得主动干预。只有坚持中立的审判态度,才能做出公正的司法判断。

第三节　税收制度

一、概念

税收制度简称税制,它是指按照一定时期政治经济形势的要求,设置税种以及与这些税种征管有关的法律、法规和规章。税制的含义有两个层次:

第一,税制是由所有税种构成的税收体系及各项征收管理制度。一般包括流转税(增值税、消费税等)、所得税(企业所得税、个人所得税等)、其他税(资源税、财产税等)。

第二,设置具体税种的课征制度,即税种是由一系列要素构成的。这些要素包括纳税人、课税对象、税率等。

二、税制构成要素

税制构成要素就是构成各个税种具体内容的一系列要素。主要包括纳税人、课税对象、税率、纳税环节、纳税期限、减免税、违章处理等。

(一)纳税人

纳税人是指税法规定的负有纳税义务的单位和个人,又称纳税主体。纳税人可以是法人,也可以是自然人。

理解纳税人的含义,还应当了解与其相关的两个概念。一个是负税人。负税人是最终负担税款的单位和个人。它与纳税人不同,在能够通过各种方式把税款转嫁给别人的情况下,纳税人只起了缴纳税款的作用,并不是负税人。如果税款不能转嫁,纳税人就是负税人。另一个概念是扣缴义务人。扣缴义务人是负有代扣代缴纳税人税款义务的单位和个人。税务机关按规定付给扣缴义务人代扣手续费。扣缴义务人必须按税法规定代扣税款,并按规定期限缴库,否则,也要承担法律责任。显然,扣缴义务人不是纳税人,不负纳税义务,只是代税务机关向纳税人征税,同时代纳税人将收取的税款缴给税务机关。

(二)课税对象

课税对象也称征税对象,是征税的依据,是指对什么征税,它是纳税客体。课税对象是税制的最基本要素,它规定了征税的基本范围,决定了各个税种性质上的差别,是确定税种名称的主要标志。一种税区别于另一种税,主要是由于其课税对象的不同。

与课税对象相关的概念是税目和计税依据。税目是课税对象的具体项目,它规定着征税的具体范围。税目的作用主要体现在两个方面:一是明确具体的征税范围,解决征税的广度问题。每一个税目就是课税对象的一个具体类别。通过这种分类,便于贯彻国家的税收调节政策,即对不同的税目进行区别对待,制定高低不同的税率,为一定的经济政策目的服务。

计税依据是指课税对象的计量单位和征收标准。计税依据既可以是课税对象的价格,也可以是课税对象的数量。计税依据的设计,一般视课税对象的性质、课税目的、税收管理人员的水平和社会环境等因素而定。

(三)税率

税率是指应纳税额与课税对象数额之间的法定比例,是计算应纳税额的尺度,是税制的核心要素。税率的高低,直接关系到国家财政收入的多少和纳税人负担的轻重,反映了征税的深度,所以在税法中对税率的确定尤为重要。我国现行税率主要有:

1.比例税率。即对同一征税对象,不分数额大小,规定相同的征税比例。我国的增值税、营业税、企业所得税等采用的是比例税率。

2.累进税率。累进税率是按课税对象数额大小规定不同等级的税率。课税对象数额越大,税率越高。累进税率具体形式有全额累进税率和超额累进税率。

(1)全额累进税率指按课税对象的绝对额划分若干级距,每个级距规定的税率随课税对象的增大而提高,就纳税人全部课税对象按与之相适应的级距的税率计算纳税的税率制度。"全"字的含义就是全部课税对象,按一个达到级距的相应税率征税。全额累进税率在我国一般已不采用。

（2）超额累进税率是指把征税对象按数额的大小分成若干等级，每一等级规定一个税率，等级越高税率越高，一定数额的征税对象依所属等级同时适用几个税率分别计算，将计算结果相加后得出应纳税款的税率。目前，采用这种税率的有个人所得税。

全额累进税率与超额累进税率比较，前者累进程度急剧，计算简便，但在累进级距的交界处，存在增加的税额超过税基的不合理现象；后者累进程度较缓和，不发生累进级距交界处的税负不合理问题，因此多为各国所采用。

3.定额税率。即按征税对象确定的计量单位，直接规定一个固定的税额。目前采用定额税率的有资源税、车船使用税等。

（四）纳税环节

纳税环节是指，征税对象从生产到消费的整个过程中应当缴纳的税款具体从哪个或哪几个环节取得。纳税环节的确定，必须考虑如何对生产与流通有利，并便于征收管理和保证财政收入。商品从生产到消费要经过许多流转环节，如工业品一般要经过工业生产、商品批发、商品零售等环节。许多税种往往只选择其中的某一个或几个环节纳税。按照确定纳税环节的多少，可分为"一次课征制""两次课征制"和"多次课征制"。

（五）纳税期限

纳税期限一般是指，税法规定的纳税人发生纳税义务向国家缴纳税款的间隔时间。纳税期限的确定，主要考虑以下几点：一是应从国民经济部门生产经营特点和不同的征税对象来确定；二是应根据纳税人缴纳税额的多少来确定；三是应根据纳税义务发生的特殊性和加强税收征管的要求来确定。从我国现行各税看，纳税期限分为按期征收（年、季、月、旬、日）和按次征收等。

（六）减免税

减免是税法中对某些特殊情况给予减少或免除税负的一种规定，属于减轻纳税人负担的措施。减税就是减征部分税款，免税就是免征全部税款。减免税的基本形式可分为税基式减免、税率式减免和税额式减免三种，其中税基式减免主要包括起征点、免征额。起征点是税法中规定的课税对象开始征税时应达到的一定数额;课税对象未达到起征点时,不征税;但达到起征点时,全部课税对象都要征税。免征额是课税对象中免于征税的数额;对于免征额规定的课税对象,只就其超过免征额的部分征税。

上述三种减免税形式中,税基式减免使用得最为广泛。

延伸阅读:

宏观税负

宏观税负即宏观税收负担,是指一个国家的税负总水平,通常以一定时期(一般为一年)的税收或政府收入总量占同期经济产出的比例来表示。在具体计算宏观税负指标时,经济产出通常以国内生产总值(GDP)来代表。

宏观税负受多种因素的影响,包括经济发展水平、社会福利水平、宏观经济政策、财政收入来源、税收制度、税收征管水平、产业经济结构及地区差异等经济要素,以及国家积能范围等非经济要素宏观税负(计算公式是:政府收入/GDP)可分为大、中、小三个口径。

一是小口径。把所有的税收收入加总在一起比GDP。这个口径数据准确、严谨,但一般嫌其覆盖面太窄而"不够用"。

二是中口径。把小口径加上其他一些项目,比如社会保障方面集中的缴费,再比GDP。这个口径的意义不大,研究者使用不多。

三是大口径(广义口径)。把所有政府收入加总后比GDP这个口径最有现实意义,但各国情况千差万别,技术上对其具体口径必须严谨地作标准化处理。研究者一般使用的是IME(国际货币基金组织)的定义口径。

结构性减税

结构性减税是指在"区别对待,结构性调整"原则下形成减税效应的一种税制改革方案,旨在根据经济发展形势的需要,通过"做减法"的措施,对税制结构加以优化,从而使税收更好地发挥其功能作用。它既区别于全面的、大规模的减税,又不同于一般的有增有减的税负调整,而是更注重和强调为达到特定目标而针对特定群体、特定税种有选择地降低税负水平,把优化税制结构、服务于经济增长和经济发展方式转变的目标,落实于有针对性地减轻企业和个人的税收负担之上

归结起来,结构性减税政策的内涵主要有两方面:一是强调"减税",降低税负水平。其有别于税负水平维持不变的有增有减的结构性调整,会带来实际税负水平的下降。二是强调"结构性",即不是全面的减税,而是有选择、带有强烈优化结构意图的减税安排。从逻辑上说,既然有一定环境、条件下的结构性减税,便可能有一定环境、条件下的"结构性增税"。

我国近年结构性减税推出的背景是 2008 年下半年席卷全球的金融危机。为了应对金融危机给我国经济造成的严重冲击,我国实施了旨在扩内需、保增长的积极财政政策和适度宽松的货币政策。积极财政政策的内容之一便是结构性减税,具体包括企业所得税"两法合一",增值税转型,降低证券交易印花税率,暂停征收居民储蓄利息的个人所得税,连续多次上调出口退税率,减征小排量汽车购置税,提高个人所得税中工薪收入起征点及改进税率设计,提高小微企业增值税和营业税起征点等,广义上也包括清理取消不合理的收费。不断出台的结构性减税措施,成为拉动经济复苏的重要驱动力之一。

企业减税与企业减负

企业减税,是指减轻企业的税收负担,可能涉及企业所得税、房产税、契税、土地增值税、城镇土地使用税等直接税收负担和增值税、消费税和关税等间接税收负担。企业减负,除税收负担的降低之外,还包括减轻社会保险、税外行政收费、中介收费,及其他的隐性负担。因此,企业减税只是企业减负的一部分,为切实地给企业减负,还需要把税收负担、税外收费负担与各种隐性负担、综合成本加在一起作通盘考虑。

为企业降费、降综合成本的具体方案设计比减税更复杂。在中央层面,涉及的基金、行政收费项目就有几十种,地方则更多,这就要求带有攻坚克难性质的配套改革,包括政府各部门职能如何合理化,如何把其他行政收费以及一些隐性负担降下来,这是配套改革的任务,已不是税制改革任务自身所能涵盖的了。

(七)违章处理

又称罚则,是税务机关依据税法规定对纳税人违反税法的行为采取的惩罚性措施,它是税收强制性在税制中的具体体现。

纳税人的违法行为主要包括:

1.违反税收征管法,即纳税人不按规定办理税务登记、纳税申报、建立账务、提供纳税资料以及拒绝接受税务机关监督检查等行为。

2.偷税,即纳税人有意识采取隐瞒、欺骗等手段不缴或少缴税款的违法行为。

3.抗税,即纳税人对抗国家税法拒绝纳税的严重违法行为。

4.骗税,即纳税人利用假报出口等欺骗手段,骗取国家出口退税的违法行为。

对上述违法行为必须依法予以行政处罚,构成犯罪的要由司法机关追究刑事责任。

三、税制结构及税种的分类

(一)什么是税制结构

税制结构指的是不同功能的税种组合配置的状态。现代税制的结构特征是"复合税制",即以多种税、多环节、多次征的制度安排,形成主体税种明确、辅助税种各具特色、各税种相互协调配合而有机组成的税收制度总格局。可以说,税制结构是税收制度的基础与关键内容,决定着税制运行总体效率和税收职能可否有效发挥。税制结构与国情、经济发展阶段有内在联系,且具有很强的国家特色,在世界上找不出税制结构完全相同的两个国家。从税收发展的历史看,财产税、全值流转税、增值税、所得税等都充当过主体税种。目前,世界各国的税制结构模式根据主体税种的不同,可主要分为以下几种类型:一是以所得税(及财产税等直接税)为主体的税制结构,二是以商品税(流转税)为主体的税制结构,三是商品税和所得税并重的"双主体"税制结构,四是流转税、所得税和社会保障税并重的"三主体"税制结构,五是"避税港"模式的税制结构,其中前四种税制结构最为常见。从世界范围来看,美国是以所得税为主体的税制结构,欧盟是"三主体"税制结构,我国是以流转税为主体的税制结构,但所得税、直接税的比重将随着人均 GDP 的提高和税制改革而相应有所提升。不同的税制结构各有不同特点。影响税制结构的主要因素有社会经济发展水平、国家治理结构、税收征管能力等。此外,一国的税制结构还受一定的历史传统、人文环境、改革动能等因素的影响。

(二)税种的分类

税制结构是不同功能的税种组成的。从不同的角度,按照一定的标准,税种有多种分类:

1.按课税对象分类,可将税收分为流转税、所得税、资源税、财产税、行为税五大类。

(1)流转税。是以商品销售额或提供劳务的营业额为课税对象的各种税收的统称。现行流转税主要有增值税、消费税、营业税。

(2)所得税。是以所得额为课税对象的各种税收的统称。如企业所得税、个人所得税。

(3)资源税。是对在我国境内从事资源开发,就资源和开发条件的差异而形成的级差收入征收的各种税收的统称。有资源税、城镇土地使用税等。

(4)财产税。是以特定财产为课税对象的各种税收的统称。如现行的房产税、车船税、契税等。

(5)行为税。是以特定的行为为课税对象的各种税收的统称。我国现行的行为税主要有印花税、车辆购置税。

2.按照税负是否转嫁分类,可将税收分为间接税和直接税两大类。

目前各国较通用的划分标准是按照国民经济核算期间税负能否当期转嫁为判断标准。如果税负不能当期转嫁,纳税人与负税人当期一致的税种为直接税,主要包括所得税类和财产税类税种,如企业所得税、个人所得税、房地产税、遗产和赠与税等;如果税负存在当期转嫁的可能性,使纳税人与负税人可能不一致的税种为间接税,此类税收主要包括以货物和劳务税类税种,如增值税、消费税、资源税、关税等。

一般认为,世界税制结构的演进经历了由以简单、原始的直接税为主的税制结构到以间接税为主体的税制结构,再由以间接税为主体的税制结构发展为以现代直接税为主体的税制结构,再到当前各国重新认识到间接税的特定优势,从而谋求直接税与间接税优化组合的税制结构。从总体上看,目前发达国家的税制结构仍以直接税为主体,并呈现出稳中有升的态势,尤其以美国最为典型。经济合作与发展组织(OECD)成员国的税制结构基本呈现出"三三制"的格局,即直接税收入占三分之一,社会保障税占三分之一,流转税占三分之一。如果不作严格区分,社会保障税也可以划归为直接税类。这样,直接税在全部税收收入中所占的比重达到60%左右。同时值得注意的是,自20世纪80年代以来,西方国家进行了大规模的税制改革,重新调整了税收对经济的干预政策,开始重新重视间接的作用,如欧共体国家进行了以增值税为主的间接税改革,扩大了增值的范围,调整了税率结构,从而使增值税在间接税中的比重有所上升。

延伸阅读:

"税负痛苦指数"及其评价和反思

概念由来

《福布斯》中文版在2005年7月刊上以封面标题形式发表特别报道:2005税负痛苦指数(Tax Misery Index),标题为"税务世界:扁平并快乐着",旨在通过一年一度的全球税负调查,为企业及其雇员提供投资和就业指导,用这一指数作为衡量一项政策是否有利于吸引资本和人才的最佳标准,负数表示吸引力增加。

税负痛苦指数全称为"福布斯全球税负痛苦和改革指数",简称"全球税负痛苦指数",是企业所得税、个人所得税、财产税、雇主社会保险、雇员社会保险和增值税(或销售税)等六大税种的最高一档名义税率加总得出的。

基本评价

(一)税负痛苦指数不能准确衡量名义税负的高低

税负痛苦指数的得分是以各地区最高边际税率计算的,被选用的各税种最高边际税率加总的结果就是税负痛苦指数。如《福布斯》推出的税负痛苦指数即是将企业所得税、个人所得税、财产税、雇主社会保险、雇员社会保险和增值税(或销售税)最高法定税率直接加总,以此对应我国的具体情况,财产税为零,其他各税依次为企业所得税25%、个人所得税45%、雇主社会保险即公司缴纳的社保金40%、雇员社会保险即个人缴纳的社保金20.5%,增值税16%,最高边际税率直接加总得出税负指数为136.5。税负痛苦指数的计算科学性较差,存在几个重大缺陷:

一是没有区别平均税负与边际税负的差异。平均税负反映的是每单位的税基所承担的税收负担。边际税负是最后一单位税基所承担的税收数量,是经济学边际分析在研究税负问题上的应用。将主体税种与相应的经济指标对比分析,可以看到各主体税种都有各自不同的来源,并不是所有的税收都来自GDP。我国宏观税负提高是各个分量税基负担的税收数量增加的结果,不是来自每单位GDP负担税收的增加,更不是GDP的价值增量负担了全部税收增量,边际税负的说服力更加弱化。只有平均税负才是衡量税负高低的有意义的指标。比如,《福布斯》税负痛苦指数对我国个人所得税计算使用的税率是最高边际税率45%,而适用45%税率的人(月薪超过8万元)和税收收入占比少之又少。但《福布斯》税负指数中,个人所得税是按最高档税率45%计算,要占总指数的1/4强。显然,将比重如此微小的个人所得税项目直接扩大,把只有极少数人适用的税率作为普遍适用的税率是不科学的,只有当适用最高税率的比例较大时才是合理的。

二是不考虑税基比重和税制结构。《福布斯》税负痛苦指数不考虑税基比重和税制结构,将不同税种的最高法定税率作简单加总,而忽视了主体税种在税收收入中的占比。总体税负应是各主体税种税负的加权平均水平,不考虑税基结构而直接简单加总法定税率,在一国经济结构变动较大时,将影响计算结果的可靠性。同时,不同税种在税收收入中所占比重也影响着总体税负的高低。占我国税收收入比重7%左右的个人所得税与占税收收入近半的增值税,将其最高法定税率直接简单加总,计算出的结果的是极其不科学的。

三是税种选择标准不确定。税种主要选择主体税种，但税种入选并无确切的标准，比如税种收入占总收入的百分比达到多高水平一定被选择等。如果增加或减少一个税种，排序将发生重大变化，这也降低了衡量的科学性。如果把我国除了以上几个主体税种外的近20个地方小税种的最高边际税负做相同的加法，指数将突破300，这已经是一个没有任何税负含义也没有任何意义的数字了。

(二)税负痛苦指数不能说明实际税负的高低

第一，《福布斯》计算的各国税负痛苦指数与其实际宏观税负相关度甚低。比如，实际税负最高的前10位的国家中，只有4个国家在税负痛苦指数排序中，并且处于痛苦程度较轻的10位以后至20位之间。因此，这种与实际税负排序间的重大差异反映了税负痛苦指数排序方法有重大缺陷。

第二，不考虑减免政策和征管因素。我国税法中减免税政策规定条款多，范围宽，数额大，会在一定程度上降低宏观税负的理论水平。粗略地匡算，减免税政策规定会使宏观税负的理论水平降低10%左右。从世界范围看，各国税收征收管理水平差异较大，发达国家征管水平通常高于发展中国家，但没有哪个国家的征管水平能使实际税负达到法定税率水平。法定税率与实际税负之间征管因素有很大的作用空间，二者不能等而视之。税负指数对发达国家或者税收征收管理水平再不能上升的国家来说，用于自身的比较有一定的参考价值，但不适于进行国际比较。

第三，就我国实际情况看，二者相去甚远。在《福布斯》计算的各国税负痛苦指数中，我国位居前茅，但实际上我国宏观税负既低于发达的工业化国家平均税负水平，也低于大部分发展中国家的宏观税负。连《福布斯》本身也说到，最高边际税率与实际税负相去甚远，两者之间的差距太大。既然税负痛苦指数与实际税负距离遥远，用这个指标就不能说明痛苦程度，用税负痛苦指数为企业及其雇员提供投资和就业指导的原意也打了折扣。

事件反思

在税收的问题上，哥尔柏那句"税收这种技术，就是拔最多的鹅毛，听最少的鹅叫"被反复引用。拔最多的鹅毛就是"加重税负"，而听最少的鹅叫，就是让征税的"痛苦指数"降到最低。要让这两个看似矛盾的方面实现统一，只需做到以下几个方面：

一是税收法定，即是否征税以及征多高的税率，都由公众通过法定程序来决定。我国现行的18种税没有全部由全国人大立法确定，多个税种都是由行政法规或事实上由更低层级的行政规章来确定。

二是预算公开，即公众清晰地知道自己交上去的每一分钱用在了哪里。预算公开的状况和税收的权威性有直接关系，因为所有的税收都是预算收入最重要的组成部分。如果公众对政府预算收支缺乏足够的知情权和监督权，公众就很难建立起对税收最基本的信任和支持。从对馒头税的误解到对月饼税的焦虑，纳税人的权利正在逐步植根于每一个公民心中，这其实也是公众"重新发现税中隐藏的权利"的过程。可一旦这种"重新发现之旅"遭遇纳税的义务和享有的权利不对等的尴尬，公众就会对纳税有一种本能排斥，其结果就有可能是"拔最少的鹅毛，哪怕依法合规，也会听到最多的鹅叫"。

三是降低行政成本、增加公共服务。税负痛苦指数高的一个重要原因就是，纳税主体在心理上觉得自己的税负与获得的相应公共服务不对等。无论是公民个人还是各类单位，在依法纳税之后，对于政府公共服务的心理预期都会提高。对个人或个体工商户来说，缴纳个税后，在教育、公共医疗、社会保障以及公共基础设施等方面，得不到相应的服务，自然会产生不满情绪。对于企业和其他单位来说，缴纳了各种税收后，如果不能在发展软环境的多方面得到应有的公共服务，当然也会造成高税收痛苦指数。因此，需要所有政府部门齐心协力，在打击防控腐败的同时，还要切实降低行政成本，努力为纳税主体提供更加廉价、高效、及时的公共服务。从而降低纳税人的税负痛苦指数。

本章主要名词

税收 税法税收立法 税收执法 税收司法 税收制度 税制构成要素

复习思考题

1.如何准确理解税收的内涵？

2.税收的基本特征有哪些？如何准确理解税收直观的无偿性和整体的有偿性？

3.简述税收法定原则的具体内容及其如何准确理解？

4.税法的特点和作用？

5.概述我国的税收法律体系和级次？

6.如何理解结构性减税、企业减税与减负？

7.世界各国的税制结构模式主要有哪些？

8.我国税种的分类主要有哪些？

▶ 第 六 章 ◀

我国的税制建设

第一节　改革开放以来的税制改革
　　　及中国税制未来走向

一、改革历程①

我国历次重大税制改革都发端于经济体制的改革期和转型期,经济体制改革与转型推动了税制改革,税制改革同时也成为经济体制改革的重要组成部分,并为经济体制的转型提供有力的制度保障。自 1978 年改革开放以来,历次三中全会尤其是第十二届(1984 年)、第十四届(1993 年)、第十六届(2003 年)、第十八届(2013 年)三中全会,均通过了一系列重大经济体制改革及全面深化改革方案,同时也指引了中国历次税制改革的方向,从而促生了我国十年一个周期的重大税制改革历程。按照历次涉及重大税制改革的三中全会为时点,可以将我国税制改革历程划分为四个阶段。

(一)新税制体系初步建立(1978 年—1992 年)

1978 年改革开放之初,中共第十一届三中全会做出了全党工作重点转移到社

---

① 《改革开放以来税制改革历程与逻辑转变》.武树礼,经济与管理科学.2018.4.

会主义现代化建设的重大决策,提出改革经济管理体制的任务,1980年颁行的中外合资经营企业所得税法和个人所得税法,以及1981年颁行的外国企业所得税法,标志着我国逐步建立了涉外税制和个人所得税制,并为下一步税制改革预热;1984年中共第十二届三中全会明确了加快以城市为重点的整个经济体制改革,我国开始从计划经济向有计划商品经济转型。1983年全国试行国营企业"利改税"的第一步改革以及1984年颁行《国营企业第二步利改税试行办法》的两步"利改税",彻底转变了国家和企业的分配关系,税收收入占财政收入的比重显著提高,对政府财政收入结构的影响十分巨大。1984年之后增值税(1984年)、关税(1985年)、个人收入调节税(1986年)、耕地占用税(1987年)、私营企业所得税(1988年)、外商投资企业和外国企业所得税(1988年)等一系列税收条例的公布,至1992年我国已初步建成了与经济体制改革起步期相适应的新的税制体系。税收的收入职能和宏观调控职能得以全面强化,对改革开放和经济发展起到良好的促进作用,也为1994年的分税制改革奠定了良好基础。

(二)构建适应社会主义市场经济要求的税制体系(1993年—2002年)

1993年中共第十四届三中全会明确提出了建立社会主义市场经济,要求按照"统一税法、公平税负、简化税制和合理分权"的原则对税制结构进行优化,陆续颁布实施了《全国人民代表大会常务委员会关于修改〈中华人民共和国个人所得税法〉的决定》《中华人民共和国增值税暂行条例》《中华人民共和国消费税暂行条例》《中华人民共和国营业税暂行条例》《中华人民共和国企业所得税暂行条例》《中华人民共和国土地增值税暂行条例》《中华人民共和国资源税暂行条例》《关于外商投资企业和外国企业适用增值税、消费税、营业税等税收暂行条例的决定》等改革文件。为配合当时从有计划商品经济向市场经济的转型,1994年我国开始了新中国成立以来规模最大、范围最广的分税制改革。可以说,1994年的税制改革是我国税制改革进程中的重要转折点,是我国税制建设史上新的里程碑。改革的主要内容:1.推行以增值税为核心、相应设置消费税、营业税,建立新的流转税体系。对所有的工商企业销售货物普遍征收增值税,再选择部分消费品交叉征收消费税;对不实行增值税的第三产业所提供的劳务继续征收营业税。改革后的流转税由增值税、消费税、营业税组成,统一适用于内外资企业。2.企业所得税的改革。

对国有、集体、私营企业统一征收企业所得税；外资企业仍适用原税种，待条件成熟后再统一内、外企业所得税。3.个人所得税的改革。将原个人所得税、个人收入调节税和城乡个体工商业户所得税合并，建立统一的个人所得税。4.其他税的改革。开征土地增值税；取消集市交易税、牲畜交易税、奖金税和工资调节税；将盐税并入资源税；下放屠宰税和筵席税的管理权限。由此构建了流转税和所得税双主体的多税种、统一了企业所得税和个人所得税，初步实现公平税负、简化税制，建立了中央与地方两级征管体系，形成了构建现代税制的历史基础。

(三)完善社会主义市场经济体制要求配套进行进一步的税制改革(2003年—2012年)

2003年，中共第十六届三中全会通过《中共中央关于完善社会主义市场经济体制若干问题的决定》，提出的"五个统筹"：统筹城乡发展、统筹区域发展、统筹经济和社会发展、统筹人与自然和谐发展、统筹国内发展和对外开放，是完善社会主义市场经济体制的重要内容或目标，而税制改革又是统筹发展的基础和推动力。依据完善社会主义市场经济体制的要求，启动新一轮税制改革能为各方面协调发展"铺路搭桥"，显然是完善社会主义市场经济体制的必然之举。为此在2003年以后，按照"简税制、宽税基、低税率、严征管"的原则，在维持原有税制框架的基础上，开启了税制改革的序幕，分步实施了税收制度改革。

1.修改个人所得税法。从2006年—2011年，前后进行了三次个人所得税政策的调整。一是2006年1月1日起，将工资薪金所得的税前费用扣除标准由800元提高到1600元。二是2008年将个人所得税工资薪金所得的税前扣除标准由1600元调高到2000元，并于3月1日起实行；同年10月9日，经国务院批准，财政部、国家税务总局发出通知，规定即日起储蓄存款利息所得暂免征收个人所得税。三是2011年进一步修改个人所得税法。将工资、薪金所得的费用扣除额再次由2000元提高到3500元；同时调整工资、薪金所得的税率结构，由九级超额累进税率改为七级超额累进税率，并且将最低税率由5%降至3%。修改后的个税法于2011年9月1日起施行。

2.取消农业税。2006年3月，十届人大四次会议通过决议，在全国范围内彻底取消农业税。中国延续了2600多年的"皇粮国税"走进了历史博物馆。在我国历史的发展过程中,农业税都是在采取不同的形式进行征收的,在古代,甚至出现赋税过重,农民无法生存的情况。新中国成立以来,在较长的时间内,农业税也是需要进行征收的。而取消农业税,一方面有助于减轻农民的经济压力,对于缩小城乡差距是有很大的帮助的,另方面有利于建设全面小康社会,有利于建造社会主义新农村。

3.统一内外资企业所得税。2007年,我国做出了一个重大决定——将执行了十几年之久的内外两套企业所得税法合二为一。因为1994年的税改考虑到当时的国际国内因素,致使统一了国内企业所得税,而外商企业仍然按原规定执行,于是两套税法在税率、优惠政策、税前扣除标准等方面存在较大差异,内外资企业平均实际税负悬殊近十个百分点。这必将使内资企业处于一个不平等的竞争地位,影响统一、规范、公平竞争的市场环境的建立,进而影响到国民经济的健康运行,影响到中国社会主义和谐社会的构建。为此,根据科学发展观和完善社会主义市场经济体制的总体要求,按照"简税制、宽税基、低税率、严征管"的税制改革原则,借鉴国际经验,建立各类企业统一适用的科学、规范的企业所得税法,并决定自2008年1月1日起施行,同时取消原外商投资企业和外国企业所得税、企业所得税。

4.增值税实施由生产型转为消费型的改革。

一是增值税转型改革从2009年1月1日起开始实施,企业在2009年1月1日以后实际购进并且发票开具时间是2009年1月1日以后的固定资产,允许抵扣进项税额。

二是准予抵扣的固定资产范围仅限于现行增值税征税范围内的固定资产,包括机器、机械、运输工具以及其他与生产、经营有关的设备、工具、器具。房屋、建筑物等不动产,虽然在会计制度中允许作为固定资产核算,但不能纳入增值税的抵扣范围,不得抵扣进项税额。

5.试点"营改增"。2012年1月1日起,在上海交通运输业和部分现代服务业开展营业税改征增值税试点。自2012年8月1日起,进一步扩大营改增试点范围:北京、天津、江苏、浙江、安徽、福建、湖北、广东8省市和宁波、厦门、深圳3个计划单列市。营改增试点从制度上缓解了货物和服务税制不统一和重复征税的问题,贯通了服务业内部和二、三产业之间的抵扣链条,减轻了企业税负,激发了企业活力,促进了社会分工协作,有力地支持了服务业发展和制造业转型升级,提升了货物贸易和服务贸易出口竞争力,是推进经济结构转型升级的重要举措。

经过 10 年的税制改革,我国税制进一步简化和规范,税负更加公平合理,税收收入大幅度增长,宏观调控作用进一步加强,为完善社会主义市场经济提供了有力的财政支持和制度保障。

(四)深化税收制度改革(2013 年至今)

2013 年,中共第十八届三中全会做出了全面深化改革的重大决策,提出"改革税制、稳定税负"。我国当前正在进行的新一轮税制改革就是在全面深化改革的大背景下推进的。全面深化改革是在过去经济改革基础上,拓展为包括经济、政治、社会、文化、生态文明建设等方面体制机制的整体性、系统性改革。全面深化改革大背景下的税制改革不仅是过去经济体制改革指导下税制改革的延展和深化,也对此轮税制改革提出了新形势下的新要求。新时期的税制改革是建立有利于科学发展、社会公平、市场统一的现代税收制度体系,充分发挥税收筹集财政收入、调节分配、节能减排、促进结构优化的职能作用。

1.改革消费税。一是为促进环境治理和节能减排,连续三次(2014 年 11、12月、2015 年 1 月)上调成品油税率,其中,汽油和柴油的消费税税率由最初的 1 元/升、0.8 元/升,提高至 1.52 元/升、1.2 元/升。二是为促进节能环保,2015 年 2 月 1日起,将电池、涂料列入消费税征收范围,适用税率均为 4%。

2.全面实施营改增。从 2012 年开始试点,到 2016 年全面实施历经 4 年,采取了渐进的改革方式。

2013 年 8 月 1 日起,交通运输业和部分现代服务业营改增试点推向全国,同时将广播影视服务纳入试点范围;2014 年 1 月 1 日起,铁路运输业和邮政业在全国范围实施营改增试点。

2014 年 6 月 1 日起,电信业在全国范围实施营改增试点。至此,营改增试点已覆盖"3+7"个行业,即交通运输业、邮政业、电信业 3 个大类行业和研发技术、信息技术、文化创意、物流辅助、有形动产租赁、鉴证咨询、广播影视 7 个现代服务业。

2016 年 5 月 1 日全面推开营改增试点,基本内容是实行"双扩":一是扩大试点行业范围。将建筑业、房地产业、金融业、生活服务业 4 个行业纳入营改增试点范围,自此,现行营业税纳税人全部改征增值税。其中,建筑业和房地产业适用11%税率,金融业和生活服务业适用6%税率。二是将不动产纳入抵扣范围。继上一轮增值税转型改革将企业购进机器设备纳入抵扣范围之后,本次改革又将不动产纳入抵扣范围,无论是制造业、商业等原增值税纳税人,还是营改增试点纳税人,都可抵扣新增不动产所含增值税。

3.全面推进资源税改革。自2016年7月1日起,一是水、森林、草场等资源纳入征税范围,二是全面推开从价计征方式。目的在于通过全面实施清费立税、从价计征改革,理顺资源税费关系,建立规范公平、调控合理、征管高效的资源税制度,有效发挥其组织收入、调控经济、促进资源节约集约利用和生态环境保护的作用。

4.开征环境保护税。《环境保护税法》自2018年1月1日起开始实施。开征环保税有利于构建绿色税制体系,促使环境外部成本内生化,倒逼高污染、高耗能产业转型升级,推动经济结构调整和发展方式转变。环保税,是"费改税"的一大成果,它的"前身"是排污费制度。实施环境保护费改税后,环保税全部作为地方收入。全国排污费收入大约在200亿元左右,"费改税"后基本上平移过渡,收入上不会有太大变化。因此,环保税的生态保护意义远大于收入意义。

5.改革个人所得税。与以往的历次个人所得税改革相比,2018年的改革力度和幅度都是最大的。主要内容有:一是首次实行综合征收,除少许特殊项目,将工薪、劳务、稿酬、特许权使用费等劳动性所得综合纳入税基,加总求和一并征税。二是提高基本扣除额,根据居民基本生活消费水平变化,测算确定提高到5000元／月(60000元／年)。三是增加专项附加扣除:子女教育、继续教育、房贷利息、住房租金、大病医疗、赡养老人。这意味着个税扣除标准将因人而异,有助于发挥个税调节收入差距减的作用。四是优化调整税率结构,扩大3%、10%、20%三档低税率的级距,表明中低收入者税负大幅减轻,可以有效促进消费对经济的拉动。

2018年10月1日起,先将工资、薪金所得基本减除额提高到每月5000元,并按新的税率表计税。工薪族纳税人将不同程度实现减税,其中月收入在2万元以下的纳税人税负可降低50%以上。2019年1月1日起,将劳务报酬、稿酬、特许权使用费等三项所得与工资薪金合并起来计算纳税,并实行专项附加扣除。

二、经验总结

(一)税制改革适应我国的基本国情

纵观改革开放四十年我国的税制改革,是一个对税收职能不断调整、功能定位不断深化的过程。在税制改革的不同阶段,政府对税收制度的作用与地位有过不同层次的认识,相应的税收制度也承担过多种角色。在税制改革初期,税收是作为政府组织财政收入的工具与一种调节经济的杠杆。之后的税制改革都是在市场化改革引导之下进行的,税制的构建要符合社会主义市场经济要求,要为经济建设这个中心服务。党的十七大报告中指出要"实行有利于科学发展的财税制度",这里的科学发展开始将税收与社会发展挂钩,表明政府已经注意到税收制度并不仅仅是一种经济手段,但政策文件中尚没有明确地说明。直至党的十八届三中全会将财税改革进行了战略性定位,"财政是国家治理的基础和重要支柱,科学的财税体制是优化资源配置、维护市场统一、促进社会公平、实现国家长治久安的制度保障"。"十三五"规划纲要继续提出,"深化财税体制改革,建立健全有利于转变经济发展方式、形成全国统一市场、促进社会公平正义的现代财政制度,建立税种科学、结构优化、法律健全、规范公平、征管高效的税收制度。……调动各方面积极性,考虑税种属性,进一步理顺中央和地方收入划分",再次强调了财税体制与市场建设、经济发展之间的作用关系,并对税收制度的建设提出了更加明确的目标。党的十九大报告指出"深化税收制度改革,健全地方税体系"。新时代背景下,建设现代税收制度已经成为推进国家治理体系和治理能力现代化的必然要求,税制改革需要与现实国情以及国家治理紧密结合。

(二)充分发挥税收的治理属性

税收具有多重属性,包括经济属性、社会属性、政治属性和法律属性等,其中政治、社会、法律属性统称治理属性。但是,过去对税收制度的设计,主要是从税收的经济属性出发的,并未充分凸显税收的治理属性。比如很多教科书将税收定义为一种经济活动,属于经济范畴。从经济视角对税收制度进行定位,就会导致对税制承载的政府职能的忽视。从本质上讲,税收不仅是经济范围内,政府为实现其职能需要,取得公共收入的一种手段;更是政治社会范围内,一个事关国家治理能力强弱的重要工具。税制改革不仅仅是经济体制改革的重要内容之一,还是全面深化改革的重点之一,会牵动经济、社会、政治、文化、生态文明等所有领域的改革。税制改革的成果,不仅会对社会的资源配置产生影响,还会影响社会的和谐统一,更关乎国家的稳定。改革开放40多年来,我国税制改革的实践充分验证了税收治理功能的重要性。因此,未来对税收治理功能的强调,第一,仍应重视税收的组织收入功能,并进一步强调规范性、效率性,为我国继续深入推动改革开放奠定物质基础。只有建立在一定税收能力基础上的国家治理,才能做到运行稳定、作用有效、功能到位,为国家治理提供充足的作用空间。第二,继续不断匹配市场对资源配置的调节作用。改革开放以来,市场对资源配置发挥的基础性作用,已进一步发展到决定性作用,税收与市场的关系迈向新阶段。在当前现代税收制度建设的过程中,这一关系的协调仍是关键。在处理税收与市场关系的同时,应突出税制改革在促进社会公平方面的作用功能。在市场经济条件下,市场不能自动达成社会公平,而社会公平是社会稳定、社会发展的重要前提条件。税收对促进收入公平的作用最为明显和直接,能够为国家的社会治理提供重要支持。

(三)税改的内容从经济领域转向社会、生态多重领域

1994年的分税制改革奠定了我国的税制基础,规范税率、扩大税基,为历史时期我国建立社会主义市场经济提供了强大的制度支持。2003年税制改革的启动,使城乡税制、内外资企业税制并轨、个人所得税统一,消费税、营业税也得到微调,都在经济领域为构建公平公正的市场环境提供有力的制度保障。2007年,根据十七大确立的科学发展观,我国提出了实行有利于科学发展的税收制度要求,即从过去以促进经济发展为主要目标转向注重改善民生、节约资源和保护环境等社会目标,注重和谐、统筹和可持续发展。2013年,十八届三中全会的决策更加明确了税制改革在资源环境社会民生等领域的重要作用:调整消费税征收范围、环节、税率,把高耗能、高污染产品及部分高档消费品纳入征收范围。逐步建立综合与分类相结合的个人所得税制。加快房地产税立法并适时推进改革,加快资源税改革,推动环境保护费改税。在新一轮的税制改革中,税收在生态保护和社会发展中的作用不断增强。2016年,我国全面推进资源税改革,使资源税的征收既具有调节经济主体行为的功能,还可以为资源节约和生态保护融资,为建立资源节约型和环境友好性社会提供资金来源和制度保障。在社会民生领域,环境保护税的开征、个人所

得税全方位大力度的改革,目的就是要使人民对美好生活的向往有更多的获得感;房产税、社会保障税、财产税的改革虽还未大刀阔斧展开,但可以预见,它们都均会在收入分配中起到重要的调解作用。如社会保障"费改税"将改变目前费率过高、征收面过窄、征管不严格的现实,不仅有利于保障社保融资,还有助于公平竞争环境的形成。

三、进一步深化税制改革的思考

(一)我国现行税种的设置及分布

经过这些年的税种改革和税制结构调整,我国目前共设置 18 个税种,分别分布在税务和海关两个不同的部门。

税务部负责征管的税种有 16 个。按课税对象的不同,税务部门负责征管的税种又分可为三大类:流转税、所得税、其他税。其中:流转税包括增值税、消费税;所得税包括企业所得税、个人所得税;其他税包括土地增值税、资源税、城建税、房产税、城镇土地使用税、车船税、车辆购置税、印花税、烟叶税、契税、耕地占用税、环境保护税。

海关负责征管的税种有 2 个:关税、船舶吨税。

(二)现行税制存在的问题①

历经 40 多年的制度改革、变迁,中国税收取得了巨大成功,同时也存在一些问题,主要表现在以下几个方面:

1.税制结构不够合理,不利于充分发挥税收调节职能作用。

当前,中国税制结构已经能够较好地实现筹集财政收入的作用,但间接税比重高、直接税比重偏低的现状不利于税收调节作用的发挥。

一是不利于调节收入分配。近年来,收入、财富分配不公问题日益突出,完善税收的再分配调节机制,促进社会公平成为一项迫切的改革任务。税制结构偏重间接税使得财政收入征集具有明显的累退性,不利于体现量能纳税的原则,缺乏能够有力调节收入分配的税种。相关直接税制度存在较大改进空间:个人所得税税制不够完善,再分配功能未得到充分发挥;财产税类总体上征收范围偏窄,收入规

---

① 《改革开放四十年税收制度改革回顾与展望》.康玺、秦悦.财政科学 2018 年第 8 期

模偏小;还没有真正意义上的房地产税,遗产税、赠与税改革还没有具体规则。

二是不利于调节宏观经济运行。间接税税基多与企业经营状况直接相关,经济下行时相关税收收入随之下降,为政府实施逆周期调控带来更大挑战,更甚时,财政增收压力还会引发税收征管"顺周期"现象,而以超额累进所得税为代表的直接税则具备"自动稳定器"作用,能够发挥熨平经济周期波动的作用。保持合理的直接税和间接税比例,更有利于实施有效的财政政策调控。

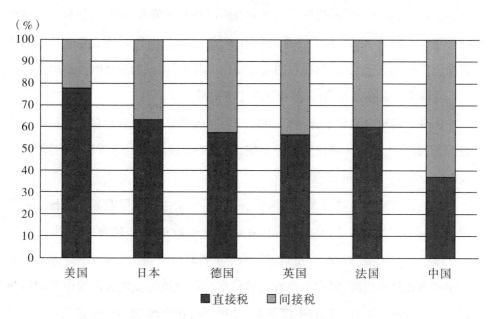

图 6-1　2016 年世界主要国家直接税、间接税在全部税收收入中占比

表 6-1　直接税、间接税特点对比

	直接税	间接税
优点	1.税负难以转嫁 2.可采用累进税制,具备自动稳定器效果 3.方便制订扣除规则	1.征税对象普遍,税源丰富 2.鼓励储蓄,抑制过度消费 3.征收简便
缺点	1.税收损失大,纳税人直接负担重,征收阻力大 2.征收方法复杂,征管要求高	1.易转嫁且具有累退性,无法体现税负公平和量能纳税原则 2.税收收入缺乏弹性,对需求抑制强且易受经济波动影响

三是不利于促进经济结构优化升级和发展方式转变。目前中国的资源税总体

税率偏低,调节范围较窄,相应配套的基础能源产品价格形成机制不完善,不同能源之间比价关系不合理。这使得企业缺乏推动节能降耗、低碳发展的内在动力,不利于落实绿色发展理念。房地产税等与经济社会发展环境、公共服务水平密切相关的税种不健全,增值税、企业所得税等收入占地方财政收入比例高,这客观上导致地方政府盲目铺摊子、上项目,大搞工业开发,要政绩、创收入,而忽视教育、医疗等"软环境"方面投入,制约发展方式转变。间接税税负可以通过各种途径加以转嫁,因此地方政府征得的间接税收入可能由辖区外的税负人承担,这使得生产经营活动相对发达的地区处于税收净流入的有利地位,而生产相对落后地区反而处于税收净流出的不利地位,违背税收的受益原则,加剧了区域间发展的不均衡。

2.税制体系不够完善,地方政府缺乏主体税种。

中国现行的地方税体系建立于 1994 年税制改革时,对地方税体系建设有过初步设想,但此后未能具体细化和推进实施,导致地方税缺乏主体税种,税源零星分散、收入规模小。具体而言:

一是地方自主性财政收入比例偏低。2017 年,全国地方财政累计安排一般公共预算支出 173228.34 亿元,其中中央对地方税收返还和转移支付执行数为65051.78亿元,占比达 37.6%。虽然近年来一般性转移支付在全部中央对地方转移支付中的占比逐年提高,但许多一般性转移支付仍然规定支出方向或附带取得条件,带有专项性质,地方实际自主权不大。2017 年,在全部 35145.59 亿元一般性转移支付中,均衡性转移支付仅为 22381.59 亿元,占比 63.7%;若进一步仅考虑不附带任何条件的小口径均衡性转移支付(12409 亿元),则这一比例将明显下降至35.3%。可见,地方财政支出仍在相当程度上依赖上级转移支付。

二是地方税收收入主要来自于共享税种,缺乏能提供稳定自主财力的主体税种。2002 年所得税收入分享改革实施后,地方税收收入大多来自中央与地方共享税,营业税成为地方税唯一的主体税种。截至全面改征增值税前,2016 年全年地方财政实现营业税收 10168.80 亿元,占地方政府当年全部税收收入的 15.7%。2017 年全面营改增后,营业税被取消,作为过渡办法国家提高了地方政府增值税分享比例,短期内这一问题变得更加突出。2017 年地方增值税、企业所得税、个人所得税三种中央与地方共享税收收入总和为44692.3 亿元,占地方全部税收收入的 65.1%。

　　三是地方财政收入中税费结构不合理。非税收入在地方一般公共预算收入中占比仍然较大,2017 年全国地方财政非税收入总额为 22796.69 亿元,占全部地方财政一般公共预算收入的 25.8%。

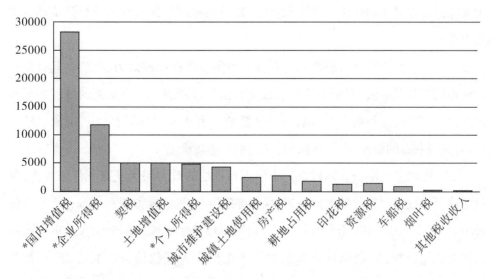

图6-2　2017年地方税收收入构成(单位:亿元)

　　国有土地使用权出让收入占比仍然较高,2017 年全国地方政府性基金本级收入决算数为 57654.89 亿元,其中国有土地使用权出让收入 49997.07 亿元,占比达86.7%。政府性基金和行政事业性收费总额为 80451.58 亿元,在除社会保险基金预算收入外的地方本级收入中占 53.5%。

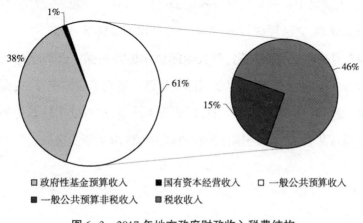

图6-3　2017年地方政府财政收入税费结构

3.税收法律体系不够完善,税收征管水平有待提高。

改革开放初期,国家百废待兴,许多领域的改革缺少法律依据可循,一边探索一边研究立法进行规范的现象比较普遍,税收领域也不例外。进入新世纪以来,相关法律法规建设工作逐步加快,但总体上税收法律的层级和权威性仍然不够。主要表现为:

一是税收立法缺乏系统性和协调性。中国尚没有形成效力层级高、具有足够权威性的税收基本法,对相互平行的独立税法加以规制。税收法制的统一如无本之木,难以实现,给税收立法和税收执法造成不利影响。"部门立法"现象比较普遍,容易在利益的驱使下,出现法出多门、相互冲突情况。

二是税法立法层级普遍较低。中国现行税法的效力层级从高到低依次为:税收法律、行政法规、税收地方性法规、税务部门规章、税收地方规章。现存十八个税种中,仅有个人所得税、企业所得税、车船税和环境保护税依据全国人大审议通过的税收法律征收,其余税种征收依据均为全国人大授权国务院制定的"暂行条例"。此外,在税收执法过程中还存在依靠"补充规定"等部门规章解决问题的情况。这种现状客观上也导致了税法约束性不足,税收规范性偏弱,执法过程总体偏软等问题。

三是税收优惠政策零散、繁多,效果不够突出。当前税收优惠政策的主要问题表现在:区域性税收竞争现象明显,一些优惠政策过于普遍,失去重点;税收优惠手段较为单一,主要集中在税率优惠或减免,不利于引导长期投资;政策零散割裂,缺乏统一的长远规划;立法层级较低,政策制订过程不够科学、规范。

四是税收征管能力还需提高,税收国际协作仍需加强。经济全球化、数字化,对产品生产方式、企业组织形态以及国际贸易模式造成了深刻变革,税源不断多元化的新形势,使得征纳双方信息不对称问题更加凸显,这对处于信息劣势方的税务机关涉税信息搜集整合能力与国际税收协调能力提出了新的挑战。

表6-2 现行税种征收依据

税收条例	税收法律
《中华人民共和国增值税暂行条例》 《中华人民共和国消费税暂行条例》 《中华人民共和国城市维护建设税暂行条例》 《中华人民共和国房产税暂行条例》 《中华人民共和国城镇土地使用税暂行条例》 《中华人民共和国土地增值税暂行条例》 《中华人民共和国契税暂行条例》 《中华人民共和国关税条例》	《中华人民共和国企业所得税法》 《中华人民共和国个人所得税法》 《中华人民共和国车船税法》 《中华人民共和国环境保护税法》 《中华人民共和国船舶吨税法》 《中华人民共和国烟叶税法》 《中华人民共和国资源税法》 《中华人民共和国车辆购置税法》 《中华人民共和国耕地占用税法》 《中华人民共和国印花税法》

（三）下一步税制改革展望

按照党的十八届三中全会决定关于全面深化改革的总体部署，以及2014年6月中共中央政治局会议审议通过的《深化财税体制改革总体方案》要求，2020年前包括税收制度改革在内的各项改革需基本到位，现代财政制度基本建立。2017年10月，党的十九大报告中再次强调要"深化税收制度改革，健全地方税体系"。按照新时代健全和完善国家治理体系，提升国家治理能力要求，以及促进构建现代化经济体系和现代财政制度需要，深化税收制度改革应当以构建税法统一、税负公平、调节有度的税收制度体系，促进科学发展、社会公平和市场统一为目标，在保持宏观税负总体稳定的前提下，着力增强税收引导经济发展方式转变、调节社会财富分配、资源节约与环境保护功能，培育地方主体税种，调动地方组织收入的积极性和自主性。具体而言还有以下几方面：

1.逐步提高直接税比重，有效促进社会公平。

在保持合理的宏观税负水平的同时，统筹协调直接税和间接税比重，加快推进直接税改革，切实发挥税制的调节功能作用。以推进房地产税改革为重点，加快完善财产税体系。整合房地产税和城镇土地税。保有环节的房地产税，被认为是基层地方政府的重要财源，也是调节财产差距的重要政策工具。

从理论上分析，房地产税税源稳定，可以作为基层政府的重要财源。另外，保有环节的房地产税增加了持有人的税收负担，使房地产持有者的成本增加，在房地产供求基本平衡状态下,这种税收负担基本上难以转嫁给需求方。拥有过多财产的人持有成本增加,收益减少。从这个意义上,房地产税能够调节财产差距。在实践上,房地产税能否真正达到调节财产差距的作用,还有赖于房地产税制的具体设计。这其中涉及:设立房地产税制的目的——是以筹集收入为主,还是以调节财产差距为主? 如果是前者,房地产税将采取普遍征收的制度设计;如果是后者,将采取对多占有房地产的少数人征收。另外,不同目的下的税率设计也会不同。前者采取较低税率比较合适;而后者则要采取高税率或者累进性税率。当然,房地产税的目的也可以兼顾两种目的,这样在税制要素的设计上,会有多种方案的选择。

根据"立法先行、充分授权、逐步推进"的基本原则,我们认为,应在中央政府层面通过立法确定房地产税制改革的基本要素:包括按照市场评估价格计税、恢复对个人住宅征收房地产税;中央政府将把房地产税开征的具体实施方面,包括确定房地产税税率、住宅房地产的开征范围等权力交给省级地方政府。所以各地的房地产税制具体方案可能有所区别,而不是全国"一刀切"。①

2.加大间接税改革力度,推动经济结构优化。

主动适应社会主要矛盾的变化,围绕实现更高质量、更有效率、更加公平、更可持续的发展,进一步优化间接税结构。一是深化增值税改革。进一步简化增值税制度,分步简并税率档次,优化税率结构,充分体现增值税的"中性"特点。二是全面实施消费税改革。在明确消费税其功能定位的基础上,进一步发挥其引导消费、优化资源配置的作用:扩大消费税征收范围,将易产生环境污染,大量消耗能源、资源以及奢侈品和高档消费行为等统一纳入消费税征税范围;优化税率结构,提升部分产品税率强化调节的同时,对同种产品中体现节能环保的具体类别,例如新能源汽车等,实施有针对性的低税率或免税,体现税收的激励作用;完善消费税计征方法,将部分产品消费税的征收由生产环节转为零售环节。三是深入推进资源税改革。扩大资源税征收范围,逐步将资源税扩展至水流、森林、草原、滩涂等占用自然生态空间的范畴。在全面实行从价计征的基础上,适当提高一些税目税率,加强约束效果。四是完善环境保护税制度。受制于主客观条件限制,目前环境保护税设

①《新时代我国税制结构性改革的背景、进程及展望》.倪红日.国际税收 2018 年第 6 期

计相对保守,调节力度不足,应当继续加以完善,结合实际环境治理成本、环境损害成本和征管成本等因素适当提高税率。

3.健全地方税体系,激发各地贯彻新发展理念的自觉性和积极性。

在保持中央与地方财力格局总体稳定的前提下,一方面,结合房地产税、消费税、资源税、环境保护税等的改革,参考税种属性,区分税基流动性特征,合理确定地方税种,适当下放税权,优化税种结构,逐步培育地方主体税种。另一方面,科学安排共享税种的分享比例,对与地方民生问题相关性强、地域特点鲜明的税种应当加大所在地分享比例,而对影响范围广、地区调控作用不明显的税种则应减少所在地分享比例,从而在发挥地方税筹集财政收入功能的同时,引导地方政府转变发展理念,树立正确的政绩观,进一步增强经济社会发展的均衡、协调和可持续性。

4.落实税收法定原则,规范税收优惠政策。

按照全面推进依法治国的战略部署要求,贯彻落实税收法定要求,使税收制度改革做到于法有据,为深化税制改革提供良好的法律保障。

根据党的十八大和十八届三中、四中全会精神,为"落实税收法定原则",对2020年前完成相关立法工作做出了安排[①]:

1.不再出台新的税收条例;拟新开征的税种,将根据相关工作的进展情况,同步起草相关法律草案,并适时提请全国人大常委会审议。

2.与税制改革相关的税种,将配合税制改革进程,适时将相关税收条例上升为法律,并相应废止有关税收条例。在具体工作中,有一些税种的改革涉及面广、情况复杂,需要进行试点,可以在总结试点经验的基础上先对相关税收条例进行修改,再将条例上升为法律。

3.其他不涉及税制改革的税种,可根据相关工作进展情况和实际需要,按照积极、稳妥、有序、先易后难的原则,将相关税收条例逐步上升为法律。

4.待全部税收条例上升为法律或废止后,提请全国人民代表大会废止《全国人民代表大会关于授权国务院在经济体制改革和对外开放方面可以制定暂行的规定或者条例的决定》。

---

① 中国政府网 2018—9—11

5.全国人大常委会将根据上述安排,在每年的立法工作计划中安排相应的税收立法项目。

进一步规范税收优惠政策,制定专门的税收法律法规对税收优惠政策的制定主体、制定及实施过程、责任与退出机制等做出统一规定。在建立完善制度的基础上,增强税收优惠政策的灵活性,提高针对性,建立支持各项国家发展战略的税收优惠政策体系,更好地发挥其杠杆作用。

5.加强和改善税收征管,推动建立国际税收新秩序。

税制改革的顺利推进与税收征管能力的提升密不可分。房地产税改革和个人所得税改革都对税收征管提出了新的更高要求,需要建立健全不动产登记制度,加强征信系统建设,实现个人信用信息统一收集和系统共享。因此,在推进税制改革的同时,应当适应税源和纳税人特点变化,从强化涉税信息搜集整合、建立完善的纳税人激励制度、提高征管队伍素质、加强税收征管内外监督等方面努力,提高税收征管能力。在经济全球化背景下,税基侵蚀和利润转移问题日益突出,应当继续拓展和深化全球税收治理合作,倡导和推动国际税制协调发展,推动建立公平公正、包容有序的国际税收制度体系,营造全球公平竞争的税收环境。

(四)中国税制改革未来走向①

展望新时代所得税制度建设,我们必须以习近平新时代中国特色社会主义思想为指引,打造有竞争力的中国税收制度,持续推进综合与分类相结合的个人所得税制度改革,充分发挥所得税在国家治理中的职能作用。

1.充分发挥税制在国家治理中的职能作用。

党的十八届三中全会从推进国家治理体系和治理能力现代化的高度部署税制改革,强调财政是国家治理的基础和重要支柱,科学的财税体制是优化资源配置、维护市场统一、促进社会公平、实现国家长治久安的制度保障。2015年年底,中共中央办公厅、国务院办公厅联合印发的《深化国税、地税征管体制改革方案》明确提出:进一步增强税收在国家治理中的基础性、支柱性、保障性作用。2018年7月,中共中央办公厅、国务院办公厅联合印发的《国税地税征管体制改革方案》进一步

---

① 《中国所得税制改革四十年:回顾和展望》国家税务总局所得税司课题组.2018—10—23

明确提出:更好发挥税收在国家治理中的基础性、支柱性、保障性作用。这凸显了税收在国家治理体系和治理能力现代化中的重要地位,使税收职能作用从经济层面拓展到经济、政治、社会、文化、生态、外交等诸多领域,从更多关注税收的经济属性拓展到税收的政治属性、法律属性和社会属性,使税收更加深刻地介入国家治理的各个方面、真正成为治国理政的重要基础,并从更深层次、更广范围服务于国家发展。

当前,我国正处于全面深化改革的攻坚期、关键期。税制改革作为深化财税体制改革的一个有机组成部分,也是全面深化改革的重要一环,客观上有助于深化经济体制改革、形成科学有效的社会治理体制。在深入推进税制改革的过程中,要着力发挥税收在促进转变经济发展方式、促进社会公平正义等方面的独特作用,推动形成有效的税收治理,从而助力国家治理体系和治理能力现代化。

2.构建有竞争力的税收制度,推进建设现代化经济体系。

一是要完善深化供给侧结构性改革的企业所得税政策体系,促进以先进制造业为重点的实体经济发展,完成全面建设现代化经济体系的基础任务。从国家产业调整发展需要看,积极研究支持战略性新兴产业、现代服务业、新业态、新模式发展的企业所得税政策,通过进一步完善加速折旧等政策推动传统产业升级改造、鼓励新兴产业生产性资本投资投入,推动实施《中国制造2025》,提高实体经济竞争力,促进我国产业迈向全球价值链中高端。

二是要完善科技创新企业税收优惠政策体系,扎实落实创新驱动发展战略和加快建设创新型国家,为全面建设现代化经济体系提供战略支撑。基于创新的风险性和外溢性特点,实施鼓励研发投入的税优惠政策,针对高新技术企业实施定向优惠政策,有利于减轻创新活动的税收负担,鼓励创新意愿迸发,激发内生增长动力。从提高全要素生产率和科技创新在未来经济发展的作用看,应进一步完善科技创新类企业税收优惠政策,助力关键共性技术、前沿引领技术、现代工程技术、颠覆性技术创新,促进建设科技强国、数字中国和智慧社会,培育经济发展新的驱动力。

三是建成科学完备的税收制度,促进完善社会主义市场经济体制,形成有利于全面建设现代化经济体系的制度安排。坚持企业所得税制改革的中性原则和公平原则导向，顺应国际税制改革潮流，适时修订完善《企业所得税法》，建立高效、精简、稳定的优惠政策体系，进一步提高税收法治化程度，为各类市场经济主体创造一个税负统一、政策公平的税收制度环境。保持税收政策的确定性和稳定性，增加政策执行的公平性和透明度，为企业生产经营设置一个合理的税收政策预期，充分激发市场经济主体创造社会财富的活力，推动资源配置更多地通过市场竞争实现效益最大化和效率最优化。研究支持企业"走出去"政策支持体系，完善跨境重组税制，完善境外所得抵免制度，促进形成开放型经济发展的内生动力，加快培育国际产能合作和竞争新优势。

3.持续推进综合与分类相结合的个人所得税制度改革，促进社会公平。

通过第七次修订《个人所得税法》，2019年1月1日起实行的个人所得税新法实现了从分类税制向综合与分类相结合的个人所得税制的重大转变，并在以下方面实现了重大突破：将部分劳动性所得纳入综合征税范围，发挥个人所得税的调节功能；合理设计税率级距，优化税率结构，增强税制国际竞争力；实施基本减除费用、专项扣除和专项附加扣除相结合的费用扣除制度，满足人民日益增长的美好生活需要；规范减免税优惠，扩大税基，体现公平税负、量能负担；加大反避税力度，针对个人不按独立交易原则转让财产、在境外避税地避税、实施不合理商业安排获取不当税收利益等避税行为，赋予税务机关按合理方法进行纳税调整的权力，堵塞税收漏洞，维护国家税收权益；实行代扣代缴和自行申报相结合的征管制度，提高税收遵从。

未来要继续深入推进个人所得税制改革：一是深入贯彻《深化国税、地税征管体制改革方案》和《国税地税征管体制改革方案》，顺应自然人纳税人数量多、管理难的趋势，从法律框架、制度设计、征管方式、技术支撑、资源配置等方面，积极探索构建以高收入者为重点、与新个人所得税制（综合与分类相结合）相适应的自然人税收管理体系。二是按照党中央"深化税收制度改革"的要求，结合税收征管及配套条件的不断完善，持续深化个人所得税制改革，逐步扩大综合征税范围，完善费用扣除，优化税率结构，更好地发挥个人所得税调节收入分配的职能作用。

第二节　新发展理念下现行税制的主要优惠政策①

当前,在我国社会主要矛盾的构成中,矛盾的主要方面是"发展的不平衡和不充分"。其中发展的不平衡体现在很多方面,如城乡发展不平衡、区域发展不平衡、生态环境不可持续、居民收入差距过大等;发展的不充分也有很多方面,比如创新能力不足、核心技术欠缺和对外开放方式单一、领域不宽等。中央提出"创新、协调、绿色、开放、共享"的五大发展新理念,实际上就是要解决经济社会发展中出现的不平衡和不充分的问题。因此,以新发展理念为引领,制定实施税收优惠的基本原则:推动科技进步和自主创新、促进城乡区域协调发展、鼓励环境保护与节能减排、支持进一步对外开放、构建公平公正和谐社会,有效地发挥税收优惠政策的导向作用,进一步推动经济社会高质量发展。

一、推动科技进步和自主创新的优惠政策

（一）支持创业创新的税收优惠

1.研发费用税前加计扣除。企业在 2018 年 1 月 1 日至 2020 年 12 月 31 日期间:开展研发活动中实际发生的研发费用,未形成无形资产计入当期损益的,在按规定据实扣除的基础上,按照本年度实际发生额的 75%,从本年度应纳税所得额中扣除;开展研发活动中实际发生的研发费用形成无形资产的,按照无形资产成本的 175%在税前摊销。

符合享受条件的企业:会计核算健全、实行查账征收并能够准确归集研发费用的居民企业。

不享受该政策的行业包括:烟草制造业;住宿和餐饮业;批发和零售业;房地产

① 国家税务总局网站

业；租赁和商务服务业；娱乐业；财政部和国家税务总局规定的其他行业。

不适用税前加计扣除政策的活动包括：企业产品（服务）的常规性升级；对某项科研成果的直接应用，如直接采用公开的新工艺、材料、装置、产品、服务或知识等；企业在商品化后为顾客提供的技术支持活动；对现存产品、服务、技术、材料或工艺流程进行的重复或简单改变；市场调查研究、效率调查或管理研究；作为工业（服务）流程环节或常规的质量控制、测试分析、维修维护；社会科学、艺术或人文学方面的研究。

2. 对科学研究机构、技术开发机构、学校等单位进口国内不能生产或者性能不能满足需要的科学研究、科技开发和教学用品，免征进口关税和进口环节增值税、消费税；对出版物进口单位为科研院所、学校进口用于科研、教学的图书、资料等，免征进口环节增值税。

3. 自 2019 年 1 月 1 日至 2021 年 12 月 31 日，对国家级、省级科技企业孵化器、大学科技园和国家备案众创空间自用以及无偿或通过出租等方式提供给在孵对象使用的房产、土地，免征房产税和城镇土地使用税；对其向在孵对象提供孵化服务取得的收入，免征增值税。

孵化服务是指为在孵对象提供的经纪代理、经营租赁、研发和技术、信息技术、鉴证咨询服务。

2018 年 12 月 31 日以前认定的国家级科技企业孵化器、大学科技园，自 2019 年 1 月 1 日起享受本通知规定的税收优惠政策。2019 年 1 月 1 日以后认定的国家级、省级科技企业孵化器、大学科技园和国家备案众创空间，自认定之日次月起享受本通知规定的税收优惠政策。

4. 将创投企业投资于中小高新企业的投资抵免优惠扩大到种子期、初创期科技型企业：公司制创业投资企业采取股权投资方式直接投资于种子期、初创期科技型企业满 2 年（24 个月）的，可以按照投资额的 70% 在股权持有满 2 年的当年抵扣该公司制创业投资企业的应纳税所得额；当年不足抵扣的，可以在以后纳税年度结转抵扣。有限合伙制创投企业中的法人合伙人从有限合伙制创业投资企业分得的所得可同样享受。

5.直接用于科学研究、科学试验和教学的进口仪器、设备免征增值税。

(二)科技成果转化的税收优惠

1.纳税人提供技术转让、技术开发和与之相关的技术咨询、技术服务免征增值税。

说明:①技术转让、技术开发,是指《销售服务、无形资产、不动产注释》中"转让技术""研发服务"范围内的业务活动。技术咨询,是指就特定技术项目提供可行性论证、技术预测、专题技术调查、分析评价报告等业务活动。②与技术转让、技术开发相关的技术咨询、技术服务,是指转让方(或者受托方)根据技术转让或者开发合同的规定,为帮助受让方(或者委托方)掌握所转让(或者委托开发)的技术,而提供的技术咨询、技术服务业务。

2.一个纳税年度内,居民企业技术转让所得不超过500万元的部分,免征企业所得税;超过500万元的部分,减半征收企业所得税。

享受该优惠的企业需符合以下条件:①享受优惠的技术转让主体是企业所得税法规定的居民企业。②技术转让主体是居民企业。③技术转让属于财政部、国家税务总局规定的范围。④境内技术转让经省级以上科技部门认定。⑤向境外转让技术经省级以上商务部门认定。⑥国务院税务主管部门规定的其他条件。

(三)科研机构创新人才税收优惠

1.获得科研机构、高等学校转化职务科技成果以股份或出资比例等股权形式奖励个人,获奖人在取得股份、出资比例时,暂不缴纳个人所得税;取得按股份、出资比例分红或转让股权、出资比例所得时,应依法缴纳个人所得税。

2.高新技术企业转化科技成果,给予本企业相关技术人员的股权奖励,个人一次缴纳税款有困难的,可根据实际情况自行制定分期缴税计划,在不超过5个公历年度内(含)分期缴纳。

3.中小高新技术企业以未分配利润、盈余公积、资本公积向个人股东转增股本时,个人股东一次缴纳个人所得税确有困难的,可根据实际情况自行制定分期缴税计划,在不超过5个公历年度内(含)分期缴纳。

4.获得符合条件的非上市公司的股票期权、股权期权、限制性股票和股权奖励的员工实行递延纳税政策。即员工在取得股权激励时可暂不纳税,递延至转让该股权时纳税;股权转让时,按照股权转让收入减除股权取得成本以及合理税费后的差额,适用"财产转让所得"项目,按照20%的税率计算缴纳个人所得税。

5.以技术成果投资入股的企业或个人,投资入股当期可暂不纳税,允许递延至转让股权时,按股权转让收入减去技术成果原值和合理税费后的差额计算缴纳所得税。

6.由国家级、省部级以及国际组织对科技人员颁发的科技奖金免征个人所得税。

(四)高新技术企业税收优惠

1.国家重点扶持的高新技术企业减按15%的税率征收企业所得税。

2.高新技术企业发生的职工教育经费支出,不超过工资薪金总额8%的部分,准予在计算企业所得税应纳税所得额时扣除;超过部分,准予在以后纳税年度结转扣除。

3.认定的技术先进型服务企业可享受所得税优惠:(1)减按15%的税率征收企业所得税;(2)发生的职工教育经费支出,不超过工资薪金总额8%的部分,准予在计算应纳税所得额时扣除;超过部分,准予在以后纳税年度结转扣除。

技术先进型服务企业必须符合:①从事《技术先进型服务业务认定范围(试行)》中的一种或多种技术先进型服务业务,采用先进技术或具备较强的研发能力。其中服务贸易创新发展试点地区技术先进型服务业务领域范围属于《技术先进型服务业务领域范围(服务贸易类)》;②企业的注册地及生产经营地在示范城市或创新发展试点地区(含所辖区、县、县级市等全部行政区划)内;③企业具有法人资格;④具有大专以上学历的员工占企业职工总数的50%以上;⑤从事《技术先进型服务业务认定范围(试行)》中的技术先进型服务业务取得的收入占企业当年总收入的50%以上,从事《技术先进型服务业务领域范围(服务贸易类)》中的技术先进型服务业务取得的收入占企业当年总收入的50%以上;⑥从事离岸服务外包业务取得的收入不低于企业当年总收入的35%。

此外,现行税制对软件企业、动漫企业、集成电路企业以及研制大型客机、大型客机发动机项目和生产销售新支线飞机企业,在增值税和企业所得税方面规定了一系列详细的优惠政策。

二、促进城乡、区域协调发展的优惠政策

(一)支持贫困地区基础设施建设

1.基础设施建设税收优惠。

(1)企业从事国家重点扶持的公共基础设施项目的投资经营的所得,自项目取得第一笔生产经营收入所属纳税年度起,第一年至第三年免征企业所得税,第四年至第六年减半征收企业所得税。

国家重点扶持的公共基础设施项目,是指《公共基础设施项目企业所得税优惠目录》规定的港口码头、机场、铁路、公路、城市公共交通、电力、水利等项目。

(2)农村电管站以及收取农村电网维护费的其他单位:①自1998年1月1日起,在收取电价时一并向用户收取的农村电网维护费免征增值税;②对其他单位收取的农村电网维护费免征增值税。

2.农田水利建设税收优惠。

(1)自2014年7月1日起,县级及县级以下小型水力发电单位(增值税一般纳税人)生产的电力,可选择按照简易办法依照3%征收率计算缴纳增值税。

(2)纳税人的土地用于水利设施及其管护用途,对水利设施及其管护的用地(如水库库区、大坝、堤防、灌渠、泵站等用地),免征城镇土地使用税。

(3)占用耕地从事农田水利的纳税人,不征收耕地占用税。

(4)纳税人收取国家重大水利工程建设基金免征城市维护建设税。

3.农民住宅建设税收优惠。

(1)农村居民占用耕地新建住宅,按照当地适用税额减半征收耕地占用税。农村居民占用耕地新建住宅,是指农村居民经批准在户口所在地按照规定标准占用耕地建设自用住宅。

(2)农村烈士家属、残疾军人、鳏寡孤独以及革命老根据地、少数民族聚居区和边远贫困山区生活困难的农村居民,在规定用地标准以内新建住宅缴纳耕地占用税确有困难的,经所在地乡(镇)人民政府审核,报经县级人民政府批准后,可以免征或者减征耕地占用税。

(3)农村居民经批准搬迁,原宅基地恢复耕种,凡新建住宅占用耕地不超过原宅基地面积的,不征收耕地占用税;超过原宅基地面积的,对超过部分按照当地适

用税额减半征收耕地占用税。

4.农村饮用水工程税收优惠。

饮水工程运营管理单位从事《公共基础设施项目企业所得税优惠目录》规定的饮水工程新建项目投资经营的所得，自项目取得第一笔生产经营收入所属纳税年度起，第一年至第三年免征企业所得税，第四年至第六年减半征收企业所得税。

说明：饮水工程，是指为农村居民提供生活用水而建设的供水工程设施；饮水工程运营管理单位，是指负责饮水工程运营管理的自来水公司、供水公司、供水（总）站（厂、中心）、村集体、农民用水合作组织等单位。

（二）推动涉农产业发展

1.优化土地资源配置税收优惠。

（1）转让土地使用权的纳税人：①将土地使用权转让给农业生产者用于农业生产，免征增值税；②采取转包、出租、互换、转让、入股等方式将承包地流转给农业生产者用于农业生产，免征增值税。

（2）从事农业生产的纳税人，直接用于农、林、牧、渔业的生产用地免征城镇土地使用税。直接用于农、林、牧、渔业的生产用地，是指直接从事于种植、养殖、饲养的专业用地，不包括农副产品加工场地和生活、办公用地。

（3）自2017年1月1日起，①对进行股份合作制改革后的农村集体经济组织承受原集体经济组织的土地、房屋权属，免征契税。②对农村集体经济组织以及代行集体经济组织职能的村民委员会、村民小组进行清产核资收回集体资产而承受土地、房屋权属，免征契税；进行清产核资收回集体资产而签订的产权转移书据，免征印花税。

（4）对农村集体土地所有权、宅基地和集体建设用地使用权及地上房屋确权登记，不征收契税。

2.发展农业生产的税收优惠。

（1）从事种植业、养殖业、林业、牧业、水产业的单位和个人生产的初级农产品免征增值税。农产品应当是列入《农业产品征税范围注释》（财税字〔1995〕52号）的初级农业产品。

（2）2016年1月1日至2020年12月31日，对进口种子（苗）、种畜（禽）、鱼种

（苗）和种用野生动植物种源免征进口环节增值税。

（3）经国务院批准，对《进口饲料免征增值税范围》所列进口饲料范围免征进口环节增值税。

（4）饲料生产企业生产销售单一大宗饲料、混合饲料、配合饲料、复合预混料、浓缩饲料，免征增值税。

（5）纳税人生产销售和批发零售有机肥产品，滴灌带和滴灌管产品，农膜产品，种子、种苗、农药、农机，免征增值税。

（6）纳税人购进用于生产销售或委托加工17%（2018年5月1日起调整为16%）税率货物的农产品，按照农产品收购发票或者销售发票上注明的农产品买价和13%（2018年5月1日起调整为12%）的扣除率抵扣进项税额；除此之外，购进农产品允许按照农产品收购发票或者销售发票上注明的农产品买价和11%（2018年5月1日起调整为10%）的扣除率抵扣进项税额。

（7）从事农、林、牧、渔业项目的纳税人，免征企业所得税的项目包括：蔬菜、谷物、薯类、油料、豆类、棉花、麻类、糖料、水果、坚果的种植；农作物新品种的选育；中药材的种植；林木的培育和种植；牲畜、家禽的饲养；林产品的采集；灌溉、农产品初加工、兽医、农技推广、农机作业和维修等农、林、牧、渔服务业项目；远洋捕捞。减半征收企业所得税的项目包括：花卉、茶以及其他饮料作物和香料作物的种植；海水养殖、内陆养殖。

（8）对个人、个体户从事种植业、养殖业、饲养业和捕捞业，取得的"四业"所得，暂不征收个人所得税。

（9）农业机耕、排灌、病虫害防治、植物保护、农牧保险以及相关技术培训业务，家禽、牲畜、水生动物的配种和疾病防治免征增值税。

3.支持新型农业经营主体发展的税收优惠。

（1）采取"公司+农户"经营模式从事畜禽饲养，纳税人回收再销售畜禽，属于农业生产者销售自产农产品，免征增值税。

（2）以"公司+农户"经营模式从事农、林、牧、渔业项目生产的企业，可以享受减免企业所得税优惠政策。

免征企业所得税项目：从事蔬菜、谷物、薯类、油料、豆类、棉花、麻类、糖料、水果、坚果的种植;农作物新品种的选育;中药材的种植;林木的培育和种植;牲畜、家禽的饲养;林产品的采集;灌溉、农产品初加工、兽医、农技推广、农机作业和维修等农、林、牧、渔服务业项目;远洋捕捞。减半征收企业所得税项目:从事花卉、茶以及其他饮料作物和香料作物的种植;海水养殖、内陆养殖。

(3)农民专业合作社:销售本社成员生产的农产品,视同农业生产者销售自产农产品免征增值税;向本社成员销售的农膜、种子、种苗、农药、农机,免征增值税。

(4)农民专业合作社与本社成员签订的农业产品和农业生产资料购销合同免征印花税。

4.促进农产品流通的税收优惠。

(1)从事蔬菜批发、零售的纳税人销售的蔬菜免征增值税;对从事农产品批发、零售的纳税人销售的部分鲜活肉蛋产品免征增值税。

(2)对专门经营农产品的农产品批发市场、农贸市场使用(包括自有和承租,下同)的房产,暂免征收房产税、城镇土地使用税。对同时经营其他产品的农产品批发市场和农贸市场使用的房产,按其他产品与农产品交易场地面积的比例确定征免房产税、城镇土地使用税。

(3)国家指定的收购部门与村民委员会、农民个人书立的农副产品收购合同,免纳印花税。

5.促进农业资源综合利用的税收优惠。

(1)对销售自产的以餐厨垃圾、畜禽粪便、稻壳、花生壳、玉米芯、油茶壳、棉籽壳、三剩物、次小薪材,农作物秸秆、蔗渣,以及利用上述资源发酵产生的沼气为原料,生产的生物质压块、沼气等燃料,电力、热力实行增值税即征即退100%的政策。

(2)对销售自产的以三剩物、次小薪材、农作物秸秆、沙柳为原料,生产的纤维板、刨花板、细木工板、生物碳、活性炭、烤胶、水解酒精、纤维素、木质素、木糖、阿拉伯糖、糠醛、箱板纸实行增值税即征即退70%的政策。

(3)对销售自产的以废弃动物油和植物油为原料生产的生物柴油、工业级混合油实行增值税即征即退70%政策。

(4)对销售自产的以农作物秸秆为原料生产的纸浆、秸秆浆和纸实行增值税即征即退50%政策。

(5)对企业以锯末、树皮、枝丫材为材料,生产的人造板及其制品取得的收入,减按90%计入收入总额。

(6)对企业以农作物秸秆及壳皮(包括粮食作物秸秆、农业经济作物秸秆、粮食壳皮、玉米芯)为主要原料,生产的代木产品、电力、热力及燃气取得的收入,减按90%计入收入总额。

(7)纳税人从事沼气综合开发利用项目中"畜禽养殖场和养殖小区沼气工程项目"的所得,自项目取得第一笔生产经营收入所属纳税年度起,第一年至第三年免征企业所得税,第四年至第六年减半征收企业所得税。

(三)促进"老少边穷"地区加快发展

1.自2011年1月1日至2020年12月31日,对设在西部地区的鼓励类产业企业减按15%的税率征收企业所得税。

鼓励类产业企业是指以《西部地区鼓励类产业目录》中规定的产业项目为主营业务,且其主营业务收入占企业收入总额70%以上的企业。

西部地区包括重庆市、四川省、贵州省、云南省、西藏自治区、陕西省、甘肃省、宁夏回族自治区、青海省、新疆维吾尔自治区、新疆生产建设兵团、内蒙古自治区和广西壮族自治区。湖南省湘西土家族苗族自治州、湖北省恩施土家族苗族自治州、吉林省延边朝鲜族自治州,可以比照西部地区的税收政策执行。

2.支持少数民族地区发展税收优惠。

(1)民族自治地方的自治机关对本民族自治地方的企业应缴纳的企业所得税中属于地方分享的部分,可以决定减征或者免征。

(2)自2010年1月1日至2020年12月31日止,对在新疆困难地区新办的属于《新疆困难地区重点鼓励发展产业企业所得税优惠目录》范围内的企业,自取得第一笔生产经营收入所属纳税年度起,第一年至第二年免征企业所得税,第三年至第五年减半征收企业所得税(按25%的法定税率减半)。

(3)自2010年1月1日至2020年12月31日止,对在新疆喀什、霍尔果斯两个特殊经济开发区内新办的属于《新疆困难地区重点鼓励发展产业企业所得税优惠目录》范围内的企业,自取得第一笔生产经营收入所属纳税年度起,五年内免征企业所得税。

（4）自 2017 年 1 月 1 日至 2019 年 12 月 31 日,对新疆国际大巴扎物业服务有限公司和新疆国际大巴扎文化旅游产业有限公司从事与新疆国际大巴扎项目有关的营改增应税行为取得的收入,免征增值税。

（5）对青藏铁路公司及其所属单位营业账簿免征印花税;对青藏铁路公司签订的货物运输合同免征印花税。

（四）鼓励社会力量加大公益捐赠

1.企业通过公益性社会组织或者县级(含县级)以上人民政府及其组成部门和直属机构,用于慈善活动、公益事业的捐赠支出,在年度利润总额 12% 以内的部分,准予在计算应纳税所得额时扣除;超过年度利润总额 12% 的部分,准予结转以后三年内在计算应纳税所得额时扣除。

2.个人将其所得通过中国境内的社会团体、国家机关向教育和其他社会公益事业以及遭受严重自然灾害地区、贫困地区的捐赠,捐赠额未超过纳税义务人申报的应纳税所得额 30% 的部分,可以从其应纳税所得额中扣除;个人通过非营利的社会团体和国家机关向农村义务教育的捐赠,准予在个人所得税前全额扣除。

3.财产所有人将财产赠给政府、社会福利单位所立的书据免征印花税。

三、鼓励环境保护与节能减排

有关鼓励环境保护与节能减排的优惠政策一般都是通过对增值税、企业所得税、消费税、环境保护税等税种的税收减免来规定的。

（一）增值税

1.对纳税人销售自产的以工业废气为原料生产的高纯度二氧化碳产品,实行增值税即征即退 100% 政策。

2.对纳税人销售燃煤发电厂及各类工业企业产生的烟气、高硫天然气进行脱硫后生产的副产品,实行增值税即征即退 50% 政策。

3.根据《财政部国家税务总局关于印发〈资源综合利用产品和劳务增值税优惠目录〉的通知》(财税〔2015〕78 号)规定,自 2015 年 7 月 1 日起,纳税人销售自产的资源综合利用产品和提供资源综合利用劳务,可享受增值税即征即退政策。

4.对纳税人销售自产的,以回收的废矿物油为原料生产的润滑油基础油、汽油、柴油等工业油料,实行增值税即征即退 100% 政策。

5.现行增值税政策规定中对部分水力发电、风力发电、光伏发电项目实行不同形式的增值税优惠政策。

(二)企业所得税

1.企业自以《资源综合利用企业所得税优惠目录》中所列资源为主要原材料,生产《目录》内符合国家或行业相关标准的产品取得的收入,在计算应纳税所得额时,减按90%计入当年收入总额。

享受该优惠政策的资源综合利用主要包括:在矿产资源开采过程中对共生、伴生矿进行综合开发与合理利用;对生产过程中产生的废渣、废液(水)、废气、余热、余压等进行回收和合理利用;对社会生产和消费过程中产生的各种废旧物资进行回收和再生利用等。

2.企业从事符合条件的环境保护、节能节水项目的所得,自项目取得第一笔生产经营收入所属纳税年度起,第一年至第三年免征企业所得税,第四年至第六年减半征收企业所得税。

符合条件的环境保护、节能节水项目包括:公共污水处理、公共垃圾处理、沼气综合开发利用、节能减排技术改造、海水淡化等。

3.企业购置并实际使用《环境保护专用设备企业所得税优惠目录》《节能节水专用设备企业所得税优惠目录》规定的环境保护、节能节水等专用设备的,该专用设备的投资额的10%可以从企业当年的应纳税额中抵免;当年不足抵免的,可以在以后5个纳税年度结转抵免。

说明:对企业购置并实际使用节能节水和环境保护专用设备享受企业所得税抵免优惠政策的适用目录进行适当调整,统一按《节能节水专用设备企业所得税优惠目录(2017年版)》(附件1)和《环境保护专用设备企业所得税优惠目录(2017年版)》(附件2)执行。

(三)消费税

1.为扶持电动汽车为代表的新能源汽车产业,促进汽车行业节能减排,现行消费税政策规定,电动汽车不纳入消费税征收范围,不征收消费税。

2.根据《关于对废矿物油再生油品免征消费税的通知》(财税〔2013〕105号)规定,对以回收的废矿物油为原料生产的润滑油基础油、汽油、柴油等工业油料免征消费税。

3.为支持汽油、柴油质量升级,应对大气污染问题,自 2014 年 1 月 1 日起,以外购或委托加工收回的已税汽油、柴油为原料连续生产汽油、柴油,准予从汽、柴油消费税应纳税额中扣除原料已纳的消费税税款。因此,企业在申报自产国五标准汽油消费税时可以按规定扣除实际耗用的外购国三标准汽油中的已纳税款。

4.对利用废弃的动物油和植物油为原料生产的纯生物柴油免征消费税,且应同时符合两个条件:一是生产原料中废弃的动物油和植物油用量所占比重不低于70%;二是生产的纯生物柴油符合国家《柴油机燃料调和生物柴油(BD100)》标准。

5.为促进资源综合利用和环境保护,经国务院批准,自 2013 年 11 月 1 日至2018 年 10 月 31 日,对以回收的废矿物油为原料生产的润滑油基础油、汽油、柴油等工业油料免征消费税。期满后延长 5 年,自 2018 年 11 月 1 日至 2023 年 10 月31 日止。废矿物油,是指工业生产领域机械设备及汽车、船舶等交通运输设备使用后失去或降低功效更换下来的废润滑油。

(四)环境保护税

1.环境保护税免征规定:(1)农业生产(不包括规模化养殖)排放应税污染物的;(2)机动车、铁路机车、非道路移动机械、船舶和航空器等流动污染源排放应税污染物的;(3)依法设立的城乡污水集中处理、生活垃圾集中处理场所排放相应应税污染物,不超过国家和地方规定的排放标准的;(4)纳税人综合利用的固体废物,符合国家和地方环境保护标准的;(5)国务院批准免税的其他情形(由国务院报全国人民代表大会常务委员会备案)。

2.环境保护税减征规定:

(1)纳税人排放应税大气污染物或者水污染物的浓度值低于国家和地方规定的污染物排放标准 30%的,减按 75%征收环境保护税。

(2)纳税人排放应税大气污染物或者水污染物的浓度值低于国家和地方规定的污染物排放标准 50%的,减按 50%征收环境保护税。其中,应税大气污染物或者水污染物的浓度值,是指纳税人安装使用的污染物自动监测设备当月自动监测的应税大气污染物浓度值的小时平均值再平均所得数值或者应税水污染物浓度值的日平均值再平均所得数值,或者监测机构当月监测的应税大气污染物、水污染物浓度值的平均值。

依照《环境保护税法》减征环境保护税的,应当对每一排放口排放的不同应税污染物分别计算。同时,其应税大气污染物浓度值的小时平均值或者应税水污染物浓度值的日平均值,以及监测机构当月每次监测的应税大气污染物、水污染物的浓度值,均不得超过国家和地方规定的污染物排放标准。

(五)车辆购置税

1.自2018年1月1日至2020年12月31日,购置列入《新能源汽车车型目录》的新能源汽车免征车辆购置税。

列入《新能源汽车车型目录》的新能源汽车须同时符合以下条件:

(1)获得许可在中国境内销售的纯电动汽车、插电式(含增程式)混合动力汽车、燃料电池汽车。

(2)符合新能源汽车产品技术要求。

(3)通过新能源汽车专项检测达到新能源汽车产品专项检验标准。

(4)新能源汽车生产企业或进口新能源汽车经销商在产品质量保证、产品一致性、售后服务、安全检测、动力电池回收利用等方面符合相关要求。

2.城市公交企业购置的公共汽电车辆免征车辆购置税。根据《财政部国家税务总局关于城市公交企业购置公共汽电车辆免征车辆购置税的通知》(财税〔2016〕184号)规定,对城市公交企业自2016年1月1日起至2020年12月31日止购置的公共汽电车辆免征车辆购置税。

城市公交企业为新购置的公共汽电车辆办理免税手续后,因车辆转让、改变用途等原因导致免税条件消失的,应当到税务机关重新办理申报缴税手续。未按规定办理的,依据相关规定处理。

四、支持进一步对外开放

(一)关于出口货物劳务增值税和消费税政策

1.对下列出口货物劳务,实行免征和退还增值税(既免又退)。

(1)出口企业出口货物。出口企业,是指依法办理工商登记、税务登记、对外贸易经营者备案登记,自营或委托出口货物的单位或个体工商户,以及依法办理工商登记、税务登记但未办理对外贸易经营者备案登记,委托出口货物的生产企业。

出口货物,是指向海关报关后实际离境并销售给境外单位或个人的货物,分为自营出口货物和委托出口货物两类。

（2）出口企业或其他单位视同出口货物。

①出口企业对外援助、对外承包、境外投资的出口货物。

②出口企业经海关报关进入国家批准的特殊区域并销售给特殊区域内单位或境外单位、个人的货物。

③免税品经营企业销售的货物。

④出口企业或其他单位销售给用于国际金融组织或外国政府贷款国际招标建设项目的中标机电产品。

⑤生产企业向海上石油天然气开采企业销售的自产的海洋工程结构物。

⑥出口企业或其他单位销售给国际运输企业用于国际运输工具上的货物。

⑦出口企业或其他单位销售给特殊区域内生产企业生产耗用且不向海关报关而输入特殊区域的水电气。

（3）出口企业对外提供加工修理修配劳务。对外提供加工修理修配劳务,是指对进境复出口货物或从事国际运输的运输工具进行的加工修理修配。

2.对符合下列条件的出口货物劳务,按下列规定实行免征增值税。

（1）出口企业或其他单位出口规定的货物,具体包括:增值税小规模纳税人出口的货物;古旧图书;软件产品。其具体范围是指海关税则号前四位为"9803"的货物;含黄金、铂金成分的货物,钻石及其饰品;国家计划内出口的卷烟;已使用过的设备。其具体范围是指购进时未取得增值税专用发票、海关进口增值税专用缴款书但其他相关单证齐全的已使用过的设备;非出口企业委托出口的货物;非列名生产企业出口的非视同自产货物;农业生产者自产农产品(农产品的具体范围按照《农业产品征税范围注释》);油画、花生果仁、黑大豆等财政部和国家税务总局规定的出口免税的货物;外贸企业取得普通发票、废旧物资收购凭证、农产品收购发票、政府非税收入票据的货物;来料加工复出口的货物;特殊区域内的企业出口的特殊区域内的货物;以人民币现金作为结算方式的边境地区出口企业从所在省(自治区)的边境口岸出口到接壤国家的一般贸易和边境小额贸易出口货物;以旅游购物贸易方式报关出口的货物。

(2)出口企业或其他单位视同出口的货物劳务:国家批准设立的免税店销售的免税货物[包括进口免税货物和已实现退(免)税的货物];特殊区域内的企业为境外的单位或个人提供加工修理修配劳务;同一特殊区域、不同特殊区域内的企业之间销售特殊区域内的货物。

(二)境外所得税收抵免及技术先进型服务企业优惠政策

1.境外所得税收抵免政策。

调整抵免方法。抵免方法增加了不分国不分项(也称为综合抵免)。企业可自行选择采取分国不分项或者不分国不分项。

在政策执行过程中,需要注意以下三点:一是企业无论选择何种方法,均应按照法定税率25%来计算抵免限额(经认定的高新技术企业按15%税率计算)。二是企业一旦选择了某种抵免方法,五年之内不得调整。三是衔接问题,对于以前年度没有抵免完的余额,在企业选择了新的抵免方法情况下,可在税法规定结转的剩余年限内,按照新方法计算的抵免限额继续结转抵免。

2.技术先进型服务企业优惠政策。

具体包含两项政策:一是对经认定的技术先进型服务企业,减按15%的税率征收企业所得税;二是将技术先进型服务企业的职工教育经费税前扣除比例由一般企业的不超过工资薪金总额的2.5%提高到8%,超过部分,准予在以后纳税年度结转扣除。

(三)对综试区电子商务出口企业出口未取得有效进货凭证的货物,同时符合下列条件的,自2018年10月1日起试行增值税、消费税免税政策

1.电子商务出口企业在综试区注册,并在注册地跨境电子商务线上综合服务平台登记出口日期、货物名称、计量单位、数量、单价、金额。

2.出口货物通过综试区所在地海关办理电子商务出口申报手续。

3.出口货物不属于财政部和税务总局根据国务院决定明确取消出口退(免)税的货物。

(四)综合保税区税收政策

1.区外货物运往区内视同出口,可享受出口优惠。对保税区运往区外的货物,视同进口,海关依据货物的实际状态,按照有关政策规定对视同进口货物办理进口

报关以及征税、免税，或保税等验放手续。对区外企业运入区内的货物视同出口，由海关办理出口报关手续；签发出口货物报关单（出口退税专用）。"区外企业"是指具有进出口经营权的企业。

2.区外销售给区内的货物可凭相关手续办理出口退税。区外企业销售给区内加工企业并运入区内供区内加工企业使用的国产设备、原材料、零部件、元器件、包装物料，以及建造基础设施、加工企业和行政管理部门生产、办公用房的基建物资（包括水、电、气），区外企业可凭海关签发的出口货物报关单（出口退税专用）和出口退税凭证，向税务机关申报办理退（免）税。区外企业销售给区内物流企业并运入区内供物流企业使用的国产机器、装卸设备、管理设备、检验检测设备、包装物料，区外企业凭出口发票等按照有关规定申报办理退（免）税。

3.区内之间货物流转免征流转税。对区内企业在区内加工、生产的货物，凡属于货物直接出口和销售给区内企业的，免征增值税、消费税。即对区内各物流中心与出口加工区、区港联动之间的货物交易、流转，免征流通环节的增值税、消费税。

4.下列货物从境外进入保税港区，海关免征进口关税和进口环节海关代征税（法律、行政法规另有规定除外）：

（1）区内生产性的基础设施建设项目所需的机器、设备和建设生产厂房、仓储设施所需的基建物资；

（2）区内企业生产所需的机器、设备、模具及其维修用零配件；

（3）区内企业和行政管理机构自用合理数量的办公用品。

（五）境外教育机构与境内从事学历教育的学校开展中外合作办学，提供学历教育服务取得的收入免征增值税

（六）为进一步扩大改革开放，推动供给侧结构性改革，倒逼产品提质、产业升级，满足人民群众消费需求，继续降低部分进口商品关税

自 2018 年 7 月 1 日起，将税率分别为 25%、20% 的汽车整车关税降至 15%，降税幅度分别为 40%、25%；将税率分别为 8%、10%、15%、20%、25% 的汽车零部件关税降至 6%，平均降税幅度 46%。同时，从 2018 年 7 月 1 日起，将服装鞋帽、厨房和体育健身用品等进口关税平均税率由 15.9% 降至 7.1%；将洗衣机、冰箱等家用电器进口关税平均税率由20.5%降至 8%；将养殖类、捕捞类水产品和矿泉水等加工

食品进口关税平均税率从 15.2% 降至 6.9%；将洗涤用品和护肤、美发等化妆品及部分医药健康类产品进口关税平均税率由 8.4% 降至 2.9%。①

五、构建共享和谐社会

(一)促进教育事业发展的税收优惠②

1.从事学历教育的学校提供教育劳务取得的收入，免征增值税。

2.学生勤工俭学提供劳务取得的收入，免征增值税。

3.学校从事技术开发、技术转让业务和与之相关的技术咨询、技术服务业务取得的收入，免征增值税。

4.托儿所、幼儿园提供养育服务取得的收入，免征增值税。

5.政府举办的高等、中等和初等学校(不含下属单位)举办进修班、培训班取得的收入，收入全部归学校所有的，免征增值税和企业所得税。

6.政府举办的职业学校设立的主要为在校学生提供实习场所、并由学校出资自办、由学校负责经营管理、经营收入归学校所有的企业，对其从事"现代服务"(不含融资租赁服务、广告服务和其他现代服务)、"生活服务"(不含文化体育服务、其他生活服务和桑拿、氧吧)取得的收入，免征增值税和企业所得税。

7.特殊教育学校举办的企业可以比照福利企业标准，享受国家对福利企业实行的增值税和企业所得税优惠政策。

8.纳税人通过中国境内非营利的社会团体、国家机关向教育事业的捐赠，准予在企业所得税和个人所得税前全额扣除。

9.高等学校、各类职业学校服务于各业的技术转让、技术培训、技术咨询、技术服务、技术承包所取得的技术性服务收入，暂免征收企业所得税。

10.学校经批准收取并纳入财政预算管理的或财政预算外资金专户管理的收费不征收企业所得税；对学校取得的财政拨款，从主管部门和上级单位取得的用于事业发展的专项补助收入，不征收企业所得税。

(二)支持医疗卫生事业发展的税收优惠

1.血站供应给医疗机构的临床用血免征增值税。

---

① 中国政府网 2018—05—30
② 财政部国家税务总局关于教育税收政策的通知

2.医疗机构提供的医疗服务免征增值税。

医疗机构具体包括：各级各类医院、门诊部(所)、社区卫生服务中心(站)、急救中心(站)、城乡卫生院、护理院(所)、疗养院、临床检验中心,各级政府及有关部门举办的卫生防疫站(疾病控制中心)、各种专科疾病防治站(所),各级政府举办的妇幼保健所(站)、母婴保健机构、儿童保健机构,各级政府举办的血站(血液中心)等医疗机构。

医疗服务,是指医疗机构按照不高于地(市)级以上价格主管部门会同同级卫生主管部门及其他相关部门制定的医疗服务指导价格(包括政府指导价和按照规定由供需双方协商确定的价格等)为就医者提供《全国医疗服务价格项目规范》所列的各项服务,以及医疗机构向社会提供卫生防疫、卫生检疫的服务。

自2019年2月1日至2020年12月31日,医疗机构接受其他医疗机构委托,按照不高于地(市)级以上价格主管部门会同同级卫生主管部门及其他相关部门制定的医疗服务指导价格(包括政府指导价和按照规定由供需双方协商确定的价格等),提供《全国医疗服务价格项目规范》所列的各项服务免征增值税。

(三)推动社会保障的税收优惠

1.企业单位和个人按规定的缴费比例缴付的基本养老保险费、基本医疗保险费、失业保险费和住房公积金,免征个人所得税。

2.安置帮扶残疾人的相关税收优惠:①安置残疾人的单位和个体工商户(以下称纳税人),由税务机关按纳税人安置残疾人的人数,实行增值税限额即征即退的办法。②企业安置残疾人员的,在按照支付给残疾职工工资据实扣除的基础上,可以在计算应纳税所得额时按照支付给残疾职工工资的100%加计扣除。③残疾人员本人为社会提供的服务免征增值税。④在一个纳税年度内月平均实际安置残疾人就业人数占单位在职职工总数的比例高于25%(含25%)且实际安置残疾人人数高于10人(含10人)的单位,可减征或免征该年度城镇土地使用税。

3.养老机构免征增值税。

(1)依照《老年人权益保障法》依法办理登记,并向民政部门备案的为老年人提供集中居住和照料服务的各类养老机构免征增值税。

(2)2019年2月1日至2020年12月31日,医疗机构接受其他医疗机构委托,按照不高于地(市)级以上价格,由主管部门会同同级卫生主管部门及其他相关部门制定的医疗服务指导价格,提供《全国医疗服务价格项目规范》所列的各项服务,免征增值税。

(四)推进文化体育发展税收优惠

1.自2018年1月1日起至2020年12月31日,免征图书批发、零售环节增值税。

2.自2018年1月1日起至2020年12月31日,对科普单位的门票收入,以及县级及以上党政部门和科协开展科普活动的门票收入免征增值税。

3.销售古旧图书免征增值税;进口图书、报刊资料免征增值税。

4.门票收入免征增值税。

(1)纪念馆、博物馆、文化馆、文物保护单位管理机构、美术馆、展览馆、书画院、图书馆在自己的场所提供文化体育服务取得的第一道门票收入。

(2)寺院、宫观、清真寺和教堂举办文化、宗教活动的门票收入。

(3)科普单位的门票收入,以及县级及以上党政部门和科协开展科普活动的门票收入。

5.2017年1月1日至2019年12月31日,对广播电视运营服务企业收取的有线数字电视基本收视维护费和农村有线电视基本收视费,免征增值税。

6.北京冬奥会、冬残奥会的相关税收优惠。

(1)对北京冬奥组委取得的电视转播权销售分成收入、国际奥委会全球合作伙伴计划分成收入(实物和资金),免征应缴纳的增值税。

(2)对北京冬奥组委市场开发计划取得的国内外赞助收入、转让无形资产(如标志)特许权收入和销售门票收入,免征应缴纳的增值税。

(3)对北京冬奥组委取得的与中国集邮总公司合作发行纪念邮票收入、与中国人民银行合作发行纪念币收入,免征应缴纳的增值税。

(4)对北京冬奥组委取得的来源于广播、互联网、电视等媒体收入,免征应缴纳的增值税。

(5)对外国政府和国际组织无偿捐赠用于北京2022年冬奥会的进口物资,免征进口关税和进口环节增值税。

(6)对以一般贸易方式进口,用于北京2022年冬奥会的体育场馆建设所需设备中与体育场馆设施固定不可分离的设备以及直接用于北京2022年冬奥会比赛用的消耗品,免征关税和进口环节增值税。

(7)对赞助企业及参与赞助的下属机构根据赞助协议及补充赞助协议向北京冬奥组委免费提供的,与北京2022年冬奥会、冬残奥会、测试赛有关的服务,免征增值税。适用免征增值税政策的服务,仅限于赞助企业及下属机构与北京冬奥组委签订的赞助协议及补充赞助协议中列明的服务。赞助企业及下属机构应对上述服务单独核算,未单独核算的,不得适用免税政策。

7.个人取得体育彩票中奖所得征免个人所得税。

(五)进一步支持和促进重点群体创业就业的税收优惠

从2019年1月1日至2021年12月31日,以下四类人员每年减税12000元(依次扣减其当年实际应缴纳的增值税、城市维护建设税、教育费附加、地方教育附加和个人所得税),限额可上浮20%。

1.纳入全国扶贫开发信息系统的建档立卡贫困人口。

2.在人力资源社会保障部门公共就业服务机构登记失业半年以上的人员。

3.零就业家庭、享受城市居民最低生活保障家庭劳动年龄内的登记失业人员。

4.毕业年度内高校毕业生(是指实施高等学历教育的普通高等学校、成人高等学校应届毕业的学生;毕业年度是指毕业所在自然年,即1月1日至12月31日)。

复习思考题

1.概述改革开放以来我国税制改革历程。

2.改革开放以来我国税制改革的经验总结。

3.我国现行税种的设置及分布是怎样的?

4.分析我国现行税制存在的问题及下一步改革展望。

5.分析中国税制改革未来走向。

6.新发展理念引领下实施优惠政策的原则。

7.简述现行税收制度体现新发展理念的优惠政策。

▶ 第 七 章 ◀

流转税和所得税

根据现行税制安排,由税务局负责征收的属于流转税的税种有增值税、消费税(关税也属于流转税,但由海关负责征收);属于所得税的税种有企业所得税、个人所得税,共计四个税种。

第一节　增值税

一、增值税概述

(一)增值税的概念

增值税是以单位和个人生产经营过程中取得的增值额为课税对象征收的一种税。

从理论上讲,增值额是企业在生产经营过程中新创造的那部分价值,即货物或劳务价值中的 V+M 部分,在我国相当于净产值或国民收入部分。现实经济生活中,对增值额这一概念可以从以下两个方面理解:第一,从一个生产经营单位来看,增值额是指该单位销售货物或提供劳务的收入额扣除为生产经营这种货物（包括劳务,下同）而外购的那部分货物价款后的余额;第二,从一项货物来看,增值额是该货物经历的生产和流通的各个环节所创造的增值额之和,也就是该项货物的最终销售价值。

例如,某项货物最终销售价格为 260 元,这 260 元是由三个生产经营环节共同创造的。那么,该货物在三个环节中创造的增值额之和就是该货物的全部销售额。该货物每一环节的增值额和销售额的数量及关系见表 7-1（为便于计算,假定每一环节没有物质消耗,都是该环节新创造的价值）。

表 7-1　货物在各环节的增值与价格关系　　　　单位:元

	制造环节	批发环节	零售环节	合计
增值额	150	50	60	260
销售额	150	200	260	

该项货物在上述三个环节创造的增值额之和为 260 元,该项货物的最终销售价格也是 260 元。这种情况说明,在税率一致的情况下,对每一生产流通环节征收的增值税之和,实际上就是按货物最终销售额征收的增值税,或者说是销售税。

实行增值税的国家,据以征税的增值额都是一种法定增值额,并非理论上的增值额。所谓法定增值额是各国政府根据各自的国情、政策要求,在增值税制度中人为地确定的增值额。法定增值额可以等于理论上的增值额,也可以大于成小于理论上的增值额。造成法定增值额与理论增值额不一致的一个重要原因,是各国在规定扣除范围时,对外购固定产的处理办法不同。一般来说,各国在确定征税的增值额时,对外购流动资产价款都允许从货物总价值中扣除。但是,对外购固定资产价款各国处理办法则有所不同,有些国家允许扣除,有些国家不允许扣除。在允许扣除的国家,扣除情况也不一样。另外,由于存在一些难以征收增值税的行业以及对一些值得"褒奖"的项目给予减免税,理论增值额与法定增值额也有很大不同。举例说明如下:

假定某企业报告期货物销售额为 78 万元,从外单位购入的原材料等流动资产价款为 24 万元,购入机器设备等固定资产价款为 40 万元,当期计入成本的折旧费为 5 万元。根据上述条件计算该企业的理论增值额及在不同国别增值税制度下的法定增值额。就是说,实行增值税的国家由于对外购固定资产价款的扣除额不同,计算出的法定增值额也不同,在同一纳税期内,允许扣除的数额越多,法定增值额则越少。

实行增值税的国家之所以都在本国税制中规定法定增值额,其原因是:第一,开征任何一种税都是为政府的经济政策和财政政策服务的,增值税也不例外,因此,各国征税的增值额可以由政府根据政策的需要来确定。例如,有些国家为鼓励扩大投资、加速固定资产更新,对外购固定资产价款允许在纳税期内一次扣除;有些国家考虑到财政收入的需要,规定外购固定资产的价款一律不准扣除,从而使增值额相应扩大。第二,只有规定法定增值额才能保证增值税计算的一致性,从而保证增值税税负的公平合理。

(二)增值税一般不直接以增值额作为计税依据

从以上对增值额这一概念的分析来看,纯理论的增值额对计算增值税并没有实际意义,而仅仅是对增值税本质的一种理论抽象,因此各国都是根据法定增值额计算增值税的。但是,实施增值税的国家无论以哪种法定增值额作为课税基数,在实际计算增值税税款时都不是直接以增值额作为计税依据,也就是说,各国计算增值税时都不是先求出各生产经营环节的增值额,然后再据此计算增值税,而是采取从销售总额的应纳税款中扣除外购项目已纳税款的税款抵扣法。可见,增值额这一概念只有从理论角度看才具有现实意义,在实际计税中并不直接发挥作用。不直接通过增值额计算增值税的原因是,确定增值额在实际工作中是一件很困难的事,甚至难以做到。

二、增值税的性质及计税原理

(一)增值税的性质

增值税以增值额为课税对象,以销售额为计税依据,同时实行税款抵扣的计税方式,这一计税方式决定了增值税是属于流转税性质的税种。作为流转税,增值税同一般销售税以及对特定消费品征收的消费税有着很多共同的方面。

1.都是以全部流转额为计税销售额。实行增值税的国家无论采取哪种类型的增值税,在计税方法上都是以货物或劳务的全部销售额为计税依据,这同消费税是一样的,所不同的只是增值税还同时实行税款抵扣制度,是一种只就未税流转额征税的新型流转税。

2.税负具有转嫁性。增值税实行价外征税,经营者出售商品时,税款附加在价格之上转嫁给购买者,随着商品流通环节的延伸,税款最终由消费者承担。

3.按照产品或行业实行比例税率,而不能采取累进税率。这一点与其他流转税一样,但与所得税则完全不同。增值税的主要作用在于广泛征集财政收入,而非调节收入差距,因此,不必也不应采用累进税率。

(二)增值税的计税原理

增值税的计税原理是通过增值税的计税方法体现出来的。增值税的计税方法是以每一生产经营环节上发生的货物或劳务的销售额为计税依据,然后按规定税率计算出货物或劳务的整体税负,同时通过税款抵扣方式将外购项目在以前环节已纳的税款予以扣除,从而完全避免了重复征税。该原理具体体现在以下几个方面:

1.按全部销售额计算税款,但只对货物或劳务价值中的新增价值部分征税。

2.实行税款抵扣制度,对以前环节已纳税款予以扣除。

3.税款随着货物的销售逐环节转移,最终消费者是全部税款的承担者,但政府并不直接向消费者征税,而是在生产经营的各个环节分段征收,各环节的纳税人并不承担增值税税款。

(三)增值税的特点和优点

增值税虽属于流转税,但其特有的计税方式使其有着自身的特点和优点。

1.增值税的特点。

(1)不重复征税,具有中性税收的特征。所谓中性税收,是指税收对经济行为包括企业生产决策、生产组织形式等,不产生影响,由市场对资源配置发挥基础性、主导性作用。政府在建立税制时,以不干扰经营者的投资决策和消费者的消费选择为原则。增值额具有中性税收的特征,是因为增值税只对货物或劳务销售额中没有征过税的那部分增值额征税,对销售额中属于转移过来的、以前环节已征过税的那部分销售额则不再征税,从而有效地排除了重复征税因素。此外,增值税税率档次少,一些国家只采取一档税率,即使采取二档或三档税率的,其绝大部分货物一般也都是按一个统一的基本税率征税。这不仅使得绝大部分货物的税负是一样的,而且同一货物在经历的所有生产和流通的各环节的整体税负也是一样的。这种情况使增值税对生产经营活动以及消费行为基本不发生影响,从而使增值税具有了中性税收的特征。

(2)逐环节征税,逐环节扣税,最终消费者是全部税款的承担者。作为一种新型的流转税,增值税保留了传统间接税按流转额全值计税和道道征税的特点,同时还实行税款抵扣制度。即在逐环节征税的同时,还实行逐环节扣税。在这里,各环节的经营者作为纳税人只是把从买方收取的税款抵扣自己支付给卖方的税款后的余额缴给政府,而经营者本身实际上并没有承担增值税税款。这样,随着各环节交易活动的进行,经营者在出售货物的同时也出售了该货物所承担的增值税税款,直到货物卖给最终消费者时,货物在以前环节已纳的税款连同本环节的税款也一同转嫁给了最终消费者。可见,增值税税负具有逐环节向前推移的特点,作为纳税人的生产经营者并不是增值税的真正负担者,只有最终消费者才是全部税款的负担者。

(3)税基广阔,具有征收的普遍性和连续性。无论是从横向还是纵向来看,增值税都有着广阔的税基。从生产经营的横向关系看,无论工业、商业或者劳务服务活动,只要有增值收入就要纳税;从生产经营的纵向关系看,每一货物无论经过多少生产经营环节,都要按各道环节上发生的增值额逐次征税。

2.增值税的优点。

增值税的优点是由增值税的特点决定的。

(1)能够平衡税负,促进公平竞争。增值税具有不重复征税的特点,能够彻底解决同一种货物由全能厂生产和由非全能厂生产所产生的税负不平衡问题。因为,从一个企业来看,增值税税负的高低不受货物结构中外购协作件所占比重大小的影响;从一项货物来看增值税不受该货物所经历的生产经营环节多少的影响。也就是说,一种货物无论是由几家、十几家甚至几十家企业共同完成,还是自始至终由一家企业完成,货物只要最终销售价格相同,那么该货物所负担的增值税税负也相同,从而彻底解决了同一货物由全能厂生产和由非全能厂生产所产生的税负不平衡问题。增值税能够平衡税负的这种内在合理性使得增值税能够适应商品经济的发展,为在市场经济下的公平竞争提供良好的外部条件。

(2)既便于对出口商品退税,又可避免对进口商品征税不足。世界各国为保护和促进本国经济的发展,在对外贸易上可以采取奖出限入的经济政策。而流转税是由消费者负担的,出口货物是在国外消费的,因此,各国对出口货物普遍实行退税政策,使出口货物以不含税价格进入国际市场。在这种政策下,传统的流转税按全部销售额征税,由于存在重复征税,在货物出口时,究竟缴了多少税是很难计算清楚的。这样,在出口退税工作中就不可避免地存在两个问题:一是退税不足,影响货物在国际市场的竞争力;二是退税过多,形成国家对出口货物的补贴。实行增值税则可以避免上述问题,因为货物的出口价格就是其全部增值额,用出口价格乘以增值税税率,即可准确地计算出出口货物应退税款,从而做到一次全部将已征税款准确地退还给企业,使出口货物以不含税价格进入国际市场。

对进口货物征收增值税,有利于贯彻国家间同等纳税的原则,避免产生进口货物的税负轻于国内同类货物假象。因为按全部流转额征税时,同一货物在国内因经历流转环节多而存在重复征税,税负较重;而对进口货物只能在进口环节按进口货物总值征一次税,不存在重复征税问题。因而导致进口货物的税负轻于国内同类货物的税负,这是对进口货物征税不足所引起的。实行增值税后,排除了国内货物重复征税因素,使进口货物和国内同类货物承担相同的税负,从而能够正确比较和衡量进口货物的得失,既体现了国家间同等纳税的原则,又维护了国家经济权益。

(3)在组织财政收入上具有稳定性和及时性。征税范围的广阔性,征收的普遍性和连续性,使增值税有着充足的税源和为数众多的纳税人,从而使通过增值税组织的财政收入具有稳定性和可靠性。

(4)在税收征管上可以互相制约,交叉审计。与增值税实行税款抵扣的计税方法相适应,各国都实行凭发票扣税的征收制度,通过发票把买卖双方连为一体,并形成一个有机的扣税链条。即销售方销售货物开具的增值税发票既是销货方计算销项税额的凭证,同时也是购货方据以扣税的凭证。正是通过发票才得以把货物承担的税款从一个经营环节传递到下一个经营环节,最后传递到最终消费者身上。在这一纳税链条中,如有哪一环节少缴了税款,必然导致下一个环节多缴税款。可见,增值税发票使买卖双方在纳税上形成了一种利益制约关系。

三、我国增值税制度的建立和发展

1954 年法国成功地推行增值税后,对欧洲和世界各国都产生了重大影响,特别是对当时的欧洲共同体国家的影响更大。在随后的十几年里欧共体成员国相继实行了增值税,欧洲其他一些国家以及非洲和拉丁美洲的一些国家为改善自己在国际贸易中的竞争条件也实行了增值税,亚洲国家自 20 世纪 70 年代后期开始推行增值税。到 2015 年,世界上已有 190 多个国家和地区实行了增值税。从增值税在国际上的广泛应用可以看出,增值税作为一个国际性税种是为适应商品经济的高度发展应运而生的。

(一)我国增值税制度的发展历程

我国于 1979 年引进增值税,并在部分城市试行。1982 年财政部制定了《增值税暂行办法》,自 1983 年 1 月 1 日开始在全国试行。1984 年第二步利改税和全面工商税制改革时,在总结经验的基础上,国务院发布了《中华人民共和国增值税条例(草案)》,并于当年 10 月试行。1993 年税制改革,增值税成为改革的重点。国务院于 1993 年 12 月发布了《中华人民共和国增值税暂行条例》,并于 1994 年 1 月 1 日起在全国范围内全面推行增值税。此时的增值税属于生产型增值税。为了进一步完善税收制度,国家决定实行增值税转型试点,并于 2004 年 7 月 1 日开始在东北、中部等部分地区实行,试点工作运行顺利,达到了预期目标,为此,国务院决定全面实施增值税转型改革,修订了《中华人民共和国增值税暂行条例》(以下简称《增值税暂行条例》),2008 年 11 月经国务院第 34 次常务会议审议通过,于 2009 年 1 月 1 日起在全国范围内实行消费型增值税。

(二)营业税改征增值税改革试点

为促进第三产业发展,自 2012 年 1 月 1 日起,在部分地区和行业开展深化增值税制度改革试点,到 2016 年 5 月 1 日,征收营业税的行业全部改为征收增值税。

1.营业税改征增值税的指导思想。

建立健全有利于科学发展的税收制度,促进经济结构调整,支持现代服务业发展。

当前,我国正处于加快转变经济发展方式的攻坚时期,大力发展第三产业,尤其是现代服务业,对推进经济结构调整和提高国家综合实力具有重要意义。按照建立健全有利于科学发展的财税制度要求,将营业税改征增值税,有利于完善税制,消除重复征税;有利于社会专业化分工,促进三次产业融合;有利于降低企业税收成本,增强企业发展能力;有利于优化投资、消费和出口结构,促进国民经济健康协调发展。

2.营业税改征增值税的基本原则。

(1)统筹设计、分步实施。正确处理改革、发展、稳定的关系,统筹兼顾经济社会发展要求结合全面推行改革需要和当前实际,科学设计,稳步推进。

(2)规范税制、合理负担。在保证增值税规范运行的前提下,根据财政承受能力和不同行业发展特点,合理设置税制要素,改革试点行业总体税负不增加或略有下降,基本消除重复征税。

(3)全面协调、平稳过渡。妥善处理试点前后增值税与营业税政策的衔接试点纳税人与非试点纳税人税制的协调,建立健全适应第三产业发展的增值税管理体系,确保改革试点有序运行。

3.营业税改征增值税试点进程。

(1)试点地区。

营业税改征增值税涉及面较广,为保证改革顺利实施,在部分地区和部分行业开展试点十分必要。综合考虑服务业发展状况、财政承受能力、征管基础条件等因素,先期选择经济辐射效应明显、改革示范作用较强的地区开展试点。上海市服务业门类齐全、辐射作用明显,选择上海市先行试点,有利于为全面实施改革积累经验。

(2)试点行业。

试点地区先在交通运输业、部分现代服务业等生产性服务业开展试点,逐步推广至其他行业。条件成熟时,可选择部分行业在全国范围内进行全行业试点。

选择交通运输业试点主要考虑:一是交通运输业与生产流通联系紧密,在生产性服务业中占有重要地位;二是运输费用属于现行增值税进项税额抵扣范围,运费发票已纳入增值税管理体系,改革的基础较好。选择部分现代服务业试点主要考虑:一是现代服务业是衡量一个国家经济社会发达程度的重要标志,通过改革支持其发展有利于提升国家综合实力;二是选择与制造业关系密切的部分现代服务业进行试点,可以减少产业分工细化存在的重复征税因素,既有利于现代服务业的发展,也有利于制造业产业升级和技术进步。

(3)试点进程。

2012年1月1日起在上海市试点,将交通运输业和部分现代服务业由营业税改征增值税。

2012年9月1日起,试点地区扩大到北京市、天津市、江苏省、安徽省、浙江省(含宁波市)、福建省(含厦门市)、湖北省、广东省(含深圳市)8个省市。北京市于2012年9月1日,江苏省、安徽省于2012年10月1日,福建省、广东省于2012年11月1日,天津市、浙江省、湖北省于2012年12月1日,分别进行试点。

2013年8月1日,营业税改征增值税试点在全国范围内推开,并将广播影视作品的制作、播映、发行纳入试点行业。

2014年1月1日起,铁路运输业和邮政业在全国范围实施营业税改征增值税试点,至此,交通运输业全部纳入试点范围。

2014年6月1日起,电信业纳入营业税改征增值税试点范围,实行差异化税率,基础电信服务和增值电信服务分别适用11%和6%的税率,为境外单位提供电信业服务免征增值税。

自2016年5月1日起,在全国范围内全面推开营业税改征增值税试点,建筑业、房地产业、金融业、生活服务业纳入试点范围,由缴纳营业税改为缴纳增值税。至此,营业税全部改征增值税,营业税成为我国税收制度发展史的组成部分,流通环节由增值税全覆盖。

2017年11月19日,国务院颁布了691号令,决定废止《中华人民共和国营业税暂行条例》,同时对《中华人民共和国增值税暂行条例》进行修改。

三、增值税的基本内容

(一)增值税的征税范围

1.销售或者进口货物。货物是指有形动产,包括电力、热力、气体在内。

2.提供加工、修理修配劳务。加工是指受托加工货物,即委托方提供原料及主要材料,受托方按照委托方的要求制造货物并收取加工费的业务;修理修配是指受托对损伤和丧失功能的货物进行修复,使其恢复原状和功能的业务。

(二)增值税的纳税人

增值税的纳税人是指所有在我国境内销售货物、提供应税劳务及进口货物的单位和个人。其中单位包括各种经济成分的企业,外资企业也在其中,还包括行政事业单位、社会团体和其他单位;个人则指个体经营者和其他个人。

为了便于征收管理,税法将纳税人按其经营规模大小及会计核算健全与否,以纳税人的销售额为标准划分为一般纳税人和小规模纳税人。其中小规模纳税人是指年销售额在规定标准以下,且会计核算不健全,不能按规定报送有关税务资料的纳税人;一般纳税人是指年销售额超过规定的小规模纳税人标准的企业和企业性单位(以下简称企业)。

1.自 2018 年 5 月 1 日起,增值税小规模纳税人标准为年应征增值税销售额 500 万元及以下。

2.转登记日前连续 12 个月(以 1 个月为 1 个纳税期)或者连续 4 个季度(以 1 个季度为 1 个纳税期)累计销售额未超过 500 万元的一般纳税人,在 2019 年 12 月 31 日前,可选择转登记为小规模纳税人。

(三)税率

1.基准税率:13%(2019 年 4 月 1 日起,由 16%降至 13%)。

增值税一般纳税人销售货物、劳务、有形动产租赁服务或者进口货物。

2.低税率:

(1)9%的税率(2019 年 4 月 1 日起,由 10%降至 9%)。

增值税一般纳税人销售交通运输、邮政、基础电信、建筑、不动产租赁服务,销售不动产,转让土地使用权,销售或者进口下列货物:

——粮食等农产品、食用植物油、食用盐;

——自来水、暖气、冷气、热水、煤气、石油液化气、天然气、二甲醚、沼气、居民用煤炭制品;

——图书、报纸、杂志、音像制品、电子出版物;

——饲料、化肥、农药、农机、农膜;

——国务院规定的其他货物。

(2)6%的税率。

增值税一般纳税人销售增值电信服务、金融服务、现代服务(租赁服务除外)、生活服务、无形资产(不含土地使用权)。

(四)征收率

1.3%征收率的适用范围。

由于小规模纳税人会计制度不健全,无法准确核算进项税额和销项税额,在增值税征收管理中,采用简易方式,按照其销售额与规定的征收率计算缴纳增值税,不准许抵扣进项税,也不允许自行开具增值税专用发票。

(1)小规模纳税人在中华人民共和国境内销售货物、销售服务、无形资产或不动产,适用简易方法计税,增值税征收率为3%(适用5%征收率的除外),征收率的调整,由国务院决定。

小规模纳税人(除其他个人外,下同)销售自己使用过的固定资产,减按2%的征收率征收增值税,并且只能开具普通发票,不得由税务机关代开增值税专用发票。

(2)小规模纳税人销售自己使用过的除固定资产以外的物品,应按3%的征收率征收增值税。

(3)纳税人销售旧货,按照简易办法依照3%征收率减按1.5%征收增值税。

(4)对于一般纳税人生产销售的特定货物和应税服务,可以选择适用简易计税方法计税,增值税征收率为3%。

2.5%征收率的适用范围。

(1)一股纳税人销售不动产,选择适用简易计税方法,征收率为5%。

(2)房地产开发企业的一般纳税人销售自行开发的房地产老项目,选择适用简易计税方法,征收率为5%。

(3)小规模纳税人销售不动产,适用5%征收率。

(4)一般纳税人出租其2016年4月30日前取得的不动产,选择按简易方法计税,征收率为5%。

(5)小规模纳税人出租不动产,征收率为5%。

(6)纳税人提供劳务派遣服务,选择差额纳税的,征收率为5%。

（7）纳税人提供安全保护服务，选择差额纳税的，征收率为5%。

（8）一般纳税人提供人力资源外包服务，选择简易计税方式计税的、征收率为5%。

3.个人出租住房的征收率。

个人出租住房，按照5%的征收率减按1.5%计算纳税。

（四）税额的计算

1.一般纳税人税额的计算：扣税法。计算公式为：

应纳税额＝当期销项税额－当期进项税额

（1）销项税额＝销售额×税率

对于销售方来说，在没有抵扣进项税额前，销项税额还不是其应纳增值税税额。

（2）进项税额，是指纳税人购进货物、劳务、服务、无形资产、不动产所支付或者负担增值税额。进项税额是与销项税额相对应的另一个概念。在开具增值税专用发票的情况下，它们之间的对应关系是，销售方收取的销项税额，就是购买方支付的进项税额。对于任何一个一般纳税人而言，由于其在经营活动中，既会发生应税销售行为，又会发生购进货物、劳务、服务、无形资产、不动产行为，因此，每一个一般纳税人都会有收取的销项税额和支付的进项税额。增值税的核心就是用纳税人收取的销项税额抵扣其支付的进项税额，其余额为纳税人实际应缴纳的增值税税额。这样，进项税额作为可抵扣的部分，对于纳税人实际纳税多少就产生了举足轻重的作用。

进项税额是纳税人购进货物或应税劳务所支付的增值税。按税法规定，准予从销项税额中抵扣的进项税额限于从销售方取得的增值税专用发票上注明的增值税额。

为推进增值税实质性减税，财政部、税务总局、海关总署三部门联合发布《关于深化增值税改革有关政策的公告》，细化增值税改革具体部署。从 2019 年 4 月 1 日起，进项税额发生四个方面变化：一是加快抵扣：纳税人取得不动产或者不动产在建工程的进项税额不再分 2 年抵扣，可以一次性、加快抵扣取得不动产或者不动产在建工程的进项税额；二是扩大抵扣：纳税人购进国内旅客运输服务，其进项税额允许从销项税额中抵扣;三是加计抵减:自 2019 年 4 月 1 日至 2021 年 12 月 31 日允许生产、生活性服务业纳税人,按照当期可抵扣进项税额的10%计提加计抵减额用于抵减应纳税额;四是留抵退税:符合一定条件的纳税人可以向主管税务机关申请退还增量留抵税额

2.小规模纳税人税额的计算:简易计算法。计算公式为:

应纳税额＝销售额×征收率(3%)

(五)一般纳税人与小规模纳税人的税负平衡点

已知:一般纳税人应纳税额＝当期销项税额－当期进项税额

＝销售收入×13%－采购金额×13%

＝(销售收入－采购金额)×13%

＝购销差额×13%

＝毛利×13%

小规模纳税人应纳税额＝销售收入×3%

假设一般纳税人与小规模纳税人的税负相等:

那么,增值额(毛利)×13%＝销售收入×3%

毛利÷销售收入＝3%÷13%

毛利率＝3%÷13%＝23%

由此可以看出,当毛利率为23%时,两者税负相同;当毛利率低于23%时,小规模纳税人的税负重于一般纳税人;当毛利率高于23%时,则一般纳税人的税负重于小规模纳税人。用同样的方法,我们可以计算出一般纳税人增值税税率为 9% 、6%时与小规模纳税人的税负平衡点,如下表所示。

表 7-2　三类纳税人税负平衡点

一般纳税人	小规模纳税人	税负平衡点(毛利率)
13%	3%	23%
9%	3%	33%
6%	3%	50%

三、关于小微企业免征增值税的政策规定及解读

(一)政策规定

小规模纳税人发生增值税应税销售行为,合计月销售额未超过 10 万元(以 1 个季度为 1 个纳税期的,季度销售额未超过 30 万元,下同)的,免征增值税。

小规模纳税人发生增值税应税销售行为,合计月销售额超过 10 万元,但扣除本期发生的销售不动产的销售额后未超过 10 万元的,其销售货物、劳务、服务、无形资产取得的销售额免征增值税。

本规定自 2019 年 1 月 1 日起施行。

(二)政策解读

1.2019 年提高增值税小规模纳税人免税标准适用于哪些小微企业？

答:根据《财政部税务总局关于实施小微企业普惠性税收减免政策的通知》(财税〔2019〕13 号)和《国家税务总局关于小规模纳税人免征增值税政策有关征管问题的公告》(国家税务总局公告 2019 年第 4 号)规定,小规模纳税人发生增值税应税销售行为,合计月销售额未超过 10 万元;以 1 个季度为 1 个纳税期的,季度销售额未超过 30 万元的,免征增值税。此次提高增值税小规模纳税人月销售额免税标准,政策的适用对象是年应税销售额 500 万元以下、身份为小规模纳税人的纳税人。

2.如何理解增值税按次纳税和按期纳税？

答:按次纳税和按期纳税,以是否办理税务登记或者临时税务登记作为划分标准。凡办理了税务登记或临时税务登记的小规模纳税人,月销售额未超过 10 万元(按季纳税的小规模纳税人,为季度销售额未超过 30 万元,下同)的,都可以按规定享受增值税免税政策。未办理税务登记或临时税务登记的小规模纳税人,除特殊规定外,则执行《中华人民共和国增值税暂行条例》及其实施细则关于按次纳税的起征点有关规定,每次销售额未达到 500 元的免征增值税,达到 500 元的则需要正常征税。对于经常代开发票的自然人,建议主动办理税务登记或临时税务登记,以充分享受小规模纳税人月销售额 10 万元以下免税政策。

3.增值税免税政策是否只针对按月纳税的小规模纳税人？

答:该规定不仅针对按月纳税月销售额未超过 10 万元的小规模纳税人,也适

用于按季纳税季销售额未超过 30 万元的小规模纳税人。

4.小规模纳税人月销售额超过 10 万元但季度销售额未超过 30 万是否免征增值税？

答：如果是按月纳税的小规模纳税人，那么月销售额超过 10 万元的当月是无法享受免税政策的；如果是按季纳税的小规模纳税人，那么季度中某一个月销售额超过 10 万元，但季度销售额不超过 30 万元的，可以按规定享受免税政策。

5.在预缴地的季度销售额未超过 30 万元时，预缴税款可否退还？

答：自 2019 年 1 月 1 日起，增值税小规模纳税人凡在预缴地实现的季度销售额未超过 30 万元的，当期无须预缴税款。已预缴税款的，可以向预缴地主管税务机关申请退还。

6.小规模纳税人的纳税期限是否可以自由选择？

答：按照固定期限纳税的小规模纳税人可以根据自己的实际经营情况选择实行按月纳税或按季纳税。为确保年度内纳税人的纳税期限相对稳定，纳税人一经选择，一个会计年度内不得变更。

7.一家商贸企业，2018 年已经办理过一次转登记，后来由于业务量扩大，销售额达到一般纳税人标准，又登记为一般纳税人，2019 年还可以转登记为小规模纳税人吗？

答：可以。部分纳税人在 2018 年先申请转登记为小规模纳税人，后又登记成为一般纳税人。在 2019 年年内，只要符合转登记日前连续 12 个月或者连续 4 个季度累计销售额未超过 500 万元的条件，仍可以由一般纳税人转登记为小规模纳税人，但是只允许办理一次。

8.营改增小规模纳税人销售额曾经达到 500 万元，申请登记为一般纳税人，若在 2019 年申请转登记日前连续 12 个月销售额未达 500 万元，还可以申请转登记为小规模纳税人吗？

答：按照现行政策规定，转登记日前连续 12 个月或者连续 4 个季度累计销售额未超过 500 万元的一般纳税人，在 2019 年 12 月 31 日前，可选择转登记为小规模纳税人。这里可办理转登记的一般纳税人，既包括原增值税纳税人，也包括营改增纳税人。所以，如果纳税人符合以上条件，都是可以办理转登记的。

第二节　消费税

一、消费税及其基本特点

消费税是指对消费品和特定的消费行为按流转额征收的一种商品税。广义上,消费税应对所有消费品包括生活必需品和日用品普遍课税;但从征收实践上看,消费税主要指对特定消费品或特定消费行为等课税。消费税主要以特定消费品为课税对象,属于间接税,税收随价格转嫁给消费者负担,消费者是税款的实际负担者。消费税的征收具有较强的选择性,是国家贯彻消费政策、引导消费结构从而引导产业结构的重要手段,因而在保证国家财政收入,体现国家经济政策等方面具有十分重要的意义。

我国现行消费税由以下四个方面的基本特点:

1.征收范围具有选择性。我国消费税在征收范围上根据产业政策与消费政策仅选择部分消费品征税,而不是对所有消费品都征收消费税。

2.征税环节具有单一性。一般情况下,主要在生产销售和进口环节上征收。

3.税率税额的差别性。消费税是根据不同的消费品的种类、档次,以及消费品的市场供求状况或价格水平等情况制定高低不等的税率、税额。平均税率水平比较高且税负差异大。消费税的平均税率水平比较高,并且不同征税项目的税负差异较大;对诸如香烟等对需要限制或控制消费的消费品,通常税负较重。

4.计税方法具有灵活性。既对有些应税消费品采用单位税额,以消费品的数量实行从量定额的计税方法,也对有些应税消费品制定比例税率,以消费品的价格实行从价定率的计税方法。

二、消费税的征税范围

具体包括四大类消费品：

第一类是过度消费会对人体健康、社会秩序和生态环境等方面造成危害的特殊消费品，如烟、酒、鞭炮和焰火等。通过对这类消费品征税，可以体现"寓禁于征"的政策。

第二类是奢侈品和非生活必需品，如小汽车、贵重首饰和珠宝玉石、化妆品、游艇、高档手表、高尔夫球及球具等。对这类消费品征税，可以调节高收入者的消费支出。

第三类是资源类消费品，如成品油、木制一次性筷子、实木地板等。对这类消费品征税，可以抑制消费，节约资源。

第四类是高能耗和高污染消费品，如电池、涂料等。对这类消费品征税，可以促进节能环保(此类消费品自2015年2月1日起纳入消费税征收范围)。

三、消费税的纳税人与税目、税率

(一)纳税人

在中华人民共和国境内生产、委托加工和进口，以及销售应税消费品的单位和个人，为消费税的纳税人。这里的"单位"是指国有企业、集体企业、私有企业、股份制企业、其他企业和行政单位、事业单位、军事单位、社会团体及其他单位;"个人"，是指个体经营者及其他个人。

(二)税目

消费税有税目计15类应税消费品，具体包括：烟、酒、高档化妆品、贵重首饰及珠宝玉石、鞭炮烟花、成品油、小汽车、摩托车、高尔夫球及球具、高档手表、游艇、一次性木筷、实木地板、电池、涂料。而税率则是根据不同税目分别设置了高低不等的比例税率和定额税率。

(三)税率

消费税采用比例税率和定额税率两种形式，以适应不同应税消费品的实际情况，消费税根据不同的税目或子目确定相应的税率或单位税额。大部分应税消费品适用比例税率，例如，烟丝税率为30%，摩托车税率为3%等;黄酒、啤酒、成品油按单位重量或单位体积确定单位税额;卷烟、白酒采用比例税率和定额税率双重征收形式。

表7-3　税目税率(税额)表

税目	税率	备注
一、烟		自2009年5月1日起,对在中华人民共和国境内从事卷烟批发业务的单位和个人,在卷烟批发环节加征一道从价税,适用税率5%。2015年5月10日起,将卷烟批发环节从价税税率由5%提高至11%,并按0.005元/支加征从量税。
1.卷烟		
工业		
(1)甲类卷烟[调拨价70元(不含增值税)/条以上(含70元)]	56%加0.003元/支生产环节	
(2)乙类卷烟[调拨价70元(不含增值税)/条以下]	36%加0.003元/支生产环节	
商业批发	11%加0.005元/支批发环节	
2.雪茄	36%	
3.烟丝	30%	
二、酒		解释1:2014年12月1日起,酒精不再征收消费税。解释2:甲类啤酒,指每吨出厂价(含包装物及包装物押金)≥3000元(不含增值税);乙类啤酒是指每吨出厂价(含包装物及包装物押金)<3000元。解释3:包装物押金不包括重复用的塑料周转箱的押金。解释4:果啤属于啤酒,按啤酒征收消费税。解释5:对饮食业、商业、娱乐业举办的啤酒屋(啤酒坊)利用啤酒生产设备生产的啤酒应当征收消费税。新增:葡萄酒,属于"其他酒"子目。
1.白酒	20%加0.5元/500克(或者500毫升)	
2.黄酒	240元/吨	
3.啤酒		
(1)甲类啤酒	250元/吨	
(2)乙类啤酒	220元/吨	
4.其他酒	10%	

（续表）

税目	税率	备注
三、高档化妆品	15%	2016 年 10 月 1 日起,取消对普通美容、修饰类化妆品征收消费税,将"化妆品"税目名称更名为"高档化妆品"。征收范围包括高档美容、修饰类化妆品、高档护肤类化妆品和成套化妆品。税率由原先的 30%调整为 15%。高档美容、修饰类化妆品和高档护肤类化妆品是指生产(进口)环节销售(完税)价格(不含增值税)在 10 元/毫升(克)或 15 元/片(张)及以上的美容、修饰类化妆品和护肤类化妆品。高档化妆品中不包括:舞台、戏剧、影视演员化妆用的上妆油、卸妆油、油彩。
四、贵重首饰及珠宝玉石		
1.金银首饰、铂金首饰和钻石及钻石饰品	5%(零售环节纳税)	出国人员免税商店销售的金银首饰征收消费税。
2.其他贵重首饰和珠宝玉石	10%	
五、鞭炮、焰火	15%	不包括体育上用的发令纸、鞭炮药引线。
六、成品油		
1.汽油	1.52	解释 1:航空煤油的消费税暂缓征收。解释 2:变压器油、导热类油等绝缘油类产品不属于润滑油,不征收消费税。解释 3:取消汽车轮胎的消费税。
2.石脑油	1.52	
3.溶剂油	1.52	
4.润滑油	1.52	
5.柴油	1.2	
6.航空煤油	1.2	
7.燃料油	1.2	

（续表）

税目	税率	备注
七、摩托车		解释1：取消气缸容量250毫升（不含）以下的小排量摩托车消费税。
1.气缸容量（排气量，下同）250毫升	3%	
2.气缸容量在250毫升以上的	10%	
八、小汽车		解释1：排量小于1.5升（含）的乘用车底盘（车架）改装、改制的属于乘用车；大于1.5升的乘用车底盘（车架）或用中轻型商用客车底盘（车架）改装、改制的属于中轻型商用客车。 解释2：不包括：（1）电动汽车；（2）车身长度≥7米，并且座位10～23座（含）以下的商用客车；（3）沙滩车、雪地车、卡丁车、高尔夫车。 "小汽车"税目下增设"超豪华小汽车"子税目。征收范围为每辆零售价格130万元（不含增值税）及以上的乘用车和中轻型商用客车，即乘用车和中轻型商用客车子税目中的超豪华小汽车。对超豪华小汽车，在生产（进口）环节按现行税率征收消费税基础上，在零售环节加征消费税，税率为10%。
1.乘用车		
（1）气缸容量（排气量，下同）在1.0升（含1.0升）以下的	1%	
（2）气缸容量在1.0升以上至1.5升（含1.5升）的	3%	
（3）气缸容量在1.5升以上至2.0升（含2.0升）的	5%	
（4）气缸容量在2.0升以上至2.5升（含2.5升）的	9%	
（5）气缸容量在2.5升以上至3.0升（含3.0升）的	12%	
（6）气缸容量在3.0升以上至4.0升（含4.0升）的	25%	
（7）气缸容量在4.0升以上的	40%	
2.中轻型商用客车	5%	
3.超豪华小汽车[零售价格130万元（不含增值税）及以上的乘用车和中轻型商用客车]	10%（零售环节）	
九、高尔夫球及球具	10%	解释2：高尔夫球及球具范围包括高尔夫球、高尔夫球杆及高尔夫球包（袋）等。高尔夫球杆的杆头、杆身和握把属于本税目的征收范围。

（续表）

税目	税率	备注
十、高档手表	20%	解释3：高档手表，每只不含增值税销售价格≥10000元。
十一、游艇	10%	解释4：游艇，8米≤长度≤90米，内置发动机，可以在水上移动，一般为私人或团体购置，主要用于水上运动和休闲娱乐等非牟利活动的各类机动艇。
十二、木制一次性筷子	5%	
十三、实木地板	5%	
十四、电池	4%	解释1：对无汞原电池、金属氢化物镍蓄电池（又称"氢镍蓄电池"或"镍氢蓄电池"）、锂原电池、锂离子蓄电池、太阳能电池、燃料电池和全钒液流电池免征消费税。2015年12月31日前对铅蓄电池缓征消费税；自2016年1月1日起，对铅蓄电池按4%税率征收消费税。
十五、涂料	4%	解释2：对施工状态下挥发性有机物含量低于420克/升（含）的涂料免征消费税。

四、消费税未来发展方向

（一）税目、税率随着经济发展不断调整。随着社会的发展，居民生活水平不断提高，原先观念中的某些"奢侈品"逐渐走入千家万户，成为日用品，这些产品将逐渐退出消费税的范畴。同时，各种新型产品是否属于消费税的征收范围也需要进一步明确。从税率看，消费税税率的设计体现着消费税调节的纵深程度，其税率的调整须适当、有序、稳步地进行，既应充分表达作为征税者的政府部门在优化消费结构方面的意图，又要避免因征税而可能出现的影响生产发展和抑制正常消费行为的副作用。

（二）奢侈服务可能纳入消费税范围。随着服务业全面纳入增值税范畴，可能考虑将特定的高档或限制性消费服务行业纳入消费税征税范围，从而起到引导消费、提倡理性节俭的目的，在消费税层面也实现货物与服务流转税的统一。

（三）征收环节逐步移向批发零售环节。我国现行消费税的征收环节除卷烟增加了批发环节的消费税，金银首饰和钻石及其饰品在零售环节征收等特殊情况外，其他应税消费品限于生产、委托加工和进口环节征收。有关方面正在考虑通过将消费税征税环节由生产环节调整至批发环节或者调整至零售环节，以堵塞消费税征税环节漏洞。

（四）消费税的征管必将加强，可以考虑借鉴增值税征收管理的经验，将消费税纳入发票管理体系。一方面完善金税三期征管系统，以适应消费税日常管理要求，提高征管效率；另一方面，参考增值税进项发票抵扣的做法，对连续生产应税消费品的消费税采用抵扣管理，以票控税。同时依托信息化管理，完善对消费税税种核定、申报、优惠减免及消费税抵扣的系统化、信息化和痕迹化链条式管理①。

第三节　企业所得税

一、纳税人

大多数国家对个人（自然人）以外的组织或者实体课征所得税，一般都是以法人作为标准确定纳税人的，实行法人（公司）税制是企业所得税制改革的方向。因此，现行税法取消了原内资税法中以"独立经济核算"为标准确定纳税人的规定，将纳税人的范围确定为企业和其他取得收入的组织。同时，为避免重复征税，现行税法同时规定个人独资企业和合伙企业不适用本法。

---

① 《第一财经日报》，2018 年 7 月 25 日.

（一）纳税人所指的企业类型

根据现行税法,作为企业所得税纳税人的企业分为居民企业和非居民企业。在国际上,居民企业的判定标准有"登记注册地标准""实际管理机构地标准"和"总机构所在地标准"等,大多数国家都采用了多个标准相结合的办法。结合我国的实际情况,现行税法采用了"登记注册地标准"和"实际管理机构地标准"相结合的办法,对居民企业和非居民企业做了明确界定。

所谓居民企业,是指依法在中国境内成立,或者依照外国（地区）法律成立但实际管理机构在中国境内的企业。

所谓非居民企业,是指依照外国（地区）法律成立且实际管理机构不在中国境内,但在中国境内设立机构、场所的,或者在中国境内未设立机构、场所,但有来源于中国境内所得的企业。

"实际管理机构"要同时符合:第一,对企业有实质性管理和控制的机构;第二,对企业实行全面管理和控制的机构;第三,管理和控制的内容是企业生产经营、人员、财产、账务等,这是最关键的界定标准。

（二）居民企业、非居民企业缴纳企业所得税的具体规定

按照国际上的通行做法,现行税法采用了规范的"居民企业"和"非居民企业"概念对纳税人加以区分。居民企业承担无限纳税义务,就其来源于我国境内外的全部所得纳税;非居民企业承担有限纳税义务,一般只就其来源于我国境内的所得纳税。

具体而言,居民企业应当就其来源于中国境内、境外的所得缴纳企业所得税。非居民企业在中国境内设立机构、场所的,应当就其所设机构、场所取得的来源于中国境内的所得,以及发生在中国境外但与其所设机构、场所有实际联系的所得,缴纳企业所得税。非居民企业在中国境内未设立机构、场所的,或者虽设立机构、场所但取得的所得与其所设机构、场所没有实际联系的,应当就其来源于中国境内的所得缴纳企业所得税。

二、税率

税率的确定是税法的核心问题。所得税税率有比例税率和累进税率两种。由于比例税率简单明了,透明度高,负担平均,计算简单,便于征收。世界上大多国家

均实行比例税率。

现行法定税率为 25%，同时明确对非居民企业取得的应税所得适用 20% 的税率。

现行税法对基础设施投资、高新技术、综合利用等企业给予了一定程度的优惠，全国平均实际税负还会更低。

三、应税所得额

企业每一纳税年度的收入总额，减除不征税收入、免税收入、各项扣除项目的金额以及允许弥补的以前年度亏损后的余额，为应纳税所得额。其计算公式：

应纳税所得额＝收入总额－不征税收入－免税收入或所得－准予扣除项目的金额－允许弥补的以前年度亏损

（一）收入总额包括：销售货物收入；提供劳务收入；转让财产收入；股息、红利等权益性投资收益；利息收入；租金收入；特许权使用费收入；接受捐赠收入；其他收入。

（二）不征税收入和免税收入

1.不征税收入：是根据企业所得税法规定不征税的财政性资金的收入，具体包括财政拨款，依法收取并纳入财政管理的行政事业性收费、政府性基金，以及国务院规定的其他不征税收入。

（1）财政拨款，是指各级人民政府对纳入预算管理的事业单位、社会团体等组织拨付的财政资金，但国务院和国务院财政、税务主管部门另有规定的除外。

（2）依法收取并纳入财政管理的行政事业性收费、政府性基金。其中，行政事业性收费是指依照法律法规等有关规定，按照国务院规定程序批准，在实施社会公共管理，以及在向公民、法人或者其他组织提供特定公共服务过程中，向特定对象收取并纳入财政管理的费用。政府性基金，是指企业依照法律、行政法规等有关规定，代政府收取的具有专项用途的财政资金。

（3）国务院规定的其他不征税收入，是指企业取得的，由国务院财政、税务主管部门规定专项用途并经国务院批准的财政性资金。所谓财政性资金，是指企业取得的来源于政府及其有关部门的财政补助、补贴、贷款贴息，以及其他各类财政专项资金，包括直接减免的增值税和即征即退、先征后退、先征后返的各种税收，但不包括企业按规定取得的出口退税款。

2.免税收入:是纳税人应税收收入的重要组成部分,只是国家在特定时期或对特定项目取得的经济利益给予的税收优惠(具体的免税收入项目在后面有详述)。

(三)主要扣除项目及其标准:企业实际发生的与取得收入有关的、合理的支出,包括成本、费用、税金、损失和其他支出,其中主要扣除项目的税前扣除规定:

1.工资薪金支出。

企业发生的合理工薪支出,予以据实扣除。所称工资、薪金,是指企业每一纳税年度支付给在本企业任职或者受雇的员工的所有现金或者非现金形式的劳动报酬,包括基本工资、奖金、津贴、补贴、年终加薪、加班工资,以及与员工任职或者受雇有关的其他支出。本项支出可以从以下几个方面理解:

第一,必须是实际发生的工薪支出。尚未支付的所谓应付工薪支出,不能在其未支付的纳税年度内扣除。

第二,工薪的发放对象是在本企业任职或受雇的员工。

第三,工薪的标准应限于合理的范围和幅度。因为不同的行业、企业、岗位及地区,都影响着工薪的实际状况,所以不可能做出统一的界定和机械式的标准,只能用"合理的"这类词加以限制和修饰,实践中由税务机关根据具体的情况予以把握。

第四,工薪的表现形式包括所有现金和非现金形式。

第五,工薪的种类:只需把握一点,即凡是因员工在企业任职或者受雇于企业,而且是因其提供劳务而支付的,就属于工薪支出,不拘泥于形式上的名称。

《企业所得税法》及实施条例对工资支出合理性的判断,主要包括两个方面:一是存在"任职或雇佣关系"的雇员实际提供了服务,因任职或雇佣关系支付的劳动报酬应与所付出的劳动相关,这是判断工资、薪金支出合理性的主要依据。所谓任职或雇佣关系,一般是指所有连续性的服务关系,提供服务的任职者或雇员的主要收入或很大部分收入来自于任职的企业,并且这种收入基本上代表了提供服务人员的劳动。二是报酬总额在数量上是合理的。任职或雇佣有关的全部支出,包括现金或非现金形式的报酬。企业则必须建立健全内部工资、薪金管理制度,其所发放工资要相对固定,每次工资调整都要有案可查、有章可循;尤其要注意,每一笔

工资、薪金支出，是否及时、足额扣缴了个人所得税等。

需要注意："工资、薪金总额"，不包括企业的职工福利费、职工教育经费、工会经费以及养老保险费、医疗保险费、失业保险费、工伤保险费、生育保险费等社会保险费和住房公积金。属于国有性质的企业，其工资、薪金，不得超过政府有关部门给予的限定数额；超过部分，不得计入企业工资、薪金总额，也不得在计算企业应纳税所得额时扣除。

2.企业发生的职工福利费、工会会费、职工教育经费（统称"三项经费"）。

分别不超过工资薪金总额的 14%、2%、8% 的部分，准予扣除。其中职工教育经费超过规定标准的部分，准予在以后纳税年度结转扣除（职工教育经费是指企业为提高职工工作技能，为企业带来更多的经济利益，而发生的与提升职工素质和工作能力等方面有关的教育费支出。该经费扣除标准由原来的 1.5% 提高到 2.5%，2018 年再次提高到 8%，并对超过标准的部分，允许在以后年度无限结转，且统一适用所有纳税人。做出这种规定的目的是为鼓励企业技术创新，提高劳动者职业素质）。

需要说明的是，企业职工福利费包括以下内容：①尚未实行分离办社会职能的企业，其内设福利部门所发生的设备、设施和人员费用，包括职工食堂、职工浴室、理发室、医务所、托儿所、疗养院等集体福利部门的设备、设施及维修保养费用和福利部门工作人员的工资、薪金、社会保险费、住房公积金、劳务费等。②为职工卫生保健、生活、住房、交通等所发放的各项补贴和非货币性福利，包括企业向职工发放的因公外地就医费用、未实行医疗统筹企业职工医疗费用、职工供养直系亲属医疗补贴、供暖费补贴、职工防暑降温费、职工困难补贴、救济费、职工食堂经费补贴、职工交通补贴等。③按照其他规定发生的其他职工福利费，包括丧葬补助费、抚恤费、安家费、探亲假路费等。

值得注意的是，下列费用不属于职工福利费的开支范围：退休职工的费用；被辞退职工的补偿金；职工劳动保护费；职工在病假、生育假、探亲假期间领取到的补助；职工的学习费；职工的伙食补助费（包括职工在企业的午餐补助和出差期间的伙食补助）等。新法规定的职工福利费包括的范围，与我们通常所说"企业职工福利"相比大大缩小，如企业发给员工的"年货"、"过节费"、节假日物资及组织员工旅游支出等都不在此列。

3.社会保险费("五险一金")。

企业依照国务院有关主管部门或省级人民政府规定的范围和标准为职工缴纳的基本养老保险费、基本医疗保险费、事业保险费、工伤保险费、生育保险费等基本社会保险费和住房公积金,准予据实扣除。

企业为投资者或职工支付的补充养老保险金、补充医疗保险费,在规定的范围和标准内,准予据实扣除,但为投资者和职工支付的商业保险费,不得扣除。

4.业务招待费。

按实际发生额的60%扣除,但最高不得超过当年销售(营业)收入的5‰.

该项扣除的原规定:年销售(营业)收入净额≤1500万元,扣除比例5‰;全年销售(营业)收入净额>1500万元,扣除比例3‰。

现行税法之所以作如此规定,主要是考虑企业的业务找到非难以准确划分商业招待和个人消费。业务招待费支出是各国公司税方式中滥用扣除最严重的领域,进行业务上的招待是一个十分正常的商业做法。但是,毫无疑问商业招待又不可避免包括个人消费的成分。在许多情况下,实际上报本无法将招待与个人消费区分开来。我国现行企业所得税税法对业务招待费的扣除总体政策是比较宽松的。因此有必要加强对业务招待费税前列支的管理。

5.广告费和业务宣传费。

(1)企业发生的符合条件的广告费和业务宣传费支出,除国务院财政、税务主管部门另有规定外,不超过当年销售(营业)收入15%的部分,准予扣除;超过部分,准予结转以后纳税年度扣除。

(2)自2016年1月1日起至2020年12月31日止,对化妆品制造或销售、医药制造和饮料制造(不含酒类制造)企业发生的广告费和业务宣传费支出,不超过当年销售(营业)收入30%的部分,准予扣除;超过部分,准予在以后纳税年度结转扣除。

(3)对签订广告费和业务宣传费分摊协议(以下简称分推协议)的关联企业,其中一方发生的不超过当年销售(营业)收入税前扣除限额比例内的广告费和业务宣传费支出可以在本企业扣除,也可以将其中的部分或全部按照分摊协议归集至另一方扣除。另一方在计算本企业广告费和业务宣传费支出企业所得税税前扣除限额时,可将按照上述办法归集至本企业的广告费和业务宣传费不计算在内。

（4）企业在筹建期间，发生的广告费和业务宣传费，可按实际发生额计入企业筹办费，按上述规定在税前扣除。

（5）烟草企业的烟草广告费和业务宣传费支出，一律不得在计算应纳税所得额时扣除。

企业申报扣除的广告费支出应与赞助支出严格区分。企业申报扣除的广告费支出，必须符合下列条件：广告是通过工商部门批准的专门机构制作的；已实际支付费用，并已取得相应发票；通过一定的媒体传播。

6.公益性捐赠。

企业发生的公益性捐赠支出，不超过年度利润总额12%的部分，准予扣除。超过年度利润总额12%的部分，准予以后三年内在计算应纳税所得额时结转扣除。年度利润总额，是指企业依照国家统一会计制度的规定计算的年度会计利润。

企业发生的公益性捐赠支出未在当年税前扣除的部分，自2017年1月1日起准予向以后年度结转扣除，但结转年限自捐赠发生年度的次年起计算最长不得超过三年。企业在对公益性捐赠支出计算扣除时，应先扣除以前年度结转的捐赠支出，再扣除当年发生的捐赠支出。

公益性捐赠必须符合两个条件：一是必须通过公益性社会团体或者县级以上人民政府及其部门；二是必须是用于《中华人民共和国公益事业捐赠法》规定的公益事业的捐赠。《中华人民共和国公益事业捐赠法》规定的公益性事业的具体范围包括四个方面：救助灾害、救济贫困、扶助残疾人等困难的社会群体和个人的活动；教育、科学、文化、卫生、体育事业；环境保护、社会公共设施建设；促进社会发展和进步的其他社会公共和福利事业。

7.企业在生产经营活动中发生的下列利息支出，准予扣除：①非金融企业向金融企业借款的利息支出、金融企业的各项存款利息支出和同业拆借利息支出、企业经批准发行债券的利息支出；②非金融企业向非金融企业借款的利息支出，不超过按照金融企业同期同类贷款利率计算的数额的部分。

上述②："不超过按照金融企业同期同类贷款利率"，此规定改变了旧条例"金融机构"的表述。金融机构，是指专门从事货币信用活动的组织；而企业是以营利为目的并从事经营活动，向社会提供商品或服务的经济组织。中国人民银行和商业性银行虽然都为金融机构,但中国人民银行属于管理性金融机构,不以营利为目的,不从事经营活动,商业性银行属于经营性金融机构(性质为金融企业)。

至此,现行企业所得税法对向非金融机构借款的利率规定为:"不超过按照金融企业同期同类贷款利率",排除了中国人民银行规定的基准利率和浮动利率,企业在实际业务中结算的借款利率应该是不超过金融企业(商业银行)执行的"基准利率+浮动利率"。

上述七项可归述为,企业在生产经营过程中所发生的主要的准予扣除的成本和费用。

(四)弥补亏损

1.亏损,是指企业依照《企业所得税法》及其暂行条例的规定,将每一纳税年度的收入总额减除不征税收入、免税收入和各项扣除后小于零的数额。税法规定,企业某一纳税年度发生的亏损可以用下一年度的所得弥补,下一年度的所得不足以弥补的,可以逐年延续弥补,但最长不得超过5年。而且,企业在汇总计算缴纳企业所得税时,其境外营业机构的亏损不得抵减境内营业机构的盈利。

2.自2018年1月1日起,当年具备高新技术企业或科技型中小企业资格(以下统称资格)的企业,其具备资格年度之前5个年度发生的尚未弥补完的亏损,准予结转以后年度弥补,最长结转年限由5年延长至10年。

上述所称高新技术企业,是指按照《科技部财政部国家税务总局关于修订印发〈高新技术企业认定管理办法〉的通知》(国科发火〔2016〕32号)规定认定的高新技术企业;所称科技型中小企业,是指按《科技部财政部国家税务总局关于印发〈科技型中小企业评价办法〉的通知》(国科发政〔2017〕115号)规定取得科技型中小企业登记编号的企业。

3.企业筹办期间不计算为亏损年度,企业自开始生产经营的年度,为开始计算企业损益的年度。企业从事生产经营之前进行筹办活动期间发生筹办费用支出,不得计算为当期的亏损,企业可以在开始经营之日的当年一次性扣除,也可以按照新税法有关长期待摊费用的处理规定处理,但一经选定,不得改变。

四、税收优惠

在第六章的第二节《新发展理念下现行税制的主要优惠政策》中,有关企业所得税的优惠政策,从创新、协调、绿色、开放、共享角度分别已做归纳。在这里专门围绕高新技术企业、技术先进型服务企业、小微企业和加计扣除方面的优惠政策作具体介绍。

(一)高新技术企业优惠

1.高新技术企业的优惠税率。

国家需要重点扶持的高新技术企业减按 15% 的税率征收企业所得税。

2.高新技术企业的条件。

国家需要重点扶持的高新技术企业,是指拥有核心自主知识产权,须同时符合下列条件:

(1)企业申请认定时须注册成立一年以上。

(2)企业通过自主研发、受让、受赠、并购等方式,获得对其主要产品(服务)在技术上发挥核心支持作用的知识产权的所有权。

(3)对企业主要产品(服务)发挥核心支持作用的技术属于《国家重点支持的高新技领域》规定的范围。

(4)企业从事研发和相关技术创新活动的科技人员占企业当年职工总数的比例不低于 10%。

(5)企业近三个会计年度(实际经营期不满三年的按实际经营时间计算,下同)的研究开发费用总额占同期销售收入总的比例符合如下要求:

——最近一年销售收入小于 5000 万元(含)的企业,比例不低于 5%;

——最近一年销售收入在 5000 万元至 2 亿元(含)的企业,比例不低于 4%;

——最近一年销售收入在 2 亿元以上的企业,比例不低于 3%。

其中,企业在中国境内发生的研究开发费用总额占全部研究开发费用总额的比例不低于 60%。

(6)近一年高新技术产品(服务)收入占企业同期总收入的比例不低于 60%。

(7)企业创新能力评价应达到相应要求。

(8)企业申请认定前一年内未发生重大安全、重大质量事故或严重环境违法行为。

3.取消高新技术企业资格的情况。

已认定的高新技术企业有下列行为之一的,由认定机构取消其高新技术企业资格。

(1)认定过程中存在严重弄虚作假行为的。

(2)发生重大安全、重大质量事故或有严重环境违法行为的。

(3)未按期报告与认定条件有关重大变化情况,或累计两年未填报年度发展情况报表的。

对被取消高新技术企业资格的企业,由认定机构通知税务机关按《税收征管法》及有关规定追缴其自发生上述行为之日起所属年度起已享受的高新技术企业税收优惠。

(二)技术先进型服务企业优惠

1.技术先进型服务企业的优惠税率。

自2017年1月1日起,在全国范围内对经认定的技术先进型服务企业,减按15%的税率征收企业所得税。

2.技术先进型服务企业的条件。

享受符合规定的企业所得税优惠政策的技术先进型服务企业必须同时符合以下条件:

(1)在中国境内(不包括港、澳、台地区)注册的法人企业。

(2)从事《技术先进型服务业务认定范围(试行)》中的一种或多种技术先进型服务业务,采用先进技术或具备较强的研发能力。

(3)具有大专以上学历的员工占企业职工总数的50%以上。

(4)从事《技术先进型服务业务认定范围(试行)》中的技术先进型服务业务取得的收入占企业当年总收入的50%以上。

(5)从事离岸服务外包业务取得的收入不低于企业当年总收入的35%。

从事离岸服务外包业务取得的收入,是指企业根据境外单位与其签订的委托合同由本企业或其直接转包的企业为境外单位提供《技术先进型服务业务认定范围(试行)》中所规定的信息技术外包服务(ITO)、技术性业务流程外包服务(BPO)和技术性知识流程外包服务(KPO),而从上述境外单位取得的收入。

(三)小型微利企业优惠

小型微利企业,是指企业的全部生产经营活动产生的所得均负有我国企业所得税纳税义务的企业。

1.小型微利企业的现行认定标准。

小型微利企业减按20%的税率征收企业所得税。小型微利企业的条件如下：(1)企业资产总额5000万元以下；(2)从业人数300人以下；(3)应纳税所得额300万元以下。

2.小型微利企业2019年1月1日至2021年12月31日优惠政策。

对小型微利企业年应纳税所得额不超过100万元的部分,减按25%计入应纳税所得,按20%的税率缴纳企业所得税(实际税率5%)；对年应纳税所得额超过100万元但不超过300万元的部分,减按50%计入应纳税所得额,按20%的税率缴纳企业所得税(实际税率10%)。

(三)加计扣除优惠

加计扣除是指对企业支出项目按规定的比例给予税前扣除的基础上再给予追加扣除。加计扣除优惠包括以下四项内容：

1.一般企业研究开发费。

研究开发费,自2018年1月1日至2020年12月31日,未形成无形资产计入当期损益的,在按照规定据实扣除的基础上,再按照研究开发费用的75%加计扣除；形成无形资产的,按照无形资产成本的175%摊销。

2.科技型中小企业研究开发费用。

(1)科技型中小企业开展研发活动中实际发生的研发费用,未形成无形资产计入当期的,在按规定据实扣除的基础上,2017年1月1日至2019年12月31日期间,再按照实际发生额的75%在税前加计扣除；形成无形资产的,在上述期间按照无形资产成木的175%在税前摊销。根据财税〔2018〕99号文,该研发费用加计扣除政策适用时限长至2020年12月31日。

(2)科技型中小企业享受研发费用税前加计扣除政策的其他政策口径按照《财政部国家税务总局科技部关于完善研究开发费用税前加计扣除政策的通知》(财税〔2015〕119号)规定执行。

（3）科技型中小企业条件和管理办法由科技部、财政部和国家税务总局另行发布。科技、财政和税务部门应建立信息共享机制，及时共享科技型中小企业的相关信息，加强协调配合，保障优惠政策落实到位。

3.企业委托境外研究开发费用与税前加计扣除。

按照《财政部税务总局科技部关于企业委托境外研究开发费用税前加计扣除有关政策问题的通知》（财税〔2018〕64号）文件的规定，企业委托境外的研发费用按照费用实际发生额的80%计入委托方的委托境外研发费用，不超过境内符合条件的研发费用2/3的部分，可以按规定在企业所得税前加计扣除。

4.企业安置残疾人员所支付的工资。

企业安置残疾人员所支付工资费用的加计扣除，是指企业安置残疾人员的，在支付给残疾职工工资据实扣除的基础上，按照支付给残疾职工工资的100%加计扣除。残疾人员的范围适用《中华人民共和国残疾人保障法》的有关规定。企业安置国家鼓励安置的其他就业人员所支付的工资的加计扣除办法，由国务院另行规定。

第四节　个人所得税

个人所得税法是指国家制定的用以调整个人所得税征收与缴纳之间权利及义务关系的法律规范。

个人所得税是主要以自然人取得的各类应税所得为征税对象而征收的一种所得税，是政府利用税收对个人收入进行调节的一种手段。个人所得税的纳税人不仅包括个人还包括具有自然人性质的企业。从世界范围看个人所得税的征收模式有三种：分类征收制、综合征收制与混合征收制。分类征收制，就是将纳税人不同来源、性质的所得项目，分别规定不同的税率征税；综合征收制，是对纳税人全年的各项所得加以汇总，就其总额进行征税；混合征收制，是对纳税人不同来源、性质的所得先分别按照不同的税率征税,然后将全年的各项所得进行汇总征税。三种不同的征收模式各有其优缺点。目前,我国个人所得税已初步建立分类与综合相结合的征收模式,即混合征收制。个人所得税在组织财政收入、提高公民纳税意识,尤其在调节个人收入分配差距方面具有重要作用。

个人所得税是一个世界性的重要税种,在西方许多国家都是首要税种,已成为政府税收的主要来源。我国的个人所得税尚处于起步阶段,但发展潜力巨大。1980 年我国立法征收个人所得税,但当时是适用于在我国有个人所得的外籍人员的税法。1986 年,我国开征了城乡个体工商业户所得税。对我国公民个人所得征收的税种是 1987 年开征的个人收入调节税。在总结以往经验和借鉴国外有益做法的基础上,本着"公平税法、简化税制、合理调节"的原则,于 1994 年 1 月 1 日起发布实施现行个人所得税。2006 年对我国个人所得税进行了局部调整:将工资薪金的费用扣除额由 800 元提高到 1600 元。2008 年再次进行调整:工资薪金的税前扣除标准由 1600 元调高到 2000 元,并于 3 月 1 日起实行;同年 10 月 9 日,经国务院批准,财政部、国家税务总局发出通知,规定即日起储蓄存款利息所得暂免征收个人所得税。2011 年 6 月 30 日,十一届全国人大常委会第二十一次会议 6 月 30 日表决通过了个税法修正案,将个税起征点由现行的 2000 元提高到 3500 元,适用超额累进税率为 3% 至 45%,自 2011 年 9 月 1 日起实施。从 1980 年立法征收个人所得税,经过七次修改,目前适用的是 2018 年 8 月 31 日,由第十三届全国人民代表大会常务委员会第五次会议修改通过并公布的,自 2019 年 1 月 1 日起施行。

一、纳税人

个人所得税的纳税义务人,包括中国公民、个体工商业户、个人独资企业、合伙企投资者、在中国有所得的外籍人员(包括无国籍人员,下同)和香港、澳门、台湾同胞。上述纳税义务人依据住所和居住时间两个标准,区分为居民个人和非居民个人,其中居民纳税人是在中国境内有住所,或无住所而在中国境内居住满 1 年(即公历 1 月 1 日至 12 月 31 日)的个人,承担无限纳税义务;非居民纳税人是在中国境内无住所又不居住,或无住所且居住不满 1 年的个人,承担有限纳税义务。

二、征税范围

居民个人取得下列第一项至第四项所得(以下称综合所得),按纳税年度合并计算个人所得税,纳税人取得下列第五项至第九项所得,分别计算个人所得税。

(一)工资、薪金所得

工资、薪金所得,是指个人因任职或者受雇而取得的工资、薪金、奖金、年终加薪、劳动分红、津贴、补贴以及与任职或者受雇有关的其他所得。

1.工资、薪金所得涵盖的范围。

一般来说,工资、薪金所得属于非独立个人劳动所得。所谓非独立个人劳动,是指个人所从事的是由他人指定、安排并接受管理的劳动,工作或服务于公司、工厂、行政事业单位的人员(私营企业主除外)均为非独立劳动者。他们从上述单位取得的劳动报酬,是以工资、薪金的形式体现的。在这类报酬中,工资和薪金的收入主体略有差异。

通常情况下,把直接从事生产、经营或服务的劳动者(工人)的收入称为工资,即所谓"蓝领阶层"所得;而将从事社会公职或管理活动的劳动者(公职人员)的收入称为薪金,即所谓"白领阶层"所得。但实际立法过程中,各国都从简便易行的角度考虑,将资、薪金合并为一个项目计征个人所得税。

除工资、薪金以外,奖金、年终加薪、劳动分红、津贴、补贴也被确定为工资、薪金范畴。其中,年终加薪、劳动分红不分种类和取得情况,一律按工资、薪金所得课税。奖金是指所有具有工资性质的奖金,免税奖金的范围在税法中另有规定。此外,还有一些所得的发放被视为取得工资、薪金所得的情形。例如,公司职工取得的用于购买企业国有股权的劳动分红,按"工资、薪金所得"项目计征个人所得税;出租汽车经营单位对出租车驾驶员采取单车承包或承租方式运营,出租车驾驶员从事客货营运取得的收入按工资、薪金所得征税。

2.个人取得的津贴、补贴,不计人工资、薪金所得的项目。

根据我国目前个人收入的构成情况,规定对于一些不属于工资、薪金性质的补贴、津贴或者不属于纳税人本人工资、薪金所得项目的收入,不予征税。这些项目包括:

(1)独生子女补贴。

(2)执行公务员工资制度未纳入基本工资总额的补贴、津贴差额和家属成员的副食品补贴。

(3)托儿补助费。

(4)差旅费津贴、误餐补助。其中,误餐补助是指按照财政部规定、个人因公在城区、郊区工作,不能在工作单位或返回就餐的,根据实际误餐顿数,按规定的标准领取的误餐费。注意:单位以误餐补助名义发给职工的补助、津贴不能包括在内。

(5)外国来华留学生,领取的生活津贴费、奖学金,不属于工资、薪金范畴,不征个人所得税。

（二）劳务报酬所得

劳务报酬所得是个人独立从事各种非雇佣的劳务取得的所得。在实际操作过程中,可能会出现难以判定一项所得是属于工资、薪金所得,还是属于劳务报酬所得的情况。工资、薪金所得与劳务报酬所得的区别在于:工资、薪金所得是属于非独立个人劳务活动,即在机关、团体、学校、部队、企业、事业单位及其他组织中任职、受雇而取得的报酬;劳务报酬所得,则是个人独立从事各种技艺、提供各项劳务而取得的报酬。实务操作中,准确把握工薪所得的要点便是,凡是纳税人来源于所任职单位的各项报酬,如工资、奖金、补贴、津贴等(不取决于该项报酬的名称)均纳入"工薪所得";而凡是来源于外单位或别的雇主的各项报酬,均纳入"劳务报酬所得"。

（三）稿酬所得

稿酬所得是个人取得的由出版社支付的因其作品以图书、报刊形式出版、发表而取得的所得。对不以图书、报刊形式出版、发表的翻译、审稿、书画所得归为劳务报酬所得。

（四）特许权使用费所得

特许权使用费所得是个人提供专利权、商标权、著作权、非专利技术以及其他特许权的使用权而取得的所得。提供著作权的使用权取得的所得,不包括稿酬所得。

说明:从2019年1月1日起将(一)至(四)项合并为个人综合所得按年合并纳税。

（五）经营所得

1.个体工商户从事生产、经营活动取得的所得,个人独资企业投资人、合伙企业的个人合伙人来源于境内注册的个人独资企业、合伙企业生产、经营的所得。

个体工商户以业主为个人所得税纳税义务人。

2.个人依法从事办学、医疗、咨询以及其他有偿服务活动取得的所得。

3.个人对企业、事业单位承包经营、承租经营以及转包、转租取得的所得。

对企事业单位的承包经营、承租经营所得,是指个人承包经营或承租经营以及转包、转租取得的所得。承包项目可分多种,如生产经营、采购、销售、建筑安装等各种承包。转包包括全部转包或部分转包。

4.个人从事其他生产、经营活动取得的所得。

例如,个人因从事彩票代销业务而取得的所得;或者从事个体出租车运营的出租车驾驶员取得的收入,都应按照"经营所得"项目计征个人所得税。这里所说的从事个体出租车运营,包括:出租车属个人所有,但挂靠出租汽车经营单位或企事业单位,驾驶员向挂靠单位缴纳管理费的,或出租汽车经营单位将出租车所有权转移给驾驶员的。

注意:个体工商户和从事生产、经营的个人,取得与生产、经营活动无关的其他各项应税所得,应分别按照其他应税项目的有关规定,计算征收个人所得税。如取得银行存款的利息所得、对外投资取得的股息所得,应按"股息、利息、红利"税目的规定单独计征个人所得税。个人独资企业、合伙企业的个人投资者以企业资金为本人、家庭成员及其相关人员支付与企业生产经营无关的消费性支出及购买汽车、住房等财产性支出,视为企业对个人投资者利润分配,并计入投资者个人的生产经营所得,依照"经营所得项目"计征个人所得税。

(六)利息、股息、红利所得

利息、股息、红利所得是个人拥有债权、股权而取得的利息、股息、红利所得。按税法规定,个人取得的利息所得,除国债和国家发行的金融债券利息外,应当依法缴纳个人所得税(根据个人所得税法有关规定,国务院决定自 2008 年 10 月 9 日起,对储蓄存款利息所得暂免征收个人所得税)。股息、红利,指个人拥有股权取得的股息、红利。按一定的比率对每股发给的息金叫股息;公司、企业应分配的利润,按股份分配的叫红利。股息、红利所得,除另有规定外,都应缴纳个人所得税。

除个人独资企业、合伙企业以外的其他企业的个人投资者,以企业资金为本人、家庭成员及其相关人员支付与企业生产经营无关的消费性支出及购买汽车、住房等财产性支出,视为企业对个人投资者的红利分配,依照"利息、股息、红利所得"项目计征个人所得税。企业的上述支出不允许在所得税前扣除。

(七)财产租赁所得

财产租赁所得,是指个人出租不动产、机器设备、车船以及其他财产取得的所得。

个人取得的财产转租收入,属于"财产租赁所得"的征税范围,由财产转租人缴纳个人所得税。

(八)财产转让所得

财产转让所得,是指个人转让有价证券、股权、合伙企业中的财产份额、不动产、机器设备、车船以及其他财产取得的所得。

在现实生活中,个人进行的财产转让主要是个人财产所有权的转让。财产转让实际上是一种买卖行为,当事人双方通过签订、履行财产转让合同,形成财产买卖的法律关系,使出让财产的个人从对方取得价款(收入)或其他经济利益。财产转让所得因其性质的特殊性,需要单独列举项目征税。对个人取得的各项财产转让所得,除股票转让所得外,都要征收个人所得税。具体规定为:

1.股票转让所得。

根据《个人所得税法实施条例》规定,对股票转让所得征收个人所得税的办法,由国务院另行规定,并报全国人民代表大会常务委员会备案。鉴于我国证券市场发育还不成熟,股份制改革仍需完善,对股票转让所得的计算、征税办法和纳税期限的确认等都需要做深入的调查研究后,结合国际通行的做法,做出符合我国实际的规定。因此国务院决定,对股票转让所得暂不征收个人所得税。

2.量化资产股份转让。

集体所有制企业在改制为股份合作制企业时,对职工个人以股份形式取得的拥有所有权的企业量化资产,暂缓征收个人所得税;待个人将股份转让时,就其转让收入额减除个人取得该股份时实际支付的费用支出和合理转让费用后的余额,按"财产转让所得"项目计征个人所得税。

(九)偶然所得

偶然所得,是指个人得奖、中奖、中彩以及其他偶然性质的所得。得奖是指参加各种有奖竞赛活动,取得名次得到的奖金;中奖、中彩是指参加各种有奖活动,如有奖销售、有奖储蓄或者购买彩票,经过规定程序,抽中、摇中号码而取得的奖金。偶然所得应缴纳的个人所得税税款,一律由发奖单位或机构代扣代缴。

个人取得的所得,难以界定应纳税所得项目的,由国务院税务主管部门确定。

三、应税所得额的确定

(一)应纳税所得额的一般规定

1.居民个人综合所得,以每年收入额减除费用 60000 元以及专项扣除、专项附加扣除和依法确定的其他扣除后的余额,为应纳税所得额。

(1)专项扣除,包括居民个人按照国家规定的范围和标准缴纳的"三险一金"。

(2)专项附加扣除,包括子女教育、继续教育、大病医疗、住房贷款利息或者住房租金、赡养老人等支出,具体范围、标准和实施步骤由国务院确定,并报全国人民代表大会常务委员会备案。

(3)依法确定的其他扣除,包括个人缴付符合国家规定的企业年金、职业年金,个人购买符合国家规定的商业健康保险、税收递延型商业养老保险的支出,以及国务院规定可以扣除的其他项目。

(4)专项扣除、专项附加扣除和依法确定的其他扣除,以居民个人一个纳税年度的应纳税所得额为限额;一个纳税年度扣除不完的,不结转以后年度扣除。

2.经营所得,以每一纳税年度的收入总额减除成本、费用以及损失后的余额,为应纳税所得额。

所称成本、费用,是指生产、经营活动中发生的各项直接支出和分配计入成本的间接费用以及销售费用、管理费用、财务费用;所称损失,是指生产、经营活动中发生的固定资产和存货的盘亏、毁损、报废损失,转让财产损失,坏账损失,自然灾害等不可抗力因素造成的损失以及其他损失。

取得经营所得的个人,没有综合所得的,计算其每一纳税年度的应纳税所得额时,应当减除费用 60000 元、专项扣除、专项附加扣除以及依法确定的其他扣除。专项附加扣除在办理汇算清缴时减除。

3.财产租赁所得,每次收入不超过 4000 元的,减除费用 800 元;4000 元以上的减除 20%的费用,其余额为应纳税所得额。

4.财产转让所得,以转让财产的收入额减除财产原值和合理费用后的余额,为应纳税所得额。财产原值是指:

(1)有价证券,为买入价以及买入时按照规定缴纳的有关费用。

(2)建筑物,为建造费或者购进价格以及其他有关费用。

(3)土地使用权,为取得土地使用权所支付的金额、开发土地的费用以及其他有关费用。

(4)机器设备、车船,为购进价格、运输费、安装费以及其他有关费用。

(5)其他财产,参照以上方法确定。

纳税义务人未提供完整、准确的财产原值凭证,不能正确计算财产原值的,由主管税务机关核定其财产原值。

合理费用,是指卖出财产时按照规定支付的有关费用。

5.利息、股息、红利所得和偶然所得,以每次收入额为应纳税所得额。

6.专项附加扣除标准。

专项附加扣除是本次税法修订所引入的新的费用扣除标准,遵循公平合理、利于民生、简便易行的原则,目前包含了子女教育、继续教育、大病医疗、住房贷款利息或者住房租金、赡养老人等6项支出,并将根据教育、医疗、住房、养老等民生支出变化情况,适时调整专项附加扣除的范围和标准。取得综合所得和经营所得的居民个人可以享受专项附加扣除。

(1)子女教育。

纳税人年满3岁的子女接受学前教育和学历教育的相关支出,按照每个子女每月1000元(每年12000元)的标准定额扣除。

学前教育包括年满3岁至小学入学前教育;学历教育包括义务教育(小学、初中教育)、高中阶段教育(普通高中、中等职业、技工教育)、高等教育(大学专科、大学本科、硕士研究生、博士研究生教育)。

父母可以选择由其中一方按扣除标准的100%扣除,也可以选择由双方分别按扣除标准的50%扣除,具体扣除方式在一个纳税年度内不能变更。

纳税人子女在中国境外接受教育的,纳税人应当留存境外学校录取通知书、留学签证等相关教育的证明资料备查。

（2）继续教育。

纳税人在中国境内接受学历（学位）继续教育的支出，在学历（学位）教育期间按照每月400元（每年4800元）定额扣除。同一学历（学位）继续教育的扣除期限不超过48个月（4年）。纳税人接受技能人员职业资格继续教育、专业技术人员职业续教育支出，在取得相关证书的当年，按照3600元定额扣除。

个人接受本科及以下学历（学位）继续教育，符合税法规定扣除条件的，可以选择由其父母扣除，也可以选择由本人扣除。

纳税人接受技能人员职业资格继续教育、专业技术人员职业资格继续教育的，应该留存相关证书等资料备查。

（3）大病医疗。

在一个纳税年度内，纳税人发生的与基本医保相关的医药费用支出，扣除医保报销后个人负担（指医保目录范围内的自付部分）累计超过15000元的部分，由纳税人在办理年度汇算清缴时，在80000元限额内据实扣除。

纳税人发生的医药费用支出可以选择由本人或者其配偶扣除；未成年子女发生的药费用支出可以选择由其父母一方扣除。纳税人及其配偶、未成年子女发生的医药费用支出，应按前述规定分别计算扣除额。

纳税人应当留存医药服务收费及医保报销相关票据原件（或复印件）等资料备查。医疗保障部门应当向患者提供在医保障信息系统记录的本人年度医药费用信息查询服务。

（4）住房贷款利息。

纳税人本人或配偶，单独或共同使用商业银行或住房公积金个人住房贷款，为本人或其配偶购买中国境内住房，发生的首套住房贷款利息支出，在实际发生贷款利息的年度，按照每月1000元（每年12000元）的标准定额扣除，扣除期限最长不超过240个月（20年）。纳税人只能享受首套住房贷款利息扣除。

所称首套住房贷款是指购买住房享受首套住房贷款利率的住房贷款。

经夫妻双方约定，可以选择由其中一方扣除，具体扣除方式在确定后，一个纳税年度内不得变更。

夫妻双方婚前分别购买住房发生的首套住房贷款，其贷款利息支出，婚后可以选其中一套购买的住房,由购买方按扣除标准的 100% 扣除,也可以由夫妻双方对各自购的住房分别按扣除标准的 50% 扣除,具体扣除方式在一个纳税年度内不能变更。

纳税人应当留存住房贷款合同、贷款还款支出凭证备查。

(5)住房租金。

纳税人在主要工作城市没有自有住房而发生的住房租金支出,可以按照以下标准定额扣除:

直辖市、省会(首府)城市、计划单列市以及国务院确定的其他城市,扣除标准为每月 1500 元(每年 18000 元)。除上述所列城市外,市辖区户籍人口超过 100 万的城市,扣除标准为每月 1100 元(每年 13200 元);市辖区户籍人口不超过 100 万的城市,扣除标准为每月 800 元(每年 9600 元)。市辖区户籍人口,以国家统计局公布的数据为准。

所称主要工作城市是指纳税人任职受雇的直辖市、计划单列市、副省级城市、地级市(地区、州、盟)全部行政区域范围;纳税人无任职受雇单位的,为受理其综合所得汇算清缴的税务机关所在城市。

夫妻双方主要工作城市相同的,只能由一方扣除住房租金支出。

住房租金支出由签订租赁住房合同的承租人扣除。

纳税人及其配偶在一个纳税年度内不得同时分别享受住房贷款利息专项附加扣除和住房租金专项附加扣除。

纳税人应当留存住房租赁合同、协议等有关资料备查。

(6)赡养老人。

纳税人赡养一位及以上被养人的赡养支出,统一按以下标准等额扣除:

纳税人为独生子女的,按照每月 2000 元(每年 24000 元)的标准定额扣除;纳税人为非独生子女的,由其与兄弟姐妹分摊每月 2000 元(每年 24000 元)的扣除额度,每人分的额度最高不得超过每月 1000 元(每年 12000 元)。可以由赡养人均摊或者约定分摊,也可以由被赡养人指定分摊。约定或者指定分摊的须签订书面分协议,指定分摊优于约定分摊。具体分摊方式和额度在一个纳税年度内不得变更。

所谓被养人是指年满 60 岁的父母,以及子女均已去世的年满 60 岁的祖父母、外祖父母。

(二)应纳税所得额的其他规定

1.劳务报酬所得、稿酬所得、特许权使用费所得以80%计入收入总额,稿酬所得的收入额再减按70%计算。个人兼有不同的劳务报所得,应当分别减除费用,计算缴纳个人所得税。

2.个人将其所得对教育、扶贫、济困等公益慈善事业进行捐赠,捐赠额未超过纳税人申报的应纳税所得额30%的部分,可以从其应纳税所得额中扣除;国务院规定对公益慈善事业捐赠实行全额税前扣除的,从其规定。

所称个人将其所得对教育、扶贫、济困等公益慈善事业进行捐赠,是指个人将其所得通过中国境内的公益性社会组织、国家机关向教育、扶贫、济困等公益慈善事业的捐赠;所称应纳税所得额,是指计算扣除捐赠额之前的应纳税所得额。

3.对个人从事技术转让、提供劳务等过程中所支付的中介费,如能提供有效、合法凭证的,允许从其所得中扣除。

四、税率

(一)综合所得税率

居民纳税人一个纳税年度内取得的综合所得包括工薪所得、劳务报酬所得、稿酬所得、特许权使用费所得。综合所得适用3%~45%的七级超额累进税率(见表7-4)。

表7-4 综合所得七级超额累进税率

级数	全年应纳税所得额	税率(%)	速算扣除数
1	不超过36000元的	3	0
2	超过36000元至144000元的部分	10	2520
3	超过144000元至300000元的部分	20	16920
4	超过300000元至420000元的部分	25	31920
5	超过420000元至660000元的部分	30	52920
6	超过660000元至960000元的部分	35	85920
7	超过960000元的部分	45	181920

（二）经营所得税率

经营所得适用五级超额累进税率，税率为 5%~35%（见表 7-5）。

7-5　经营所得五级超额累进税率

级数	全年应纳税所得额	税率（%）	速算扣除数
1	不超过 30000 元的	5	0
2	超过 30000 元至 90000 元的部分	10	1500
3	超过 90000 元至 300000 元的部分	20	10500
4	超过 300000 元至 500000 元的部分	30	40500
5	超过 500000 元的部分	35	65500

这里值得注意的是，由于目前实行承包（租）经营的形式较多，分配方式也不相同。因此，承包、承租人按照承包、承租经营合同（协议）规定取得所得的适用税率也不一致。

（1）承包、承租人对企业经营成果不拥有所有权，仅是按合同（协议）规定取得一定所得的，其所得按"工资、薪金"所得项目征税，纳入年度综合所得适用 3%~45% 的七级超额累进税率（表 7-4）。

（2）承包、承租人按合同（协议）的规定只向发包、出租方缴纳一定费用后，企业经营成果归其所有的，承包、承租人取得的所得，按对企事业单位的承包经营、承租经营所得项目，适用 5%~35% 的五级超额累进税率征税（表 7-5）。

（三）其他所得适用税率

利息、股息、红利所得，财产租赁所得，财产转让所得和偶然所得，适用税率为 20% 的比例税率。

五、税额的计算

（一）居民个人综合所得应纳税额的计算

首先，工资、薪金所得全额计入收入额；而劳务报酬所得、特许权使用费所得的收入为实际取得劳务报酬、特许权使用费收入的 80%；此外，稿酬所得再减按 70% 计算，即稿酬所得的收入额为实际取得稿酬收入的 56%。

其次，居民个人的综合所得，以每一纳税年度的收入额减除费用六万元以及专项扣除、专项附加扣除和依法确定的其他扣除后的余额，为应纳税所得额。

这样,居民个人综合所得应纳税额的计算公式应为:

应纳税额=全年应纳税所得额×适用税率-速算扣除数

=(全年收入额-60000元-社保、住房公积金费用-专项附加扣除-其他扣除)×适用税率-速算扣除数

(二)经营所得应纳税额的计算

经营所得应纳税额的计算公式为:

应纳税额=全年应纳税所得额×适用税率-速算扣除数

或=(全年收入总额-成本、费用以及损失)×适用税率-速算扣除数

(三)财产租赁所得应纳税额的计算

首先,确定应纳税所得额。

财产租赁所得一般以个人每次取得的收入,定额或定率减除规定费用后的余额为应纳税所得额。每次收入不超过4000元,定额减除费用800元;每次收入在4000元以上,定率减除20%的费用。财产租赁所得以1个月内取得的收入为一次。

在确定财产租赁的应纳税所得额时,纳税人在出租财产过程中缴纳的税金和教育费附加,可持完税(缴款)凭证,从其财产租赁收入中扣除。准予扣除的项目除了规定费用和有关税、费外,还准予扣除能够提供有效、准确凭证,证明由纳税人负担的该出租财产实际开支的修缮费用。允许扣除的修缮费用,以每次800元为限。一次扣除不完的,准予在下一次继续扣除,直到扣完为止。

个人出租财产取得的财产租赁收入,在计算缴纳个人所得税时,应依次扣除以下费用:

1.财产租赁过程中缴纳的税金和国家能源交通重点建设基金、国家预算调节基金、教育费附加。

2.由纳税人负担的该出租财产实际开支的修缮费用。

3.税法规定的费用扣除标准。

应纳税所得额的计算公式为:

(1)每次(月)收入不超过4000元的:

应纳税所得额=每次(月)收入额-准予扣除项目-修缮费用(800元为限)-800元

（2）每次（月）收入超过4000元的：

应纳税所得额＝［每次（月）收入额－准予扣除项目－修缮费用（800元为限）］×（1－20%）

其次，计算应纳税额。

应纳税额＝应纳税所得额×适用税率

（四）财产转让所得应纳税顺的计算

1.一般情况下财产转让所得应纳税额的计算。

产转让所得应纳税额的计算公式为：

应纳税额＝应纳税所得额×适用税率＝（收入总额－财产原值－合理费用）×20%

2.个人住房转让所得应纳税额的计算

（1）纳税人未提供完整、准确的房屋原值凭证，不能正确计算房屋原值和应纳税额的，税务机关可根据《税收征收管理法》第三十五条的规定，对其实行核定征税，即按纳税人住房转让收入的一定比例核定应纳个人所得税额。具体比例由省级地方税务局或者省级地方税务局授权的地市级地方税务局根据纳税人出售住房的所处区域、地理位置、建造时间、房屋类型、住房平均价格水平等因素，在住房转让收入1%～3%的幅度内确定。

（2）关于个人转让离婚析产房屋的征税问题。

①通过离婚析产的方式分割房屋产权是夫妻双方对共同共有财产的处置，个人因离婚办理房屋产权过户手续，不征收个人所得税。

②个人转让离婚析产房屋所取得的收入，允许扣除其相应的财产原值和合理费用后，余额按照规定的税率缴纳个人所得税；其相应的财产原值，为房屋初次购置全部原值和相关税费之和乘以转让者占房屋所有权的比例。

③个人转让离婚析产房屋所取得的收入，符合家庭生活自用五年以上唯一住房的，可以申请免征个人所得税，其购置时间按照个人购买住房以取得的房屋产权证或契税完税证明上注明的时间作为其购买房屋的时间执行。对于纳税人申报时，同时出具房屋产权证和契税完税证明且二者所注明的时间不一致的，按照"孰先"的原则确定购买房屋的时间。即房屋产权证上注明的时间早于契税完税证明

上注明的时间的,以房屋产权证注明的时间为购买房屋的时间;契税完税证明上注明的时间早于房屋产权证上注明的时间,以契税完税证明上注明的时间为购买房屋的时间。

(五)利息、股息、红利所得和偶然所得应纳税额的计算

利息、股息、红利所得和偶然所得应纳税额的计算公式为:

应纳税额=应纳税所得额×适用税率=每次收入额×20%

六、应纳税额计算中特殊问题处理

(一)关于全年一次性奖金、中央企业负责人年度绩效薪金延期兑现收入和任期奖的计税规定

1.全年一次性奖金是指行政机关、企事业单位等扣缴义务人根据其全年经济效益和对雇员全年工作业绩的综合考核情况,向雇员发放的一次性奖金。一次性奖金也包括年终加薪、实行年薪制和绩效工资办法的单位根据考核情况兑现的年薪和绩效工资。

居民个人取得全年一次性奖金,在 2021 年 12 月 31 日前,可选择不并入当年综合所得,按以下计税办法,由扣缴义务人发放时代扣代缴:

将居民个人取得的全年一次性奖金,除以 12 个月,按其商数依照按月换算后的综合所得税率表确定适用税率(见表7-6)。

表 7-6 按月换算的综合所得税率表

个人所得税税率			
级数	全年应纳税所得额	税率(%)	速算扣除数
1	不超过 3000 元的	3	0
2	超过 3000 元至 12000 元的部分	10	210
3	超过 12000 元至 5000 元的部分	20	1410
4	超过 25000 元至 35000 元的部分	25	2660
5	超过 35000 元至 55000 元的部分	30	4410
6	超过 55000 元至 80000 元的部分	35	7160
7	超过 80000 元的部分	45	15160

在一个纳税年度内,对每一个纳税人,该计税办法只允许采用一次。实行年薪

制和绩效工资的单位,居民个人取得年终兑现的年薪和绩效工资按上述方法执行。居民个人取得全年一次性奖金,也可以选择并入当年综合所得计算纳税。

居民个人取得除全年一次性奖金以外的其他各种名目奖金,如半年奖、季度奖、加班奖、先进奖、考勤奖等,一律与当月工资、薪金收入合并,按税法规定缴纳个人所得税。

自 2022 年 1 月 1 日起,居民个人取得全年一次性奖金,应并入当年综合所得计算缴个人所得税。

2.中央企业负责人取得年度绩效薪金延期兑现收入和任期奖励的计税规定。

《国资委管理的中央企业名单》中的下列人员,在 2021 年 12 月 31 日前,中央企业负责人任期结束后取得的绩效薪金 40%部分和任期奖励,参照上述居民个人取得全年一次性奖金的计税规定执行;2022 年 1 月 1 日之后的政策另行规定。

(1)国有独资企业和未设董事会的国有独资公司的总经理(总裁)、副总经理(副总裁)、总会计师。

(2)设董事会的国有独资公司(国资委确定的董事会试点企业除外)的董事长、副董事长、董事、总经理(总裁)、副总经理(副总裁)、总会计师。

(3)国有控股公司国有股权代表出任的董事长、副董事长、董事、总经理(总裁)列入国资委党委管理的副总经理(副总裁)、总会计师。

(4)国有独资企业、国有独资公司和国有控股公司党委(党组)书记、副书记、常委(党组成员)、纪委书记(纪检组长)。

(二)关于重点群体创业就业有关个人所得税的规定

1.自 2019 年 1 月 1 日至 2021 年 12 月 31 日,对建档立卡贫困人口、持《就业创业证》(注明"自主创业税收政策"或"毕业年度内自主创业税收政策")或《就业失业登记证》(注明"自主创业税收政策")的人员从事个体经营的,在 3 年(36 个月,下同)内按每户每年 1200 元为限额依次扣减其当年实际应缴纳的增值税、城市维护建设税、教育费附加、地方教育附加和个人所得税。限额标准最高可上浮 20%,各省、自治区直辖市人民政府可根据本地区实际情况在此幅度内确定具体限额标准。

2.纳税人年度应缴纳税款小于上述扣减限额的,以其实际缴纳的税款为限;大于上述扣减限额的,以上述扣减限额为限。

3.上述人员是指:

(1)纳入全国扶贫开发信息系统的建档立卡贫困人口。

(2)在人力资源社会保障部门公共就业服务机构登记失业半年以上的人员。

(3)零就业家庭、享受城市居民最低生活保障家庭劳动年龄内的登记失业人员。

(4)毕业年度内高校毕业生。

高校毕业生是指实施高等学历教育的普通高等学校、成人高等学校应届毕业的学生;毕业年度是指毕业所在自然年,即1月1日至12月31日。

4.上述税收优惠政策在2021年12月31日未享受满3年的,可继续享受至3年期满为止。

(三)关于自主择业的军队转业干部和随军家属就业,以及自主就业退役士兵创业就业有关个人所得税的规定

1.对从事个体经营的军队转业干部和随军家属,自领取税务登记证之日起,3年内免征个人所得税。

2.自主择业的军队转业干部必须持有师以上部队颁发的转业证件;随军家属必须有师以上政治机关出具的可以表明其身份的证明,但税务部门应进行相应的审查认定。

3.每一随军家属只能享受一次上述免税政策。

4.2019年1月1日至2021年12月31日,对自主就业退役士兵从事个体经营的,自办理个体工商户登记当月起,在3年(36个月,下同)内按每户每年12000元为限额依次扣减其当年实际应缴纳的增值税、城市维护建设税、教育费附加、地方教育附加和个人所得税。限额标准最高可上浮20%,各省、自治区、直辖市人民政府可根据本地区实际情况在此幅度内确定具体限额标准。

(四)房屋赠与个人所得税的计算

1.以下情形的房屋产权无偿赠与,对当事双方不征收个人所得税:

(1)房屋产权所有人将房屋产权无偿赠与配偶、父母、子女、祖父母、外祖父母、孙子女、外孙子女、兄弟姐妹。

（2）房屋产权所有人将房屋产权无偿赠与对其承担直接抚养或者赡养义务的抚养人或者赡养人。

（3）房屋产权所有人死亡，依法取得房屋产权的法定继承人、遗属继承人或者受遗赠人。

2.除上述情形以外，房屋产权所有人将房屋产权无偿赠与他人的，受赠人因无偿受赠房屋取得的受赠所得，按照"经国务院财政部门确定征税的其他所得"项目缴纳个人所得税，税率为20%。

（五）关于个人取得公务交通、通信补贴收入的征税问题

个人因公务用车和通信制度改革而取得的公务用车、通信补贴收入，扣除一定标准的公务费用后，按照"工资、薪金所得"项目计征个人所得税。按月发放的，并入当月"工资、薪金所得"计征个人所得税；不按月发放的，分解到所属月份并与该月份"工资、薪金所得"合并后计征个人所得税。

公务费用扣除标准，由省级地方税务局根据纳税人公务交通、通信费用实际发生情况调查测算，报经省级人民政府批准后确定，并报国家税务总局备案。

（六）个人兼职和退休人员再任职取得收入的征税规定

个人兼职取得的收入应按照"劳务报酬所得"应税项目缴纳个人所得税；退休人再任职取得的收入，在减除按个人所得税法规定的费用扣除标准后，按"工资、薪金所得"应税项目缴纳个人所得税。

七、免税规定

（一）省级人民政府、国务院各部委和中国人民解放军军以上单位，以及国际组织颁发的科学、教育、技术、卫生、体育、环境保护等方面的奖金。

（二）国债和国家发行的金融债券利息。这里所说的国债利息，是指个人持有中华人民共和国财政部发行的债券而取得的利息所得；国家发行的金融债券利息，是指个人持有经国务院批准的金融债券而取得的利息所得。

（三）按国家统一规定发给的补贴、津贴。这里所说的按国家统一规定发给的补贴、津贴，是指按照国务院规定发给的政府特殊津贴和国务院规定免纳个人所得税的补贴、津贴。

（四）福利费、抚恤金、救济金。这里所说的福利费，是指根据国家有关规定从

企业、事业单位、国家机关、社会团体、提留的福利费或者工会经费中支付的个人的生活补助费;救济金,是指国家民政部门支付的个人生活困难补助费。

(五)保险赔款。

(六)军人的转业费、复员费。

(七)按照国家统一规定发给干部、职工的安家费、退职费、退休工资、离休工资、离休生活补助费。

(八)依照我国有关法律规定应予免税的各国驻华使馆、领事馆的外交代表、领事官员和其他人员的所得。这里的"所得",是指依照《中华人民共和国外交特权和豁免条例》和《中华人民共和国领事特权和豁免条例》规定免税的所得。

(九)中国政府参加的国际公约以及签订的协议中规定免税的所得。

(十)发给见义勇为者的奖金。对乡、镇(含乡、镇)以上人民政府或经县(含县)以上人民政府主管部门批准成立的有机构、有章程的见义勇为基金或者类似性质组织,奖励见义勇为者的奖金或奖品,经主管税务机关核准,免征个人所得税。

(十一)企业和个人按照省级以上人民政府规定的比例提取并缴付的住房公积金、医疗保险金、基本养老保险金、失业保险金,不计入个人当期工资、薪金收入,免于征收个人所得税。超过规定的比例缴付的部分计征个人所得税。个人领取原提存的住房公积金、医疗保险金、基本养老保险金、失业保险金时,利息免于征收个人所得税。

(十二)对个人取得的教育储蓄存款利息所得以及国务院财政部门确定的专项储蓄存款或者储蓄性专项基金存款的利息所得,免于征收个人所得税。

(十三)储蓄机构内从事代扣代缴工作的办税人员取得的扣缴利息税手续费所得,免征个人所得税。

(十四)生育妇女按照县级以上人民政府根据国家有关规定制定的生育保险办法,取得的生育津贴、生育医疗费或其他属于保险性质的津贴、补贴,免征个人所得税。

(十五)对工伤职工及其近亲属按照《工伤保险条例》规定取得的工伤保险待遇,免征个人所得税。工伤保险待遇,包括工伤职工按照该条例规定取得的一次性伤残补助金、助费、外地就医交通食宿费用、工伤康复费用、辅助器具费用、生活护理费等,以及职工因公死亡,其近亲属按规定取得的丧葬补助金、供养亲属补助金和一次性工亡补助金等。

(十六)对个体工商户或个人,以及个人独资企业和合伙企业从事种植业、养殖业、饲养业和捕捞业(以下简称"四业"),取得的"四业"所得暂不征收个人所得税。

(十七)个人举报、协查各种违法、犯罪行为而获得的奖金。

(十八)个人办理代扣代缴税款手续,按规定取得的扣缴手续费。

(十九)个人转让自用达5年以上并且是唯一的家庭居住用房取得的所得。

(二十)对按《国务院关于高级专家离休退休若干问题的暂行规定》和《国务院办公厅关于杰出高级专家暂缓离休审批问题的通知》精神,达到离休、退休年龄,但确因工作需要,适当延长离休、退休年龄的高级专家,其在延长离休、退休期间的工资、薪金所得,视同退休工资、离休工资免征个人所得税。

延长离休退休年龄的高级专家是指:

(1)享受国家发放的政府特殊津贴的专家、学者。

(2)中国科学院、中国工程院院士。

高级专家延长离休、退休期间取得的工资薪金所得,其免征个人所得税政策口径按下列标准执行:

(1)对高级专家从其劳动人事关系所在单位取得的,单位按国家有关规定向职工发放的工资、薪金、奖金、津贴、补贴等收入,视同离休、退休工资,免征个人所得税。

(2)除上述第(1)项所述收入以外各种名目的津补贴收入等,以及高级专家从其劳动人事关系所在单位之外的其他地方取得的培训费、讲课费、顾问费、稿酬等各种收入,依法计征个人所得税。

高级专家从两处以上取得应税工资、薪金所得以及具有税法规定应当自行纳税申报的其他情形的,应在税法规定的期限内自行向主管税务机关办理纳税申报。

(二十一)个人取得的下列中奖所得,暂免征收个人所得税:

1.单张有奖发票奖金所得不超过800元(含800元)的,暂免征收个人所得税;个人取得单张有奖发票奖金所得超过800元的,应税金额按照个人所得税法规定的"偶然所得"名目征收个人所得税。

2.购买社会福利有奖募捐奖券、体育彩票一次中奖收入不超过 10000 元的暂免征收个人所得税,对一次中奖收入超过 10000 元的,应按税法规定全额征税。

(二十二)经国务院财政部门确定批准免税的其他所得。

八、个人买卖房屋涉及的税种及其政策规定

(一)卖房

1.增值税:个人将购买不足 2 年的住房(包括普通及非普通)对外销售的,全额征收增值税;个人将购买 2 年以上(含 2 年)的非普通住房对外销售的,按照其销售收入减去购买房屋的价款后的差额征收增值税;个人将购买 2 年以上(含 2 年)的普通住房对外销售的,免征增值税。

2.土地增值税、印花税:为减轻个人住房交易的税收负担,自 2008 年 11 月 1 日起,对个人销售住房暂免征收土地增值税,对个人销售或购买住房暂免征收印花税。免税不设限,只要是住房即可。对于个人之间互换自有居住用房地产的,可以免征土地增值税,但需经当地税务机关核实。

3.个人所得税:按税法规定,依照应税所得额的 20% 计征,但由于所得额难以准确确定,因此实际操作中,按销售收入的 1%~3% 计算征收。

(二)买房

1.契税:

(1)对个人购买家庭唯一住房(家庭成员范围包括购房人、配偶以及未成年子女,下同),面积为 90 平方米及以下的,减按 1% 的税率征收契税;面积为 90 平方米以上的,减按 1.5% 的税率征收契税。

(2)对个人购买家庭第二套改善性住房,面积为 90 平方米及以下的,减按 1% 的税率征收契税;面积为 90 平方米以上的,减按 2% 的税率征收契税。家庭第二套改善性住房是指已拥有一套住房的家庭,购买的家庭第二套住房。

(3)实施范围。北京市、上海市、广州市、深圳市暂不实施本通知,上述城市个人住房转让营业税政策仍按照《财政部国家税务总局关于调整个人住房转让营业税政策的通知》(财税〔2015〕39 号)执行。

上述城市以外的其他地区适用本通知全部规定。

2.印花税：自 2008 年 11 月 1 日起，对个人买房暂免征收印花税。

本章主要名词

增值税　消费税　企业所得税　个人所得税

复习思考题

1.增值税的现行税率及进项税额的改革规定。

2.小规模纳税人的认定标准及其免税规定。

3.现行增值税的税率计征收率规定是什么？

4.简述消费税的基本特点、征税范围及未来发展方向。

5.我国消费税税目税率的规定有哪些？

6.小微企业的一般认定和特殊认定及其所得税的最新政策规定是什么？

7.企业所得税主要扣除项目及其标准是什么？

8.高新技术企业、技术先进型服务企业和加计扣除的企业所得税优惠规定是什么？

9.简述个人所得税的三种征收模式。

10.现行个人所得税综合所得的应纳税所得额及应纳税额的政策规定是什么？

11.全年一次性奖金、中央企业负责人年度绩效薪金延期兑现收入和任期奖的个人所得税计税规定是什么？

12.个人买卖房屋涉及的税种及其政策规定是什么？

◢ 第 八 章 ◣

其 他 各 税

第一节　环境保护税

环境保护税是对在我国领域以及管辖的其他海域直接向环境排放应税污染物的企事业单位和其他生产经营者征收的一种税,其立法目的是保护和改善环境,减少污染物排放,推进生态文明建设。环境保护税是我国首个明确以环境保护为目标的独立型环境税税种,有利于解决排污费制度存在的执法刚性不足等问题,有利于提高纳税人环保意识和强化企业治污减排责任。

环境保护税法是指国家制定的调整环境保护税征收与缴纳相关权利及义务关系的法律规范。现行环境保护税法的基本规范包括 2016 年 12 月 25 日第十二届全国人民代表大会常务委员会第二十五次会议通过的《中华人民共和国环境保护税法》(以下简称《环境保护税法》)、2017 年 12 月 30 日国务院发布的《中华人民共和国环境保护税法实施条例》等。《环境保护税法》自 2018 年 1 月 1 日起正式实施。

一、环境保护税的特点

直接向环境排放应税污染物的企业事业单位和其他生产经营者,除依照《环境保护税法》规定缴纳环境保护税外,应当对所造成的损害依法承担责任。作为落实

生态文明建设的重要税制改革举措而推出的环境保护税,具有以下基本特点:

1.属于调节型税种。《环境保护税法》第一条规定,环保税的立法目的是保护和改善减少污染物排放,推进生态文明建设。环保税的首要功能是减少污染排放,而非增加财政收入。

2.其渊源是排污收费制度。十八届三中全会明确要求"推动环境保护费改税",环境保护税基本平移了原排污费的制度框架。环保税于2018年1月1日起正式实施,排污费同时停征。

3.属于综合型环境税。环保税的征税范围包括大气污染物、水污染物、固体废物和噪声四大类,与对单一污染物征收的税种不同,属于综合型环境税。

4.属于直接排放税。环保税的纳税义务人是在我国领域和管辖的其他海域直接向环境排放应税污染物的企业事业单位和其他生产经营者。如果企业事业单位和其他生产经营者向依法设立的污水集中处理、生活垃圾集中处理场所排放应税污染物,不属于直接排放,不征收环境保护税。

5.对大气污染物、水污染物规定了幅度定额税率。环保税对大气污染物、水污染物规定了幅度比例税率,具体适用税额的确定和调整由省、自治区、直辖市人民政府在规定的税额幅度内提出。对应税污染物规定税率区间可使经济水平、环境目标要求不同的地区在税负设置方面具有一定的灵活性。

6.采用税务、环保部门紧密配合的征收方式。环境保护税采用"纳税人自行申报,税务征收,环保监测,信息共享"的征管方式,税务机关负责征收管理,环境保护主管部门负责对污染物监测管理,高度依赖税务、环保的部门配合与协作。

7.收入纳入一般预算收入,全部划归地方。为促进各地保护和改善环境、增加环境保护投入,国务院决定,环境保护税收入全部作为地方收入。

二、纳税义务人

环境保护税的纳税义务人是在中华人民共和国领域和中华人民共和国管辖的其他海域直接向环境排放应税污染物的企业事业单位和其他生产经营者。

应税污染物,是指《环境保护税法》所附《环境保护税税目税额表》《应税污染物和当量值表》所规定的大气污染物、水污染物、固体废物和噪声。

有下列情形之一的,不属于直接向环境排放污染物,不缴纳相应污染物的环境保护税：

1.企业事业单位和其他生产经营者向依法设立的污水集中处理、生活垃圾集中处理场所排放应税污染物的。

2.企业事业单位和其他生产经营者在符合国家和地方环境保护标准的设施、场所贮存或者处置固体废物的。

3.达到省级人民政府确定的规模标准并且有污染物排放口的畜禽养殖场，应当依法环境保护税，但依法对畜禽养殖废弃物进行综合利用和无害化处理的。

二、税目与税率

(一)税目

环境保护税税目包括大气污染物、水污染物、固体废物和噪声四大类。

1.大气污染物。

大气污染物包括二氧化硫、氯氧化物、一氧化碳、氯气、氯化氢、氟化物、氯化氢、硫酸雾、络酸雾、汞及其化合物、一般性粉尘、石棉尘、玻璃棉尘、炭黑尘、铅及其化合物、氟及其化合物、铍及其化合物、镍及其化合物、锡及其化合物、烟尘、苯、甲苯、二甲苯、苯并芘、甲醛、乙醛、两烯醛、甲醇、酚类、沥青烟、苯胺类、氯苯类、硝基类、丙烯腈、氯乙烯、光气、硫化氢、氨、二甲胺、甲硫醇、甲硫醚、二甲二硫、苯乙烯、二硫化碳,共计4项。环保税的征税范围不包括温室气体二氧化碳。

2.水污染物。

水污染物分为两类水污染物：第一类水污染物包括总汞、总镉、总络、六价铬、总砷、总铅、总镍、苯并(a)芘、总铍、总银；第二类水污染物包括悬浮物(S)、生化需氧量($BOD5$)、化学需氧量($CoDer,$)、总有机碳(TOC)、石油类,动植物油、挥发酚、总氰化物、硫化物、氨氮、氟化物、甲醛、苯胺类、硝基苯类、阴离子表面活性离(LAS)、总铜、总锌、总锰、彩色显影剂($CD-2$)、总磷、单质磷(以P计)、有机磷农药(以P计)、乐果、甲基对硫磷、马拉硫磷、对硫磷、五氯酚及五氯酚钠(以五氯酚计)、三氯甲烷、可吸附有机离化物(AOX)(以CI计)、四氯化碳、三氯乙烯、四氢乙烯、苯、甲苯、乙苯、邻二甲苯、对二甲苯、间二甲苯、氯苯、邻二氯苯、对二氯苯、对硝基氯苯、2,4-二硝基氯苯、苯酚、间甲酚、2,4-二氯酚、2,4,6-三氯酚、邻苯二甲酸二丁酯、邻苯二甲酸二辛酯、丙烯、总硒。应税水污染物共计61项。

3.固体废物。

固体废物包括煤矸石、尾矿、危险废物、冶炼渣、粉煤灰、炉渣、其他固体废物（含半固态、液态废物）。

4.噪声。

应税噪声污染目前只包括工业噪声。

(二)税率

环境保护税采用定税率,其中,对应税大气污染物和水污染物规定了幅度定额税率,具体适用税额的确定和调整由省、自治区、直辖市人民政府统筹考虑本地区环境承载能力、污染物排放现状和经济社会生态发展目标要求,在规定的税额幅度内提出,报同级人民代表大会常务委员会决定,并报全国人民代表大会常务委员会和国务院备案。

表 8-1 环境保护税税目税额表

税目	计税单位	环保税法规定税额	已明确税额的省市	备注
大气污染	每污染当量	1.2 元至 12 元	辽宁、吉林、安徽、福建、江西、陕西、甘肃、青海、宁夏和新疆	每污染当量为1.2 元。
			云南	2018 年 1 月至 12 月,每污染当量为 1.2 元;从 2019 年 1 月起,每污染当量 2.8 元。
			江苏	每污染当量为 4.8 元。
			四川	每污染当量为 3.9 元。
			北京	每污染当量为 12 元。
			河北	分为 3 档,分别按最低标准的 8 倍(9.6 元)、5 倍和 4 倍执行。
			山东	对不同种类的大气污染物区别对待。二氧化硫、氮氧化物税额为每污染当量 6 元,其他大气污染物每污染当量 1.2 元。

（续表）

税目		计税单位	环保税法规定税额	已明确税额的省市	备注
水污染物		每污染当量	1.4元至14元	辽宁、吉林、安徽、福建、江西、陕西、甘肃、青海、宁夏和新疆	每污染当量为1.4元。
				云南	2018年1月至12月，每污染当量为1.4元；从2019年1月起，每污染当量3.5元。
				江苏	每污染当量为5.6元。
				四川	每污染当量为2.8元。
				北京	每污染当量为14元。
				河北	分为3档，分别按最低标准的8倍（11.2元）、5倍和4倍执行。
固体废物	煤矸石	每吨	5元		河北按环保税法规定的最低税额的4倍执行。
	尾矿	每吨	15元		河北按环保税法规定的最低税额的4倍执行。
	危险废物	每吨	1000元		河北按环保税法规定的最低税额的4倍执行。
	冶炼渣、粉煤灰、炉渣、其他固体废物(含半固态、液态废物)	每吨	25元		河北按环保税法规定的最低税额的4倍执行。

（续表）

税目		计税单位	环保税法规定税额	已明确税额的省市	备注
噪声	工业噪声	超标 1—3 分贝	每月 350 元		1.一个单位边界上有多处噪声超标，根据最高一处超标声级计算应纳税额；当沿边界长度超过 100 米有两处以上噪声超标，按照两个单位计算应纳税额。 2.一个单位有不同地点作业场所的，应当分别计算应纳税额，合并计征。 3.昼、夜均超标的环境噪声，昼、夜分别计算应纳税额，累计计征。 4.声源一个月内超标不足 15 天的，减半计算应纳税额。 5.夜间频繁突发和夜间偶然突发厂界超标噪声，按等效声级和峰会噪声两种指标中超标分贝值高的一项计算应纳税额。
		超标 4—6 分贝	每月 700 元		
		超标 7—9 分贝	每月 1400 元		
		超标 10—12 分贝	每月 2800 元		
		超标 13—15 分贝	每月 5600 元		
		超标 16 分贝以上	每月 11200 元		

三、计税依据

（一）应税大气污染物按照污染物排放量折合的污染当量数确定

（二）应税水污染物按照污染物排放量折合的污染当量数确定

（三）应税固体废物按照固体废物的排放量确定

（四）应税噪声按照超过国家规定标准的分贝数确定

四、税收减免

（一）暂予免征环境保护税

1.农业生产（不包括规模化养殖）排放应税污染物的。

2.机动车、铁路机车、非道路移动机械、船舶和航空器等流动污染源排放应税污染物的。

3.依法设立的城乡污水集中处理、生活垃圾集中处理场所排放相应应税污染物,不超过国家和地方规定的排放标准的。

4.纳税人综合利用的固体废物,符合国家和地方环境保护标准的。

5.国务院批准免税的其他情形。

(二)减征税额项目

1.纳税人排放应税大气污染物或者水污染物的浓度值低于国家和地方规定的污染物排放标准百分之三十的,减按百分之七十五征收环境保护税。

2.纳税人排放应税大气污染物或者水污染物的浓度值低于国家和地方规定的污染物排放标准百分之五十的,减按百分之五十征收环境保护税。

第二节　资源税

资源税是对在我国境内从事应税矿产品开采和生产盐的单位和个人课征的一种税,属于对自然资源占用课税的范畴。1984年,我国开征资源税。当时,大家普遍认为征收资源税主要依据的是受益原则、公平原则和效率原则三方面。从受益方面考虑,资源属国家所有,开采者因开采国有资源而得,有责任向所有者支付其地租;从公平角度来看,条件公平是有效竞争的前提,资源级差收入的存在影响资源开采者利润的真实性,故级差收入应由政府支配为宜;从效率角度分析,稀缺资源应由社会净效率高的企业来开采,对资源开采中出现的掠夺和浪费行为,国家有权采取经济手段促其转变。

1986年10月1日,《矿产资源法》施行,该法第五条进一步明确:国家对矿产资源施行有偿开采。开采矿产资源,必须按照国家有关规定缴纳资源税和资源补偿费。1993年,全国财税体制改革,对1984年公布的第一次资源税法律制度作了重大修改,形成了第二代资源税制度:国务院于1993年12月发布的《资源税暂行条例》及《资源税暂行条例实施明细》，把盐税并到资源税中，并将资源税征收范围扩大为原油、天然气、煤炭、其他非金属矿原矿、黑色金属矿原矿、有色金属矿原矿和盐7种，于1994年1月1日起不再按超额利润征税、而按矿产品销售量征税，按照"普遍征收、级差调节"的原则，就资源赋税情况、开采条件、资源等级、地理位置等客观条件的差异规定了幅度税额，为每一个课税矿区规定了适用税率。这一规定考虑了资源条件优劣的差别，对级差收益进行了有效调节。2010年6月1日，国家在新疆对原油、天然气进行了资源税从价计征改革试点工作；2014年12月又对煤炭的资源税由从量计征改为从价计征，取得一定效果。根据党中央、国务院决策部署，自2016年7月1日起，全面推进资源税改革，对绝大部分应税产品实行从价计征方式，对经营分散、多为现金交易且难以控管的黏土、砂石，按照便利征管原则、仍实行从量定额计征。同时在河北省开征水资源税试点工作，采取水资源费改税方式，将地表水和地下水纳入征税范围，实行从量定额计征。自2017年12月1日起，水资源税改革试点进一步扩大到北京、天津、山西、内蒙古、山东、河南、四川、陕西、宁夏等9个省（自治区、直辖市）。2019年8月26日第十三届全国人大常委会通过《资源税法》，将于2020年9月1日起施行。

资源税法与现行资源税暂引条例相比，主要有三个方面的变化：统一了税目，调查了具体税率确定的权限，规范了减免税政策。

征收资源税的主要作用如下：（1）促进企业之间开展平等竞争。我国的资源税属于比较典型的级差资源税，它根据应税产品的品种、质量、存在形式、开采方式以及企业所处地理位置和交通运输条件等客观因素的差异确定差别税率，从而使条件优越者税负较高，反之则税负较低。这种税率设计使资源税能够比较有效地调节由于自然资源条件差异等客观因素给企业带来的级差收入，减少或排除资源条件差异对企业盈利水平的影响，为企业之间开展平等竞争创造有利的外部条件。（2）促进对自然资源的合理开发利用。通过对开发、利用应税资源的行为课征资源税，体现了国有自然资源有偿占用的原则，从而可以促使纳税人节约、合理地开发和利用自然资源，有利于我国经济可持续发展。（3）为国家筹集财政资金。随着其课征范围的逐渐扩展，资源税的收入规模及其在税收收入总额中所占的比重都相应增加，其财政意义也日渐明显，在为国家筹集财政资金方面发挥着不可忽视的作用。

一、纳税义务人与扣缴义务人

（一）纳税义务人

资源税的纳税义务人是指在中华人民共和国领域及管辖海域开采应税资源的矿产品或者生产盐的单位和个人。

单位是指国有企业、集体企业、私营企业、股份制企业、其他企业和行政单位、事业单位、军事单位、社会团体及其他单位；个人是指个体经营者和其他个人；其他单位和其他个人包括外商投资企业、外国企业及外籍人员。

资源税规定仅对在中国境内开采或生产应税产品的单位和个人征收，因此，进口的产品和盐不征收资源税。由于对进口应税产品不征收资源税，所以相应的，对出口应税产品也不免征或退还已纳资源税。

单位和个人以应税产品投资、分配、抵债、赠与、以物易物等，视同销售，应按规定计算缴纳资源税。

开采海洋或陆上油气资源的中外合作油气田，在 2011 年 11 月 1 日前已签订的合同继续缴纳矿区使用费，不缴纳资源税；自 2011 年 11 月 1 日起，新签订的合同缴纳资源税，不再缴纳矿区使用费。开采海洋油气资源的自营油气田，自 2011 年 11 月 1 日起缴纳资源税，不再缴纳矿区使用费。

（二）扣缴义务人

收购未税矿产品的单位为资源税的扣缴义务人。规定资源税的扣缴义务人，主要是针对零星、分散、不定期开采的情况，为了加强管理，避免漏税，由扣缴义务人在收购矿产品时代扣代缴资源税。资源税代扣代缴的适用范围应限定在除原油、天然气、煤炭以外的、税源小、零散、不定期开采等难以在采矿地申报缴纳资源税的矿产品。对已纳入开采地正常税务管理或者在销售矿产品时开具增值税发票的纳税人，不采用代扣代缴的征管方式。

收购未税矿产品的单位是指独立矿山、联合企业和其他单位。独立矿山是指只有采矿或只有采矿和选矿，独立核算、自负盈亏的单位，其生产的原矿和精矿主要用于对外销售。联合企业是指采矿、选矿、冶炼（或加工）连续生产的企业或采矿、冶炼（或加工）连续生产的企业，其采矿单位，一般是该企业的二级或二级以下核算单位。其他单位也包括收购未税矿产品的个体户在内。

扣缴义务人具体包括：

1.独立矿山、联合企业收购未税矿产品的单位,按照本单位应税产品税额、税率标准,依据收购的数量代扣代缴资源税。

2.其他收购单位收购的未税矿产品,按税务机关核定的应税产品税额、税率标准,依据收购的数量代扣代缴资源税。

二、税目与税率

(一)税目

资源税税目包括5大类,在5个税目下面又设有若干个子目。现行资源税的税目及子目主要是根据资源税应税产品和纳税人开采资源的行业特点设置的。

1.原油,是指开采的天然原油,不包括人造石油。

2.天然气,是指专门开采或者与原油同时开采的天然气。

3.煤炭,包括原煤和以未税原煤(即:自采原煤)加工的洗选煤。

4金属矿,包含铁矿、金矿、铜矿、铝土矿、铅锌矿、镍矿、锡矿、钨、钼、未列举名称的其他金属矿产品原矿或精矿。

5.其他非金属矿,包含石墨、硅藻土、高岭土、萤石、石灰石、硫铁矿、磷矿、氯化钾、硫酸钾、井矿盐、湖盐、提取地下卤水晒制的盐、煤层(成)气、海盐、稀土、未列举名称的其他非金属矿产品。

纳税人在开采主矿产品的过程中伴采的其他应税矿产品,凡未单独规定适用税额的,一律按主矿产品或视同主矿产品税目征收资源税。

(二)税率

资源税采取从价定率或者从量定额的办法计征,分别以应税产品的销售额乘以纳税人具体适用的比例税率或者以应税产品的销售数量乘以纳税人具体适用的定额税率计算,实施"级差调节"的原则。级差调节是指运用资源税对因资源贮存状况、开采条件、资源优劣、地理位置等客观存在的差别而产生的资源级差收入,通过实施差别税率或差别税额进行调节。

表 8-2　资源税税目税率幅度表

序号	税目		征税对象	税率幅度
1	金属矿	铁矿	精矿	1%—6%
2		金矿	金锭	1%—4%
3		铜矿	精矿	2%—8%
4		铝土矿	原矿	3%—9%
5		铅锌矿	精矿	2%—8%
6		镍矿	精矿	2%—6%
7		锡矿	精矿	2%—6%
8		未列举名称的其他金属矿产品	原矿或精矿	税率不超过20%
9	非金属矿	石墨	精矿	3%—10%
10		硅藻土	精矿	1%—6%
11		高岭土	原矿	1%—6%
12		萤石	精矿	1%—6%
13		石灰石	原矿	1%—6%
14		硫铁矿	精矿	1%—6%
15		磷矿	原矿	3%—8%
16		氯化钾	精矿	3%—8%
17		硫酸钾	精矿	6%—12%
18		井矿盐	氯化钠初级产品	1%—6%
19		湖盐	氯化钠初级产品	1%—6%
20		提取地下卤水晒制的盐	氯化钠初级产品	3%—15%
21		煤层(成)气	原矿	1%—2%
22		黏土、砂石	原矿	每吨或立方米0.1元—5元
23		未列举名称的其他非金属矿产品	原矿或精矿	从量税率每吨或立方米不超过30元；从价税率不超过20%

（续表）

序号	税目	征税对象	税率幅度
24	海盐	氯化钠初级产品	1%—5%
25	原油		6%—10%
26	天然气		6%—10%
27	煤炭		2%—10%

三、减税、免税项目

（一）原油、天然气优惠政策

1.开采原油过程中用于加热、修井的原油,免税。

2.油田范围内运输稠油过程中用于加热的原油、天然气,免征资源税。

3.稠油、高凝油和高含硫天然气资源税减征 40%。

稠油,是指地层原油黏度大于或等于 50 毫帕/秒或原油密度大于或等于 0.92 克/立方厘米的原油。高凝油,是指凝固点大于 40℃ 的原油。高含硫天然气,是指硫化氢含量大于或等于 30 克/立方米的天然气。

4.三次采油资源税减征 30%。三次采油,是指二次采油后继续以聚合物驱、三元复合驱、泡沫驱、二氧化碳驱、微生物驱等方式进行采油。

5.对低丰度油气田资源税暂减征 20%。

陆上低丰度油田、是指每平方公里原油可采储量丰度在 25 万立方米（不含）以下的油田;陆上低丰度气田,是指每平方公里天然气可采储量丰度在 2.5 亿立方米（不含）以下的气田。

海上低丰度油田,是指每平方公里原油可采储量丰度在 60 万立方米（不含）以下的油田:海上低丰度气田,是指每平方公里天然气可采储量丰度在 6 亿立方米（不含）以下的气田。

6.对深水油气田资源税减征 30%。

深水油气田,是指水深超过 300 米（不含）的油气田。

符合上述减免税规定的原油、天然气划分不清的,一律不予减免资源税:同时符合上述 2—6 中两项及两项以上减税规定的,只能选择其中一项执行,不能叠加适用。

为便于征管,对开采稠油、高凝油、高含硫天然气、低丰度油气资源及三次采油的陆上油气田企业,根据以前年度符合上述减税规定的原油、天然气销售额占其原油、天然气总销售额的比例,确定资源税综合减征率和实际征收率,计算资源税应纳税额。计算公式为:

综合减征率=∑(减税项目销售额×减征幅度×6%)÷总销售额

实际征收率=6%-综合减征率

应纳税额=总销售额×实际征收率

中国石油天然气集团公司和中国石油化工集团公司陆上油气田企业的综合减征率和实际征收率由财政部和国家税务总局确定,具体综合减征率和实际征收率按财税〔2014〕73号所附《陆上油气田企业原油、天然气资源税综合减征率和实际征收率表》执行。海上油气田开采符合资源税优惠规定的原油、天然气,由主管税务机关据实计算资源税减征额。

7.为促进页岩气开发利用,有效增加天然气供给,经国务院同意,自2018年4月1日至2021年3月31日,对页岩气资源税(按6%的规定税率)减征30%。

(二)矿产资源优惠政策

1.铁矿石资源税减按40%征收资源税。

2.对鼓励利用的低品位矿、废石、尾矿、废渣、废水、废气等提取的矿产品,由省级人民政府根据实际情况确定是否减税或免税,并制定具体办法。

3.从2007年1月1日起,对地面抽采煤层气暂不征收资源税。煤层气是指赋存于煤层及其围岩中与煤炭资源伴生的非常规天然气,也称煤矿瓦斯。

4.对实际开采年限在15年以上的衰竭期矿山开采的矿产资源,资源税减征30%。

衰竭期矿山是指剩余可采储量下降到原设计可采储量的20%(含)以下或剩余服务年限不超过5年的矿山,以开采企业下属的单个矿山为单位确定。

5.对依法在建筑物下、铁路下、水体下通过充填开采方式采出的矿产资源,资源税减征50%。

充填开采是指随着回采工作面的推进,向采空区或离层带等空间充填废石、尾矿、废渣、建筑废料以及专用充填合格材料等采出矿产品的开采方法。

6.对鼓励利用的低品位矿、废石、尾矿、废渣、废水、废气等提取的矿产品,由省级人民政府根据实际情况确定是否给予减税或免税。

7.为促进共伴生矿的综合利用,纳税人开采销售共伴生矿,共伴生矿与主矿产品销售额分开核算的,对共伴生矿暂不计征资源税;没有分开核算的,共伴生矿按主矿的税目和适用税率计征资源税。财政部、国家税务总局另有规定的,从其规定。

(三)其他减税、免税项目

纳税人开采或者生产应税产品过程中,因意外事故或者自然灾害等原因遭受重大损失的,由省、自治区、直辖市人民政府酌情决定减税或者免税。

第三节 车辆购置税

车辆购置税是指在中华人民共和国境内购置汽车、有轨电车、汽车挂车、排气量超过一百五十毫升的摩托车(以下统称应税车辆),对购置者征收的一种税。征收车辆购置税有利于合理筹集财政资金,规范政府行为,调节收入差距,也有利于配合打击车辆走私和维护国家权益。

2000年10月,国务院颁布了《中华人民共和国车辆购置税暂行条例》(以下简称《条例》),规定自2001年1月1日起,对购置应税车辆的单位和个人征收车辆购置税,车辆购置税实行从价计征,税率为10%。车辆购置税制度对于组织财政收入、促进交通基础设施建设和引导汽车产业发展都发挥了重要作用。

现行车辆购置税法的基本规范,是2018年12月29日第十三届全国人民代表大会常务委员会第七次会议通过,并于2019年7月1日起施行的《中华人民共和国车辆购置税法》(以下简称《车辆购置税法》)。

一、纳税义务人与征税范围

（一）纳税义务人

车辆购置税是以在中国境内购置规定车辆为课税对象、在特定的环节向车辆购置者征收的一种税。就其性质而言，属于直接税的范畴。

车辆购置税的纳税人是指在中华人民共和国境内购置汽车、有轨电车、汽车挂车、排气量超过一百五十毫升的摩托车（以下统称应税车辆）的单位和个人。其中购置是指购买、进口、自产、受赠、获奖或者其他方式取得并自用应税车辆的行为。车辆购置税实行一次性征收。购置已征车辆购置税的车辆，不再征收车辆购置税。

所称单位，包括国有企业、集体企业、私营企业、股份制企业、外商投资企业、外国企业以及其他企业，事业单位、社会团体、国家机关、部队和其他单位。

所称个人，包括个体工商户及其他个人，既包括中国公民又包括外国公民。

（二）征税范围

车辆购置税以列举的车辆作为征税对象，未列举的车辆不纳税。其征税范围包括汽车、摩托年、电车、挂车、农用运输车，具体规定如下：

1.汽车：包括各类汽车。

2.摩托车。

（1）轻便摩托车：最高设计时速不大于 50m/h 发动机气缸总排量不大于 50cm 两个或三个车轮的机动车。

（2）二轮摩托车：最高设计车速大于 50km/h，或发动机气缸总排量大于 50m 的两个车轮的机动车。

（3）三轮摩托车：最高设计车速大于 50km/h，发动机气缸总排量大于 50cm，空车质量不大于 400kg 的三个车轮的机动车。

3.电车。

（1）无轨电车：以电能为动力，由专用输电电缆供电的轮式公共车辆。

（2）有轨电车：以电能为动力、在轨道上行驶的公共车辆。

4.挂车。

（1）全挂车：无动力设备，独立承载，由牵引车辆牵引行驶的车辆。

（2）半挂车：无动力设备，与牵引车共同承载，由牵引车辆牵引行驶的车辆。

5.农用运输车。

（1）三轮农用运输车：柴油发动机，功率不大于7.4kW，载重量不大于500kg，最高车速不大于40km/h的三个车轮的机动车。

（2）四轮农用运输车：柴油发动机，功率不大于28kW，载重量不大于1500kg，最高车速不大于50km/h的四个车轮的机动车。

为了体现税法的统一性、固定性、强制性和法律的严肃性特征，车辆购置税征收范围的调整，由国务院决定，其他任何部门、单位和个人无权自扩大或缩小车辆购置税的征税范围。

二、税率与计税依据

（一）税率

车辆购置税实行统一比例税率，税率为10%。

（二）计税依据

计税依据为应税车辆的计税价格，按照下列规定确定：

1.纳税人购买自用应税车辆的计税价格，为纳税人实际支付给销售者的全部价款，不包括增值税税款。

2.纳税人进口自用应税车辆的计税价格，为关税完税价格加上关税和消费税。

3.纳税人自产自用应税车辆的计税价格，按照纳税人生产的同类应税车辆的销售价格确定，不包括增值税税款。

4.纳税人以受赠、获奖或者其他方式取得自用应税车辆的计税价格，按照购置应税车辆时相关凭证载明的价格确定，不包括增值税税款。

纳税人申报的应税车辆计税价格明显偏低，又无正当理由的，由税务机关依照《中华人民共和国税收征收管理法》的规定核定其应纳税额。

纳税人以外汇结算应税车辆价款的。按照申报纳税之日的人民币汇率中间价折合成人民币计算缴纳税款。

三、税收优惠

（一）车辆购置税减免税规定

我国车辆购置实行法定减免，减免税范围的具体规定是：

1.外国驻华使馆、领事馆和国际组织驻华机构及其外交人员自用车辆免税。

2.中国人民解放军和中国人民武装警察部队列入军队武器装备订货计划的车辆免税。

3.设有定装置的非运输车辆免税。

4.有国务院规定予以免税者减税的其他情形的,按照规定免税或减税。

根据现行政策规定,上述其他情形的车辆,目前主要有以下几种:

(1)防汛部门和森林消防部门用于指挥、检查、调度、报汛(警)、联络的设有固定装置的指定型号的车辆。

(2)回国服务的留学人员用现汇购买1辆自用国产小汽车。

(3)长期来华定居专家进口1辆自用小汽车。

5.农用三轮运输车免征车辆购置税。农用三轮车是指:装油发动机,功率不大于74kW,载重量不大于500kg,最高车速不大于40km/h的三个车轮的机动车。

6.自2016年1月1日起至2020年12月31日止,对城市公交企业购置的公共汽电车辆免征车辆购置税。

上述城市公交企业是指由是级以上(含县级)人民政府交通运输主管部门认定的依法取得市公交经营资格,为公众提供公交出行服务的企业。

上述公共汽电车辆是指由县以上(含县级)人民政府交通运输主管部门按车辆实际经营范围和用途等界定的,在城市中按规定的线路、站点、票价和时刻表营运,供公众乘坐的经营性客运汽车和无轨电车。

7.自2018年1月1日至2020年12月31日,对购置的新能源汽车免征车辆购置税。对免征车辆购置税的新能源汽车,通过发布《免征车辆购置税的新能源汽车车型目录》实施管理。

8.纳税人在办理车辆购置税免(减)税手续时,应如实填写纳税申报表和《车辆购置税免(减)税申报表》(以下简称免税申报表),除提供规定的资料外,还应根据不同情况,分别提供下列资料:

(1)外国驻华使馆、领事馆和国际组织驻华机构及其外交人员自用的车辆,分别提供机构证明和外交部门提供的身份证明。

(2)中国人民解放军和中国人民武装警察部队列入军队武器装备订货计划的车辆,提供订货计划的证明。

（3）设有固定装置的非运输车辆,提供车辆内、外观彩色5寸照片。

（4）其他车,提供国务院或者国务院授权的主管部门的批准文件。

9.纳税人在办理设有固定装置的非运输车辆免税申报时,主管税务机关应当依据免税图册对车辆固定装置进行核实无误后办理免税手续。

10.自2018年7月1日至2021年6月30日,对购置挂车减半征收车辆购置税。购置日期按照《机动车销售统一发票》《海关关税专用缴款书》或者其他有效凭证的开具日期确定。本条所称挂车,是指由汽车牵引才能正常使用且用于载运货物的无动力车辆。

（二）车辆购置税的退税

纳税人已经缴纳车辆购置税但在办理车辆登记手续前,需要办理退还车辆购置税的,由纳税人申请,征收机构审查后办理退还车辆购置税手续。

第四节　车船税

车船税是以车船为征税对象,向拥有车船的单位和个人征收的一种税。征收车船税有利于为地方政府筹集财政资金,有利于车船的管理和合理配置,也有利于调节财富差异。

车船税法是指国家制定的用以调整车船税征收与缴纳权利及义务关系的法律规范。行车船税法的基本规范,是2011年2月25日,由中华人民共和国第十一届全国人民代表大会常务委员会第十九次会议通过了《中华人民共和国车船税法》（以下简称《车船税法》）,自2012年1月1日起施行。

一、纳税人

在中华人民共和国境内,车辆、船舶（以下简称车船）的所有人或者管理人为车船税的纳税人

二、征税范围

包括行驶于我国境内公共道路的车辆和航行于我国境内河流、湖泊或领海的船舶。其中车辆包括机动车辆和非机动车辆;船舶包括机动船舶和非机动船舶。

三、税目税率

车船使用税实行定额税率,又称固定税额。定额税率计算简便,适宜于从量计征的税种。

表 8-5　车船税税目税额表

税　目		计税单位	年基准税额	备　注
乘用车〔按发动机汽缸容量(排气量)分档〕	1.0 升(含)以下的	每辆	60 元至 360 元	核定载客人数 9 人(含)以下
	1.0 升以上至 1.6 升(含)的		300 元至 540 元	
	1.6 升以上至 2.0 升(含)的		360 元至 660 元	
	2.0 升以上至 2.5 升(含)的		660 元至 1200 元	
	2.5 升以上至 3.0 升(含)的		1200 元至 2400 元	
	3.0 升以上至 4.0 升(含)的		2400 元至 3600 元	
	4.0 升以上的		3600 元至 5400 元	
商用车	客车	每辆	480 元至 1440 元	核定载客人数 9 人以上,包括电车
	货车	整备质量每吨	16 元至 120 元	包括半挂牵引车、三轮汽车和低速载货汽车等
挂车		整备质量每吨	按照货车税额的 50% 计算	

(续表)

税　目		计税单位	年基准税额	备　注
其他车辆	专用作业车	整备质量每吨	16 元至 120 元	不包括拖拉机
	轮式专用机械车		16 元至 120 元	
摩托车		每辆	36 元至 180 元	
船　舶	机动船舶	净吨位每吨	3 元至 6 元	拖船、非机动驳船分别按照机动船舶税额的50%计算
	游　艇	艇身长度每米	600 元至 2000 元	

四、优惠政策

(一)法定减免

1.捕捞、养殖渔船。

2.军队、武装警察部队专用的车船。

3.警用车船。

4.依照法律规定应当予以免税的外国驻华使领馆、国际组织驻华代表机构及其有关人员的车船。

5.对节能汽车,减半征收车船税。

减半征收车船税的节能乘用车应同时符合以下标准：(1)获得许可在中国境内销售的排量为 1.6 升以下(含 1.6 升)的燃用汽油、柴油的乘用车(含非插电式混合动力双燃料和两用燃料乘用车)；(2)综合工况燃料消耗量应符合相关标准。减半征收车船税的节能商用车应同时符合以下标准：(1)获得许可在中国境内销售的燃用天然气、汽油、柴油的轻型和重型商用车(含非插电式混合动力、双燃料和两用燃料轻型和重型商用车)；(2)燃用汽油、柴油的轻型和重型商用车综合工况燃料消耗量应符合相关标准。

6.对新能源车船,免征车船税。

免征车船税的新能源汽车是指纯电动商用车、插电式(含增程式)混合动力汽

302

车、燃料电池商用车。纯电动乘用车和燃料电池乘用车不属于车船税征税范围,对其不征车船税。

免征车船税的新能源汽车应同时符合以下标准:(1)获得许可在中国境内销售的纯电动商用车、插电式(含增程式)混合动力汽车、燃料电池商用车;(2)符合新能源汽车产品相关技术标准;(3)通过新能源汽车专项检测,符合新能源汽车相关标准;(4)新能源汽车生产企业或进口新能源汽车经销商在产品质量保证、产品一致性、售后要务、安全监测、动力电池回收利用等方面符合相关要求。免征车船税的新能源船舶应符合以下标准:船舶的主推进动力装置为纯天然气发动机。发动机采用微量柴油引燃方式且引燃油热值占全部燃料总热值的比不超过5%的视同纯天然气发动机。

7.省、自治区、直辖市人民政府根据当地实际情况,可以对公共交通车船、农村居民有并主要在农村地区使用的摩托车、三轮汽车和低速载货汽车定期减征或者免征车船税。

8.国家综合性消防救援车辆由部队号牌改挂应急救援专用号牌的,一次性免征改挂当年车船税。

(二)特定减免

1.经批准临时入境的外国车船和香港特别行政区、澳门特别行政区、台湾地区的车,不征收车船税。

2.按照规定缴纳船舶吨税的机动船舶,自车船税法实施之日起5年内免征车船税。

3.依法不需要在车船登记管理部门登记的机场、港口、铁路站场内部行驶或作业的车船,自车船税法实施之日起5年内免征车船税。

第五节　契税

契税是以在中华人民共和国境内转移土地、房屋权属为征税对象,向产权承受人征收的一种财产税。征收契税有利于增加地方财政收入,有利于保护合法产权,避免产权纠纷。

契税法是指国家制定的用以调整契税征收与缴纳权利及义务关系的法律规范。现行契税法的基本规范,是1997年7月7日国务院发布并于同年10月1日开始施行的《中华人民共和国契税暂行条例》(以下简称《契税暂行条例》)。

一、纳税义务人和征税范围

(一)纳税义务人

契税的纳税义务人是境内转移土地、房屋权属,承受的单位和个人。境内是指中华人民共和国实际税收行政管辖范围内。土地、房屋权属是指土地使用权和房屋所有权单位是指企业单位、事业单位、国家机关、军事单位和社会团体以及其他组织。个人指个体经营者及其他个人,包括中国公民和外籍人员。

(二)征税范围

契税是以在中华人民共和国境内转移土地、房屋权属为征税对象,向产权承受人征收的一种财产税。具体征税范围包括以下五项内容:

1.国有土地使用权出让。

国有土地使用权出让是指土地使用者向国家交付土地使用权出让费用,国家将国有土地使用权在一定年限内让与土地使用者的行为。

国有土地使用权出让,受让者应向国家缴纳出让金,以出让金为依据计算缴纳契税。不得因减免土地出让金而减免契税。

2.土地使用权的转让。

土地使用权的转让是指土地使用者以出售、赠与、交换或者其他方式将土地使用权转移给其他单位和个人的行为。土地使用权的转让不包括农村集体土地承包经营权的转移。

3.房屋买卖。

即以货币为媒介,出卖者向购买者过渡房产所有权的交易行为。以下几种特殊情况,视同买卖房屋:

(1)以房产抵债或实物交换房屋。经当地政府和有关部门批准,以房抵债和实物交换房屋,均视同房屋买卖,应由产权承受人,按房屋现值缴纳契税。

例如,甲某因无力偿还乙某债务,而以自有的房产折价抵偿债务。经双方同意,有关部门批准,乙某取得甲某的房屋产权,在办理产权过户手续时,按房产折价款缴纳契税。如以实物(金银首饰等等价物品)交换房屋,应视同以货币购买房屋。

对已缴纳契税的购房单位和个人,在未办理房屋权属变更登记前退房的,退还已纳契税;在办理房屋权属变更登记后退房的,不予退还已纳契税。

(2)以房产作投资、入股。这种交易业务属房屋产权转移,应根据国家房地产管理的有关规定,办理房屋产权交易和产权变更登记手续,视同房屋买卖,由产权承受方按契税税率计算纳契税。

例如,甲企业以自有房产投资于乙企业取得相应的股权。其房屋产权变为乙企业所有,故产权所有人发生变化。因此,乙企业在办理产权登记手续后,按甲企业入股房产现值(国有企事业房产须经国有资产管理部门评估核价)缴纳契税。如丙企业以股份方式购买乙企业房屋产权,丙企业在办理产权登记后,按取得房产买价缴纳契税。

以自有房产作股投入本人独资经营的企业,免纳契税。因为以自有的房地产投入本人独资经营的企业,产权所有人和使用权使用人未发生变化,不需办理房产变更手续,也不办理契税手续。

(3)买房拆料或翻建新房,应照章征收契税。例如,甲某购买乙某房产,不论其目的是取得该房产的建筑材料或是翻建新房,实际构成房屋买卖。甲某应首先办理房屋产权变更手续,并按买价缴纳契税。

4.房屋赠与。

房屋的赠与是指房屋产权所有人将房屋无偿转让给他人所有。其中,将自己的房屋转交给他人的法人和自然人,称作房屋赠与人;接受他人房屋的法人和自然人,称为受赠人。房屋赠与的前提必须是产权无纠纷,赠与人和受赠人双方自愿。

由于房屋是不动产,价值较大,故法律要求赠与房屋应有书面合同(契约),并到房地产管理机关或农村基层政权机关办理登记过户手续,才能生效。如果房屋赠与行为涉及涉外关系,还需公证处证明和外事部门认证,才能有效。房屋的受赠人要按规定缴纳税。

5.房屋交换。

房屋交换是指房屋所有者之间互相交换房屋的行为。

随着经济形势的发展,有些特殊方式转移土地、房屋权属的,也将视同土地使用权转让、房屋买卖或者房屋赠与。一是以土地、房屋权属作价投资、入股;二是以土地、房屋权属抵债;三是以获奖方式承受土地、房屋权属;四是以预购方式或者预付集资建房款方式承受土地、房屋权属。

二、税率、计税依据和应纳税额的计算

(一)税率

契税实行3%~5%的幅度税率。实行幅度税率是考虑到我国经济发展的不平衡,各经济差别较大的实际情况。因此,各省、自治区、直辖市人民政府可以在3%~5%的幅度税率规定范围内,按照本地区的实际情况决定。

(二)计税依据

契税的计税依据为不动产的价格。由于土地、房屋权属转移方式不同、定价方法不同,具体计税依据应视不同情况而决定。

1.国有土地使用权出让、土地使用权出售、房屋买卖,以成交价格为计税依据。成交价格是指土地、房屋权属转移合同确定的价格,包括承受者应交付的货币、实物、无形资产或者其他经济利益。

2.土地使用权赠与、房屋赠与,由征收机关参照土地使用权出售、房屋买卖的市场价格核定。

3 土地使用权交换、房屋交换,为所交换的土地使用权、房屋的价格差额。也就是说,交换价格相等时,免征契税;交换价格不等时,由多交付的货币、实物、无形资产或者其他经济利益的一方缴纳契税。

4.以划拨方式取得土地使用权,经批准转让房地产时,由房地产转让者补交契税。

计税依据为补交的土地使用权出让费用或者土地收益。

为了避免偷逃税款,税法规定,成交价格明显低于市场价格并且无正当理由的,或者所交换土地使用权、房屋价格的差额明显不合理并且无正当理由的,征收机关可以参照市场价格核定计税依据。

对承受国有土地使用权应支付的土地出让金。

5.房屋附属设施征收契税的依据。

(1)不涉及土地使用权和房屋所有权转移变动的,不征收契税。

(2)采取分期付款方式购买房屋附属设施土地使用权、房屋所有权的,应按合同定的总价款计征契税。

(3)承受的房屋附属设施权属如为单独计价的,按照当地确定的适用税率征收契税;如与房屋统一计价的,适用与房屋相同的契税税率。

6.个人无偿赠与不动产行为(法定继承人除外),应对受赠人全额征收契税。在缴纳契税时,纳税人须提交经税务机关审核并签字盖章的《个人无偿赠与不动产登记表》,税务机关(或其他征收机关)应在纳税人的契税完税凭证上加盖"个人无偿赠与"印章,在《个人无偿赠与不动产登记表》中签字并将该表格留存。

三、税收优惠

(一)契税优惠的一般规定

1.国家机关、事业单位、社会团体、军事单位承受土地、房屋用于办公、教学、医疗、科研和军事设施的,免征契税。

2.城镇职工按规定第一次购买公有住房,免征契税。

此外,财政部、国家税务总局规定:自 2000 年 11 月 29 日起,对各类公有制单位为解决职工住房而采取集资建房方式建成的普通住房,或由单位购买的普通商品住房,经当地县以上人民政府房改部门批准、按照国家房改政策出售给本单位职工的,如属职工首次购买住房,均可免征契税。

3.因不可抗力灭失住房而重新购买住房的,酌情减免。不可抗力是指自然灾害、战争等不能预见、不可避免并不能克服的客观情况。

4.土地、房屋被县级以上人民政府征用、占用后,重新承受土地、房屋权属的,由省级人民政府确定是否减免。

5.承受荒山、荒沟、荒丘、荒滩土地使用权,并用于农、林、牧、渔业生产的,免征契税。

6.经外交部确认,依照我国有关法律规定以及我国缔结或参加的双边和多边条约或协定,应当予以免税的外国驻华使馆、领事馆、联合国驻华机构及其外交代表、领事官员和其他外交人员承受土地、房屋权属,免征契税。

7.公租房经营单位购买住房作为公租房的,免征契税。

8.对个人购买家庭唯一住房(家庭成员范围包括购房人、配偶以及未成年子女,下同),面积为90平方米及以下的,减按1%的税率征收契税;面积为90平方米以上的,减按1,5%的税率征收契税。

9.对个人购买家庭第二套改善性住房,面积为90平方米及以下的,减按1%的税率收契税:面积为90平方米以上的,减按2%的税率征收契税。

家庭第二套改善性住房是指已拥有一套住房的家庭购买的家庭第二套住房。

10.纳税人申请享受税收优惠的,根据纳税人的申请或授权,由购房所在地的房地产主管部门出具纳税人家庭住房情况书面查询结果,并将查询结果和相关住房信息及时传递给税务机关。暂不具备查询条件而不能提供家庭住房查询结果的,纳税人应向税务机关提交家庭住房实有套数书面诚信保证,诚信保证不实的,属于虚假纳税申报,按照《中华人民共和国税收征收管理法》的有关规定处理,并将不诚信记录纳入个人征信系统。

(二)契税优惠的特殊规定

自2018年1月1日起至2020年12月31日,企业、事业单位改制重组过程中涉及的契税按以下规定执行。该规定出台前,企业、事业单位改制重组过程中涉及的契税尚未处理的,符合以下规定的可按以下规定执行。

1.企业改制。企业按照《中华人民共和国公司法》有关规定整体改制,包括非公司制企业改制为有限责任公司或股份有限公司,有限责任公司变更为股份有限公司,股份有限公司变更为有限责任公司,原企业投资主体存续并在改制(变更)后的公司中所持股权(股份)比例超过75%,且改制(变更)后公司承继原企业权利、义务的,对改制(变更)后公司承受原企业土地、房屋权属,免征契税。

2.事业单位改制。事业单位按照国家有关规定改制为企业,原投资主体存续并在改制企业中出资(股权、股份)比例超过50%的,对改制后企业承受原事业单位土地、房屋权属,免征契税。

3.公司合并。两个或两个以上的公司,依照法律规定、合同约定,合并为一个公司且原投资主体存续的,对合并后公司承受原合并各方土地、房屋权属,免征契税。

4.公司分立。公司依照法律规定、合同约定分立为两个或两个以上与原公司投资主体相同的公司,对分立后公司承受原公司土地、房屋权属,免征契税。

5.企业破产。企业依照有关法律法规规定实施破产,债权人(包括破产企业职工)承受破产企业抵偿债务的土地、房屋权属,免征契税;对非债权人承受破产企业土地、房屋权属,凡按照《中华人民共和国劳动法》等国家有关法律法规政策妥善安置原企业全部取工规定,与原企业全部职工签订服务年限不少于三年的劳动用工合同的,对其承受所购企业土地、房屋权属,免征契税;与原企业超过30%的职工签订服务年限不少于三年的劳动用工合同的,减半征收契税。

6.资产划转。对承受县级以上人民政府或国有资产管理部门按规定进行行政性调整、划转国有土地、房屋权属的单位,免征契税。同一投资主体内部所属企业之间土地、房屋权属的划转,包括母公司与其全资子公司之间,同一公司所属全资子公司之间,同一自然人与其设立的个人独资企业、一人有限公司之间土地、房屋权属的划转,免征契税。

公司以土地,房屋权属向其全资子公司增资,视同划转,免征契税。

7.权转股权。经国务院批准实施债权转股权的企业,对债权转股权后新设立的公司承受原企业的土地、房屋权属,免征契税。

8.划拨用地出让或作价出资。以出让方式或国家作价出资(入股)方式承受原改制重组企业、事业单位划拨用地的,不属上述规定的免税范围,对承受方应按规定征收契税。

9.公司股权(股份)转让。在股权(股份)转让中,单位、个人承受公司股权(股

份)，公司土地、房屋权属不发生转移，不征收契税。

第六节　土地增值税

土地增值税是对有偿转让国有土地使用权及地上建筑物和其他附着物产权，取得增值收入的单位和个人征收的一种税。征收土地增值税增强了政府对房地产开发和交易市场的调控，有利于抑制炒买炒卖土地获取暴利的行为，也增加了国家财政收入。

现行土地增值税的基本规范，是 1993 年 12 月 13 日国务院颁布的《中华人民共和国土地增值税暂行条例》(以下简称《土地增值税暂行条例》)。

一、纳税人

凡有偿转让国有土地使用权、地上建筑物及其他附着物(简称房地产)并取得收入的单位和个人为土地增值税的纳税人。

外商投资企业和外籍人员包括在内。

二、征税范围

包括国有土地、地上建筑物及其他附着物。不包括通过继承、赠予等方式无偿转让的房地产。

三、课税对象

土地增值税的课税对象是有偿转让房地产所取得的土地增值额。

四、税率

土地增值税实行四级超率累进税率：

(一)增值额未超过扣除项目金额 50% 的部分，税率为 30%

(二)增值额超过扣除项目金额 50%，未超过 100% 的部分，税率为 40%

(三)增值额超过扣除项目金额 100%，未超过 200% 的部分，税率为 50%

(四)增值额超过扣除项目金额200%以上的部分,税率为60%

五、扣除项目

土地增值税的扣除项目为:

(一)取得土地使用权时所支付的金额

(二)土地开发成本、费用

(三)建房及配套设施的成本、费用,或旧房及建筑物的评估价格

(四)与转让房地产有关的税金

(五)财政部规定的其他扣除项目

六、减免规定

(一)对建造普通标准住宅出售的,增值额未超过扣除项目金额20%的,免征土地增值税

这里所说的"普通标准住宅"是指按所在地一般民用住宅标准建造的居住用住宅。高级公寓、别墅、度假村等不属于普通标准住宅。普通标准住宅与其他住宅的具体界限由各省、自治区、直辖市人民政府规定。

对于纳税人既建普通标准住宅又搞其他房地产开发的,应分别核算增值额。

不分别核算增值额或不能准确核算增值额的,其建造的普通标准住宅不能适用本免税规定。

(二)对国家征用收回的房地产的税收优惠

因国家建设需要依法征用、收回的房地产免征土地增值税。

因城市实施规划、国家建设的需要而搬迁,由纳税人自行转让原房地产的,比照有关规定免征土地增值税。

第七节　城镇土地使用税

城镇土地使用税是以国有土地为征税对象，对拥有土地使用权的单位和个人征收的一种税。征收城镇土地使用税有利于促进土地的合理使用，调节土地级差收入，也有利于筹集地方财政资金。

现行城镇土地使用税法的基本规范，是 2006 年 12 月 31 日国务院修改并颁布的《中华人民共和国城镇土地使用税暂行条例》，2013 年 12 月 4 日国务院第 32 次常务会议作了部分修改（2013 年 12 月 7 日起实施）（以下简称《城镇土地使用税暂行条例》）。

一、纳税人

城镇土地使用税的纳税人是拥有土地使用权的单位和个人（包括外商投资企业和外籍人员）。拥有土地使用权的单位和个人不在土地所在地的由代管人或实际使用人缴纳；土地使用权未确定或权属纠纷未解决的，以实际使用人为纳税人；土地使用权共有的，由共有各方划分使用比例分别纳税。

二、课税对象和计税依据

课税对象是城市、县城、建制镇和工矿区内的土地。

计税依据是纳税人实际占用的土地。

三、税率

城镇土地使用税实行分类分级的幅度定额税率，即固定税额。每平方米的年幅度税额按城市大小分四个档次：大城市 1.5 元至 30 元；中等城市 1.2 元至 24 元；小城市 0.9 元至 18 元；县城、建制镇、工矿区 0.6 元至 12 元。

考虑到城镇土地使用税的税负水平应与各地经济发展水平和土地市场发育程度相适应，条例还授权各省级人民政府根据当地实际情况在上述税额幅度内确定本地区的适用税额幅度。

四、纳税地点和期限

纳税地点:由土地所在地的税务机关征收。

纳税期限:按年计征,分期缴纳。

五、优惠政策

(一)政策性免税

1.国家机关、人民团体、军队自用的土地。

2.由国家财政部门拨付事业经费的单位自用的土地。

3.宗教寺庙、公园、名胜古迹自用的土地。

4.市政街道、广场、绿化地带等公共用地。

5.直接用于浓、林、牧渔业的生产用地。

6.经批准开山填海整治的土地和改造的废弃土地从使用的月份起免交土地使用税 5~10 年。

7.由财政部另行规定的能源、交通、水利等设施用地和其他用地。

(二)地方性免税

下列几项用地是否免税,由省级税务机关确定:

1.个人所有的居住房屋及院落的用地。

2.房产管理部门在房租调整改革前经租的居民住房用地。

3.免税单位的职工家属的宿舍用地。

4.民政部门举办的安置残疾人员占一定比例的福利工厂用地。

5.集体和个人举办的学校、医院、托儿所、幼儿园用地。

(三)困难及临时性减免

纳税人缴纳土地使用税确有困难需要定期减免的,由省级税务机关审批,但减免税额达到或超过 10 万元的,要报经财政部、国家税务总局批准;对遭受自然灾害需要减免税的企业单位,可根据受灾情况,由省级税务机关给予临时性减免照顾。

第八节　房产税

征收房产税有利于地方政府筹集财政收入,也有利于加强房产管理。现行房产税法的基本规范,是 1986 年 9 月 15 日国务院颁布的《中华人民共和国房产税暂行条例》(以下简称《房产税暂行条例》)。

一、纳税人

凡是在中国境内拥有房屋产权的单位和个人(包括外资企业和外籍个人)都是房产税的纳税人。产权属国家所有的,以经营管理的单位和个人为纳税人;产权出典的,以承典人为纳税人;产权所有人、承典人均不在房产所在地的,或者产权未确定以及租典纠纷未解决的,以房产代管人或使用人为纳税人。

二、课税对象

房产税的课税对象是房产,包括城市、县城、建制镇和工矿区的房产。

三、课税依据和税率

营业用的房产:房产原值×(1−10%~30%)×1.2%

出租的房产:租金×12%

四、纳税地点和期限

(一)纳税地点为房产所在地。房产不在同一地方的纳税人,应分别向房产所在地的税务机关缴纳。

(二)纳税期限:按年计征,分期缴纳。

五、优惠政策

下述房产免征房产税:

(一)国家机关、人民团体、军队自用的房产。但其营业用房及出租的房产,不属免税范围;

（二）由国家财政部门拨付事业经费的单位自用的房产；

（三）宗教寺庙、公园、名胜古迹自用的房产。但其附设的营业用房及出租的房产，不属免税范围；

（四）社会举办的学校、图书馆（室）、文化馆（室）、体育馆、医院、幼儿园、托儿所、敬老院等公共、公益事业单位自用的房产；

（五）个人所有非营业用的房产；

（六）经有关部门核定属危房、不准使用的房产；

（七）经财政部和省税务局批准免税的其他房产。

对少数民族地区、山区和其他地区部分新建立的建制镇，由于经济不发达，房屋简陋，县人民政府要求缓征的，可由县税务局上报，经省税务局批准，可暂缓征收房产税。

延伸阅读：

构建保有环节房地产税长效机制面临的几个问题①

构建保有环节房地产税长效机制，需要牢牢抓住两个要点，第一，房地产税在地方税体系中的地位，房地产税可以作为地方政府的重要财政收入来源；第二，要结合量能课税的原则，不宜加重百姓税收负担，尤其是在房地产税改革伊始，需做好政策缓冲。这两个要点体现在正确处理保有环节房地产税与现行财税制度的关系，以及筹集财政收入和纳税人税收负担的关系之中。

一、保有环节房地产税与现有财税体制的关系

保有环节的房地产税针对所有房地产长期缴纳，与现有政策不同；而且新时代对地方税收体系提出了新要求，这就产生了保有环节房地产税与现有财税体制的融合问题。首先，我国实行土地社会主义公有制，与西方国家的土地私有制存在本质区别；若购房者在交易环节承担土地出让金，在保有环节需缴纳房地产税，一定程度上增加了购房者的经济负担；地方政府需在房地和土地出让金之间权衡，才能在保证财政收入的基础上，发挥保有环节房地产税促进社会公平的积极作用。

———————

① 徐捷. 现代管理科学. 2019 年第 2 期.

其次，即将开征的保有环节房地产税与我国目前房地产开发、交易、保有等各环节税收，以及其他地方税的协调配伍问题，同样值得思考。

1. 保有环节房地产税与土地出让金。我国土地为公有制，国家作为社会管理者对纳税人征税，与所有权无关，土地使用权作为"用益物权"，完全可以作为征税的标的物；英国和中国香港均存在公有土地，在房产保有环节仍征收房地产税，房地产税立法具有充分的法理依据。土地出让金相当于"地租"，"租"与"税"作为地方财政收入的重要来源，既存在互补又存在替代关系。凭借资源稀缺性获得的地租与依靠国家强制力征收的税收，具有不同的经济含义，同时，"租"与"税"的收入功能相当，均为地方政府提供了资金来源，且由于土地出让金所带来的财政风险等问题，"长税"比"短租"更有利于地方发展。表6列举了土地出让金与房地产税的一些典型特征。

表 8-6　土地出让金与房地产税的比较

各项比较	土地出让金	房地产税
政府参与控制变量	土地出让价格、出让面积	税率等税制要素
地方政府的灵活性	高	低
收入形式	一次性收入	可持续收入
财政收入风险	高，难以预测土地出让收入	低
政策稳定性	相对低	相对高
消费者负担	一般认为资本化于房价之中	一般认为资本化于房价之中
资金用途	征地和拆迁补偿支出、土地开发支出、支农支出、城市建设支出及其他支出等5大项24小类支出	同其他税收，可以指定用途，也可以不指定具体用途
征收难度	相对低	相对高
政策目标	筹集地方政府收入	筹集地方政府收入，完善税制体系，调节收入分配

我国当前土地出让金为一次性全部收取，政府没有得到由于对土地进行连续投资所形成的那部分收益，也就是说，单一的征收土地出让金，易造成政府财政收入的流失。既然土地出让金与房地产税本质不同，二者可以同时征收，只是在数

量上适当调整,需合理度量土地使用权的现值与未来的增值收益。

2. 保有环节房地产税与其他各环节税收。我国现与房地产相关的税种主要有 10 种。其中,开发环节主要涉及契税、印花税、耕地占用税、城镇土地使用税等税种;交易环节涉及土地增值税、契税、增值税、城建税、印花税、个人所得税、企业所得税;保有环节涉及房产税、城镇土地使用税,具体划分情况见表 7。这里的房产税是指 1986 年开始实施的旧房产税,在房产持有环节,按房屋的计税余值或租金收入为计税依据征收的财产税,但个人所有非营业用的房产免缴房产税;城镇土地使用税以纳税人实际占用的土地面积为计税依据,依照规定税额计算征收,省、自治区、直辖市人民政府,可以根据实际情况在一定浮动范围内确定所辖地区的适用税额。针对房地产开发、交易和保有等各个环节,大部分国家保有环节房地产税比重较大。由 2018 年中国统计年鉴数据计算可得,我国土地增值税占地方政府税收收入的 7.15%,契税同为 7.15%,耕地占用税 2.41%,城镇土地使用税 3.44%,房产税 3.79%。也就是说,现阶段我国房地产保有环节的税收,包括房产税和城镇土地使用税,仅占地方政府税收收入的 7.23%。据 OECD 统计资料,部分典型国家,例如美国、英国、加拿大、法国、日本、韩国,保有环节房地产税占地方税收收入的百分比均大于我国房产税和城镇土地使用税的合计占比,且一直维持在较为稳定的水平,美国 2016 年保有环节房地产税占地方税收收入的百分比约为 68%,英国约占 99%,德国约为 14%,但德国、韩国、日本的占比明显低于英国、加拿大、美国的占比,究其原因,首先,各国对房地产税的功能定位、税收制度、地方主体税种不同,例如日本和韩国,以所得税和流转税为主。其次,对房地产"溢价归公"问题的处理思路不同,房地产为何会存在"溢价"? 除去通货膨胀等因素,公共物品和服务的提高是房地产升值的重要原因,当然由居住使用和投资投机引起的供求关系变化,也在很大程度上造成影响。对于房地产升值给所有者带来的收益,一种办法是,如果所有者并未发生交易行为,那么这部分增值额并没有实际获得,所以需要在交易环节加大征税力度,而在保有环节税负较轻;另一种处理办法则相反,虽然没有发生交易,但房地产所有者确实享受到了高质量的公共服务设施以及潜在的房地产增值收益,且房地产交易行为受宏观经济政治因素等多方面因素的影响,税源不够稳定,故更注重保有环节的房地产税收,其他环节税负较轻。英美体现为征收较高的保有环节房地产税,同时强调公共服务的供给与改善,而德国则更强调土地增值税等交易环节的房地产相关税费,这与各国的历史文化和观念等因素有着密不可分的联系。在日本,房地产的取得、保有和转让环节均征税,不动产取得环节缴纳不动产取得税,属于都道府县税,都道府县相当于我国的省级政府;保有环节涉及中央政府征收的地价税,以及市町村征收的固定资产税、城市规划税、事业所得税、特别土地持有税,其中地价税和特别土地持有税已停征;据日本统计年鉴数据计算,2014 年不动产取得税与对土地与房屋征收的固定资产税、城市规划税和事业所得税三者之和的数额比约为 3.5∶100,可见在房地产取得环节的税收占比较低,在保有环节税收较高。

目前,我国房地产税收体系不够完善,存在税种多、税基重叠交叉、保有和其他环节税额划分不合理等问题。房地产税改革主要是对房地产各环节税种加以整合,并拓宽保有环节税收的覆盖范围。在财政收入方面,征收保有环节的房地产税,并不是一定要大幅增加人们的税收负担,更重要的是调节税收结构。根据国际经验,在一个税种收入增加或者减少时,其他税种会进行相应的调整,以避免加重纳税人负担或者出现政府收支问题。由于保有环节的房地产税宜实行宽税基低税率的征收办法,相比我国现在房产税和城镇土地使用税的数额,可能会发生明显的提升,所以应采取一系列配套措施予以应对。

二、保有环节房地产税与纳税人税收负担的关系

既然房地产税的征收具有理论和现实依据,那么如何避免大幅增加纳税人负担的基础上,筹集财政收入,保证房地产税长效机制和量能课税原则间充分协调,成为房地产税改革有效进行的一大难题。房地产税作为和公共服务紧密联系的地方税,是政府治理的重要工具。土地作为公共资源,收益使用状况和全民共享程度还有较大的提升空间,政府征收的房地产税是公有土地收益,用于公共产品和社会服务,提高了公共资源的全民享有程度。虽然财产税会导致居民的税收痛苦,征收房地产税具有一定的难度,但由于财产税植根于"受益原则",为基础设施建设、地方教育、社会治安等公共服务提供了稳定的财政支持,当纳税人从良好的公共服务中切身体会到好处,那么相应的税负感就会降低,良好的公共物品和服务可以提升住宅物业的价值,进一步增加财产税收入,客观上促进了地方政府为吸引居民、

扩大税基,实现良性竞争。

房地产税具有再分配效应,既调节"多房"和"少房"的差距,又调节"有房"和"无房"的差距。若税基过窄,征税对象集中在极少部分人群身上,不利于筹集财政收入;若税率过高,则大幅加重了人民负担,失去了税款造福人民的意义。居民一般情况不以自住房屋盈利,若不发生产权交易,自住房屋的溢价难以变现,且自住房屋溢价与业主的收入和税款支付能力联系不大,国外发达国家在征收房地产税的同时,配套多项税收优惠政策。通常将居民的主要住所进行房地产税税前扣除,扣除额根据当地实际情况进行限定。对公益性的房地产,例如医院、学校等,实行免税或减税政策;对军人、伤残人士减征保有环节房地产税;对于老年人和低收入者,根据其收入状况,适当采取优惠,若应缴纳房地产税超过收入的某个百分比后,超过部分免税,或者采取例如延期缴纳、分期缴纳的措施,缓解当下的税收压力。

2011 年,上海和重庆进行了房产税试点改革,对部分保有房产每年征收房产税,以房产交易价格和评估价值作为计税依据,同时,明确了房产税的征税用途,用于保障性住房建设等方面的支出,但由于试点税基窄、涉及人群少等问题,沪、渝的房产税对地方政府财政税收贡献不大。可见,在明确房地产税征税目的和税款用途的基础上,房地产税的征收需宽税基、低税率,辅之以各项税收优惠政策,充分发挥筹集财政收入的功能,兼顾收入分配差距的调节作用。

三、政策建议

形成"量出为入"的征税理念,提高财政透明度。现阶段我国政府职能发生转变,事权下移,在营业税改征增值税后,地方政府财政愈加困难,中央和地方、省和省以下政府间的财政关系有待进一步协调,以及分税体系仍需完善。随着中央和地方事权划分逐步清晰,地方政府须量出为入,有的放矢。除了房地产税收入数量的问题以外,税款的用途,也是衡量税收负担轻重的关键因素,房地产增值,部分原因在于当地政府投资与公共服务改善,政府从房地产溢价之中获取税收,又投入到新一轮的建设之中,促进地方政府不断提高公共服务质量与社区建设。在对财政支出进行预估后确定合理的税收总量,明确房地产税收入用途和最终归宿,做到预决算透明公开,合理高效利用保有环节房地产税收入,才能提高人民获得感、幸福感、安全感。构建房地产税与现有财税体制的协调机制。规范土地出让金征收与管理。合理划分各级政府对土地出让金的管理权属,完善管理和监督制度,扩大税收收入占比。同时征收一次性支付的土地出让金和按年缴纳房地产税,除特殊的相关优惠措施覆盖群体不同以外,两者的征收范围应该是基本相同的,至于房地产税和土地出让金的数量关系协调,需要综合考虑房地产现值、未来的增值收益、地方政府财政需求、个人或企业的财务承受能力等因素。注重各个税种的协调配合,合理制定税制要素。将我国现存保有环节的房产税和城镇土地使用税合并征收,设置宽税基低税率,可以参考发达国家成熟房地产税收体系的要素设计,按照房地产评估价值从价计征税款,可以根据地方财政支出倒算出税率,"以支定收",根据我国的具体情况,给予地方政府一定的自主权,在国家给定的基准税率和波动范围之内,选择合适该地发展的税率,既保证了地方财政收入的稳定,一定程度上抑制了税收竞争。适当降低其他的税费,例如减少房地产交易和开发环节的税费负担,等等,并且增加个人和企业所得税对于已缴房地产税的税前扣除,以应对开征保有环节房地产税所带来的政策冲击。税收优惠方面,保有环节的房地产税作为一种财产税,应适当考虑特殊困难群体,可以参考国外"断路器"等机制设计,以保证调节收入分配的作用。

表 8-7 我国房地产相关税收概况

环节	税种	税系
交易	增值税	共享税
	土地增值税	地方税
	契税	
	印花税(不含证券交易印花税)	
	城建税(不含铁道部门、各银行总行、各保险总公司集中缴纳的部分)	
	个人所得税	共享税
	企业所得税	
	城镇土地使用税	地方税
保有	房产税	

建立保有环节房地产税收入划分机制。对于房地产税收收入不足、较为贫困

的区县,可以由上一级政府权衡,综合各个区县的财政收支和经济发展状况,适当对房地产税收收入进行划分,同级地方政府税收收入划分的本质是横向转移支付,将辖区内经济发展较好的地区与贫困地区捆绑起来,形成小范围帮扶减贫,是在中央和省级单位纵向转移支付基础上的补充和强化。建立合理的房地产价值评估体系,培养技术人才。房地产宜每年或者隔年进行税基评估,随市场价格调整评估价值,以完整地反映房地产溢价信息。健全的房地产登记制度是征收房地产税的基础,其中包括能够实现全国联网信息共享的信息系统,以避免由于房地产不在同一辖区而产生的多重抵扣和其他漏税问题。房地产评估需要大量相关技术人员,要做好人员的选拔与培训工作。

本章主要名词

环境保护税　资源税　车辆购置税　契税

复习思考题

1.简述环境保护税的特点、税目(大类)及减免规定。

2.资源税的作用是什么?

3.车辆购置税的纳税人、征税范围及税收优惠是什么?

4.车船税的纳税人、征税范围、税率及税收优惠是什么?

5.契税的纳税人、征税范围、税率及税收优惠是什么?

后 记

"财者,为国之命而万世之本。"在中央全面深化改革的战略部署中,财税改革被提到了一个非常重要的位置。通过深化财税改革建立现代财税制度,已经成为实现国家治理现代化的重要组成部分。进入新时代,开启新征程,面对新矛盾,财税领域出现许多新情况。因此,必须加快财税改革建立现代财税制度,以适应新时代的新要求。

《财政税收:理论、政策与实践》是集体创作的成果,也是作者根据多年在省委党校研究生班教学思考的基础上编著而成。本书的一个显著特点是,从理论阐释、政策分析、实践操作三个维度,在介绍财税基本概念、理论、原理的基础上,针对我国财税领域当前的一些热点、难点和重点问题,如加快中央与地方财政关系改革、完善政府预算制度(构建完善预算绩效管理体系)、实施更大规模的减税降费、深化增值税改革、修改个人所得税法,等等,进行政策分析和解读,尽可能地避免过于理论化的表述,力求通俗易懂,简洁实用。另外,将一般教材中大量过于专业、难懂的计算公式删除,尽量通过文字或案例加以说明,并在相关章节增加"延伸阅读",以加强学员对有关专业问题的形象化理解,可以作为在职非专业人员学习财税基本知识的读本。

本书由罗红教授负责主编,崔静、李红凤两位副教授任副主编。其中"财政篇"的第一章"财政概论"、第四章"政府间财政关系"由崔静负责编写;第二章"财政收支"、第三章"政府预算管理"由李红凤负责编写。"税收篇"的第五章"税收、税法和税制基本原理”、第六章“我国的税制建设”、第七章“流转税和所得税”、第八章“其他各税”由罗红负责编写。罗红负责所有章节的统稿。

因时间仓促,水平有限,编著内容难免有疏漏之处,恳请广大读者多提宝贵意见和建议,以便进一步修改和完善。